Meinen Eltern,
die mir den Besuch der Napola ersparten

Inhalt

»In meinen Ordensburgen wird eine Jugend heranwachsen, vor der sich die Welt erschrecken wird. Eine gewalttätige, herrische, unerschrockene, grausame Jugend will ich… Es darf nichts Schwaches und Zärtliches an ihr sein… Stark und schön will ich meine Jugend… So kann ich das Neue schaffen!«

Adolf Hitler

»Wir tragen stolz des Führers Namen,
wir wollen seine Besten sein.
Doch keiner fragt, woher wir kamen;
bei uns gilt nur der Kerl allein.
Wir nehmen keinen Halben mit,
wir singen und marschieren,
marschieren im gleichen Schritt und Tritt.«

Lied der Adolf-Hitler-Schüler auf der Ordensburg Sonthofen

Vorwort

Warum dieses Buch?

Beinahe hätte ich selbst dazugehört…

Im Sommer 1942 wurden meine Eltern aufgefordert, ihren einzigen Sohn bei der Nationalpolitischen Erziehungsanstalt (Napola) Berlin-Spandau anzumelden. Doch mein Vater, alter Sozi aus dem österreichischen Hallein, und meine Mutter, praktizierende Katholikin aus dem oberbayerischen Weilheim, hatten eine gesunde Abneigung gegen das Regime (nein, Widerständler waren sie nicht, davon gab es nur wenige, zu wenige). Vater mißfiel die arbeiterfeindliche, Mutter die antichristliche Haltung der Nazis. (Daß der Pfarrer vom benachbarten Johannisstift nach dem sonntäglichen Hochamt stets ein »Gebet für den Führer« zu sprechen pflegte, steht auf einem anderen Blatt.) Und als ich, zehnjähriger Pimpf und kriegerischen Auseinandersetzungen wie Geländespielen abhold, erfuhr, daß man in der Napola als Mutprobe vom Dreimeterbrett springen müsse, war es mit meiner Begeisterung auch schnell vorbei. Kurzum: Vater mußte beim Blockwart einen Revers unterschreiben, daß sein Sohn Handwerker werden würde und auf ein Studium verzichte. So endete meine Karriere als NS-Eliteschüler, bevor sie begann. Ich ging auf die Oberschule Spandau – bis zum bitteren Ende.

Doch das Thema »Eliteschulen im Dritten Reich« und die Frage: »Was wäre dort wohl aus dir geworden?« haben mich mein Leben lang begleitet. Und zwar um so mehr, je häufiger sich Kollegen und Freunde als ehemalige »Spandauer«, »Feldafinger« oder »Sonthofener« outeten. Und je häufiger ich andererseits auf Menschen traf, die weder wußten, was eine Napola war, noch, daß es daneben noch die »Reichsschule Feldafing« oder die »Adolf-Hitler-Schulen« in den Ordensburgen wie Sonthofen gab.

Noch vor zehn Jahren hätte ich dieses Buch nicht veröffentlichen können. Denn damals waren viele der »Ehemaligen« noch im Karrierestreß und glaubten, aus ihrer »Jugendsünde« ein Geheimnis machen zu müssen. Dabei war sie ja, wenn überhaupt, in den meisten Fällen eine Sünde ihrer Eltern gewesen. Aber so stieß ich bei meinen Recherchen auf immer interessantere Namen – und überwiegend auf die Bereitschaft, mir offen und ehrlich, aber auch kritisch, Rede und Antwort zu stehen. Was die Ehemaligen mir dann in langen Stunden auf Tonband sprachen, habe ich möglichst getreu in ihrer Diktion zu persönlichen Protokollen zusammengefaßt. Dabei veränderte ich ihre Überzeugungen auch dann nicht, wenn sie mich befremdeten und manches kritiklos verklärt wurde. Ich habe mir in solchen Fällen lediglich erlaubt, meine Meinung bei der Vorstellung des Betreffenden einfließen zu lassen. (Einige Ehemalige haben ihre Antworten auf meine Fragen selbst niedergeschrieben.)

Vielleicht werden diese Protokolle einigen Lesern zu wenig kritisch erscheinen. Aber ist es nicht verständlich, daß für viele Ehemalige, die im Zwergenalter von zehn Jahren, oft aus einem beschädigten Elternhaus kommend, plötzlich ein Paradies an privilegierter Internatsheimat vorfanden, auch heute noch die positiven Eindrücke überwiegen? Wie hätten sie damals auch hinter den Golfplätzen, den Segelbooten und Segelflugzeugen den Pferdefuß dieser Eliteerziehung erkennen können? Die Napola als Ersatzfamilie, als Ersatzreligion – das war bei allem Chaos der verschiedensten Konzepte eine verdammt raffinierte Konstruktion. Daß dabei alles Weiche, Sensible in diesen jungen, idealistischen Menschen unterdrückt wurde zugunsten brutaler Normen nach außen und innen – wer von den Zehnjährigen bekam das mit? Und heute hat sich in der Rückschau für viele Ehemalige das, was in der Jugend mit ihnen geschah, sowieso ins Positive verklärt. Geht es nicht fast allen Älteren so? Und ist nicht jede kritische Überlegung zur eigenen Erziehung eine Überlegung im nachhinein?

Was wollte ich? Ohne vorgefaßte Meinung einfach an dieses jahrzehntelange Tabuthema herangehen. Ich wollte weder eine Schmäh- noch eine Festschrift über NS-Eliteschulen schreiben. Ich wollte auch keine Antithese zu jenem Buch Hamburger Soziologen aufstellen, die sich nachzuweisen mühten, daß die NS-Erziehung in den Eliteschulen bis ins dritte Glied nachwirkt. Noch wollte ich eine »Seilschaft« der Ehemaligen konstruieren (auch wenn der Mordfall »Lucona« des ehemaligen Napola-Zöglings und Wiener Kaffeehaus-Besitzers Udo Proksch Vermutungen nährte, diese schillernde Figur sei jahrelang gedeckt worden. Immerhin gehörten während der langwierigen Untersuchungen zwei ehemalige Napola-Schüler der Regierung an: Justizminister Dr. Harald Ofner, FPÖ, und Außenminister Leopold Gratz, SPÖ. Bei seinem sehr offenen Interview sagte mir allerdings Dr. Ofner, Proksch habe sich mit der Napola nur gebrüstet, um Eindruck zu schinden. Und schließlich habe er, Ofner, selbst dafür gesorgt, daß Proksch wegen sechsfachen Mordes – er hatte ein Schiff mit Besatzung in die Luft gesprengt, um die hohe Versicherungssumme zu kassieren – dann doch lebenslänglich bekam).

Ich wollte vielmehr durch die Summierung subjektiver Protokolle in ihrer Zusammenstellung ein möglichst objektives Bild dieser NS-Erziehungsanstalten, ihrer Lehrer und Schüler entstehen lassen. Ob mir das gelungen ist, muß der Leser entscheiden. Zeitzeugen nach 60 Jahren zu befragen, die zudem noch Teil des Systems waren, ist immer ein gefährliches Unterfangen.*

Was mich bei den Recherchen am meisten überraschte, war die Offenheit, mit der viele Ehemalige auch unbequeme Fragen beantworteten. Welche Überwindung gehört dazu, von der Ermordung des Vaters und Onkels durch jene Mordgesellen zu berichten, in deren Eliteschulen man gerade geschickt worden war – wie Graf Nayhauß und Rüdiger von Wechmar

---

* Wo sich zwischen persönlichem Erinnern (Protokolle) und historisch gesicherter Realität (Beitrag Dr. Elke Fröhlich) Widersprüche ergaben, habe ich diese bewußt stehen gelassen.

es in diesem Buch tun. Bei vielen Ehemaligen hatte ich sogar das Gefühl, daß sie gern endlich das lange Schweigen über ihre Mitgliedschaft in einer NS-Eliteschule brachen.

Nur wenige gab es, die – aus verständlichen Gründen – nicht mitmachen wollten. Etwa den durch falsche Anschuldigungen ins Gerede gekommenen General a. D. Günter Kießling (»Ich stehe sowieso schon im Kreuzfeuer von links und rechts«). Oder jenen Universitätsprofessor, der seine Zusage zurückzog, als er einen hohen ausländischen Orden erhielt (»Ich komme mir vor wie das letzte Arschloch«). Oder den prominenten Bundestagsabgeordneten, der auf Bitten seiner in England studierenden Tochter das Interview zurückzog (»Bei dieser Bitte haben auch Erlebnisse eine Rolle gespielt, die sie in Diskussionen mit ihren Mitschülern über den Nationalsozialismus gehabt hat«). Sippenhaft? Wohl kaum. Aber auch nach über 50 Jahren sind in manchen Ländern die Wunden der Erinnerung geblieben…

Auffallend ist eine gewisse Häufung von Ehemaligen bei den Meinungsmachern. Es ist schon erstaunlich, welch illustre Namen des Nachkriegs-Journalismus da auftauchen: »Zeit«-Herausgeber Dr. Theo Sommer (Adolf-Hitler-Schule Sonthofen; »Wir waren wie die Jesuiten, ergeben, aber wir nahmen uns unsere Freiheiten«); Ex-»Frankfurter-Rundschau«-Chef Werner Holzer; Ex-»Zeit-Magazin«-Chef Jochen Steinmayr; Ex-»Eltern«-Chef Otto Schuster (alle »Reichsschule Feldafing«). Oder Rüdiger von Wechmar und »Jonny« Klein, die vor ihrer parlamentarischen Karriere als Journalisten begannen; »Bild«-Kolumnist Mainhardt Graf Nayhauß; »Tagesspiegel«-Herausgeber Dr. Hellmuth Karasek (alle Napola). Oder Ex-»Stern«-Reporter Jörg Andrees Elten, den sein Selbstfindungsdrang bis zum Guru nach Indien verschlug.

Groß auch die Zahl der »Gesetzesmacher«, der Militärs und Wirtschaftsmanager. Um nur einige zu nennen, die einer NS-Eliteschule angehörten: Ex-MdB Dr. Rudolf Sprung, ehemaliger parlamentarischer Staatssekretär im Wirtschaftsministerium; MdB Dr. Karl-Heinz Spilker, Ex-Schatzmeister der

CSU; Reinhard Wilke, ehemaliger Referent von Willy Brandt; General a. D. Hans Poeppel; Generalmajor a. D. Jochen Löser; Ex-Bundesbahn-Chef Heinz Dürr. Diese Liste ist mehr als unvollständig.

Bei einigen, die ich gern interviewt hätte, war der Tod schneller. So beim Chef der Deutschen Bank, Dr. Alfred Herrhausen (»Reichsschule Feldafing«; 1989 von der RAF ermordet). Oder beim Kronprinzen der DDR, Werner Lamberz (AHS), beim schon erwähnten Bundestags-Vizepräsidenten Hans Klein oder beim berühmten Zeichner Horst Janssen (Napola Haselünne). Verschlossen blieb mir auch jene Phalanx von Ehemaligen, die den eingehämmerten Sinnspruch »Unsere Ehre heißt Treue« mit ihrem Leben bezahlte: Überdurchschnittlich viele Jungmannen meldeten sich freiwillig an die Front, und überproportional viele sind gefallen. Aus der Klasse des Rüdiger von Wechmar fiel jeder zweite!

Verblüffend war auch, wie sehr die Schilderungen differieren. Ich hatte ursprünglich befürchtet, die Protokolle würden sich wiederholen. Aber *den* Jungmann, *die* Napola hat es nicht gegeben. Rüdiger von Wechmar erlebte in Spandau eine andere Napola als fast zehn Jahre später Hellmuth Karasek in Annaberg. Und die »Reichsschule Feldafing« hatte ein ganz anderes Berufsprofil als die Ordensburg Sonthofen, die Gauleiter für Sibirien und Chicago heranzüchtete. Der Reichsleiter-Sohn Martin Bormann schließlich fand in Feldafing ganz andere Voraussetzungen vor als etwa der Bergmanns-Sohn Otto Schuster.

So hoffe ich, daß die Summe dieser subjektiven Schilderungen ein objektives Bild davon vermittelt, was im NS-Regime mit diesen jungen, idealistischen Menschen geschah. Und eine gültige Antwort auf die Frage gibt, was hängen bleibt fürs spätere Leben, wenn man in der Pubertät pausenlos eingetrichtert bekommt, man sei besser, leistungsfähiger, wertvoller als die da »draußen«. Hat man dann später auch in der Demokratie Vorteile? Auf den ersten Blick sieht es so aus, wenn man all die glänzenden Karrieren der Ehemaligen als

Banker, Politiker, Manager und Chefredakteure betrachtet. Aber lassen wir uns nicht täuschen: Die im Schatten sieht man auch hier nicht. Niemand berichtet von denen, die in Spandau, Feldafing oder Sonthofen zerbrochen sind, ihr Leben lang gezeichnet von der politischen Indoktrinierung. Nur bei den Klassentreffen lassen sich deren Schicksale manchmal schemenhaft erahnen. Viele meiden diese, weil sie sich ihres Mißerfolgs schämen.

Bei den Klassentreffen ergab sich seit 1989 eine neue Variante. Denn erstmals erschienen dort auch jene Jungmannen, die 1945 von einer Diktatur übergangslos in die nächste geschlittert waren. Die Ehemaligen, die in der sowjetischen Besatzungszone und späteren DDR aufwuchsen, hatten häufig ein schwereres Los als ihre Kameraden aus den Westzonen, die höchstens mal ein befristetes Studienverbot erhielten. Einige landeten in den Gefängnissen des NKWD oder wurden nach Sibirien deportiert. Später aber war die neue Staatspartei, die SED, sehr schnell bereit, die »verirrten« NS-Staatszöglinge in ihren stalinistischen Schoß aufzunehmen.

Bei der Arbeit an diesem Buch überwogen für mich die positiven Erlebnisse. Selten traf ich auf Interviewpartner, die noch die »Sprache des Unmenschen« in ihrem Vokabular hatten. Die meisten haben diesen starken erzieherischen Einschnitt nicht nur gut verkraftet, sondern ihre Formungen für ihre demokratische Weiterentwicklung gut nutzen können.

Fast unisono behaupteten die Ehemaligen, sie hätten vom Holocaust erst nach dem Krieg erfahren (wie übrigens der gewiß unverdächtige Ex-Bundeskanzler Helmut Schmidt, immerhin Wehrmachts-Oberleutnant, auch). Für die jüngere Generation, durch Literatur und Dokumentationen im Fernsehen aufgeklärt, sind solche Behauptungen schwer nachzuvollziehen. Da ist man schnell mit »Verdrängen« und »Vergessen« bei der Hand und mit monokausaler Ursachenforschung, wie es Goldhagen erfolgreich praktizierte. Aber so einfach war es nun auch wieder nicht, und ich erinnere mich heute mit Schaudern an so manche Rauferei unter uns zwölfjährigen Buben, die mit dem gedankenlosen Satz endete: »Wennst nicht aufhörst, kommst nach Dachau!« Damals lebte ich in Weilheim, nicht weit von Dachau entfernt.

Da ich beim Studium der Quellen bald merkte, wie unübersichtlich die Struktur der NS-Eliteschulen war, wie sehr Hitler selbst das Chaos förderte, indem er nach alter Herrschersitte (divide et impera) konkurrierende Paladine mit Neugründungen betraute, und nachdem ich mich voll auf die subjektiven Darstellungen meiner Interviewpartner konzentrieren wollte, hielt ich es für besser, das wissenschaftlich-analytische Kapitel von einem versierten Historiker schreiben zu lassen. Ich freue mich, daß Frau Dr. Elke Fröhlich vom Münchner Institut für Zeitgeschichte, die sich als Herausgeberin der Goebbels-Tagebücher einen Namen machte, diesen Part übernommen hat und das Chaos der NS-Eliteschulen durchschaubar machte.*

Mein Dank gilt ihr, weiter unserer Freundin Christa Geissler, die mir für dieses Buch den letzten Anstoß gab, und schließlich meiner Frau Helga, die mir mit beruflichem und privatem Rat zur Seite stand. Mein Dank gilt vor allem aber

---

* 1945 gab es neben der Reichsschule Feldafing und den Adolf-Hitler-Schulen in den drei Ordensburgen Sonthofen, Vogelsang und Krössinsee fast 40 Napolas (darunter drei für »Mädels«) im »Großdeutschen Reich« und den besetzten Gebieten; hundert sollten es nach dem »Endsieg« werden. Über 17 000 Jungen haben im Dritten Reich eine der drei Ausleseschulen besucht.
Wie schleichend der Übergang von der normalen Oberschule zur NS-Eliteanstalt sein konnte, erzählte mir der ehemalige Leiter Fernsehspiel am Hessischen Rundfunk, Dr. Hans Prescher. Er war bis 1942 Fahrschüler an der Staatlichen Oberschule in Wongrowitz im Wartheland gewesen. Als er aus den großen Ferien zurückkam, war der neue Anstaltsleiter plötzlich ein SS-Sturmbannführer und trug wie andere Erzieher SS-Uniform. Prescher wurde mit anderen Fahrschülern den kasernierten Kameraden aus dem Altreich angegliedert, hatte vormittags mit ihnen Unterricht. Die paramilitärische Ausbildung am Nachmittag blieb ihm erspart, weil sein Vater den Vorschlag des Leiters abgelehnt hatte, ihn ohne Prüfung in die NS-Schule aufzunehmen. Im Zeugnis der nunmehr SS-Heimschule Eichenbrück, das Prescher 1943 erhielt, hießen die Schüler jetzt Jungmänner (mit HJ-Dienstrang), der Unterricht wurde Dienst genannt und ein Fach »Sonderausbildung« ausgewiesen.

jenen 19 Ehemaligen, die hier so freimütig und vorbehaltlos über einige der wichtigsten und oft entscheidenden Jahre ihres Lebens berichten und sich selbst dabei nicht schonen. Damals waren sie Teil der allgemeinen Euphorie, die gerade die Jugend (mich eingeschlossen) erfaßt hatte und die vom Regime raffiniert und skrupellos ausgenutzt wurde. Doch gute Demokraten sind die Ehemaligen fast allesamt geworden, trotz oder gerade wegen ihrer politischen Internatskasernierung. Auch wenn auf manchen Klassentreffen noch markige Sprüche fallen, die vielleicht auch in dieses Buch Eingang gefunden haben, weil es die Unbelehrbaren doch noch, wenn auch in krasser Minderheit, gibt. (Nicht von ungefähr ist der Neo-Nazi Manfred Roeder, der in der Hamburger Bundeswehr-Führungsakademie Gehör fand, ebenfalls ein Napola-Zögling gewesen!)

Was wäre, wenn…? Was wäre aus mir geworden, wenn meine Eltern mich auf die Napola Spandau geschickt hätten? Wäre Hardy Krüger auch ohne die Ordensburg Sonthofen Schauspieler geworden? Und Martin Bormann ohne Feldafing Missionar im Kongo? Und wäre Theo Sommer auch ohne die Prägung als Adolf-Hitler-Schüler Chefredakteur und Herausgeber der »Zeit« geworden?

Fragen über Fragen. Alle kann auch dieses Buch nicht beantworten. Aber einige vielleicht doch…

Laut Plan wäre der neue Mensch, so wie ihn sich das Regime vorstellte, in zwei bis drei Generationen fertig gewesen. Herangezüchtet in Dutzenden Adolf-Hitler-Schulen, der Reichsschule Feldafing und über hundert Napolas. Gottlob währte das »Tausendjährige Reich« nur zwölf Jahre.

Johannes Leeb

Staatsbesuch: Bundespressesprecher Rüdiger von Wechmar (r.) mit Bundeskanzler Brandt und Außenminister Scheel 1970 auf dem Roten Platz in Moskau

Rüdiger Freiherr von Wechmar

»Ich wurde in der preußischen Tradition erzogen«

D as Bild, das der ehemalige Präsident der UNO-Vollversammlung von »seiner« Napola Spandau zeichnet, mag manchen befremden. Es paßt so gar nicht zu den Klischeevorstellungen, die man sich von Hitlers »Nationalpolitischen Erziehungsanstalten« macht. Die Erklärung ist einfach: Rüdiger Freiherr von Wechmar gehörte einer jener Napolas an, die direkt an die früheren preußischen Kadettenanstalten anknüpften und – zunächst – vom NS-Gedankengut weitgehend verschont blieben, während bei den übrigen von Anfang an die braune Ideologie in Reinkultur herrschte.

Rüdiger von Wechmar wurde 1923 in Berlin als Sohn eines Berufsoffiziers geboren und besuchte von 1935 bis 1941 die Napola Spandau. Nach dem Abitur meldete er sich freiwillig zur Wehrmacht und wurde als Leutnant in Afrika gefangengenommen. In Amerika absolvierte er im Fernstudium Zeitungswissenschaften. 1946 begann in Hamburg seine rasante journalistische und diplomatische Karriere: Reporter bei dpd, Bonner Büroleiter bei UP, Pressereferent beim deutschen Generalkonsul in New York, Korrespondent des ZDF in Wien, Generalkonsul und Leiter des Informationsbüros der deutschen Botschaft in den USA. 1970 wurde von Wechmar Sprecher der Bundesregierung unter Brandt und 1971 als Staatssekretär Leiter des Presseamts. 1974 ging er als UNO-Botschafter nach New York und wurde 1980 zum Präsidenten der UNO-Vollversammlung gewählt. Ein Jahr später wurde von Wechmar Botschafter in Rom, 1983 in London. Mit Erreichen der Altersgrenze schied er 1988 aus dem diplomatischen Dienst aus. Bis 1994 war er sodann Abgeordneter der FDP im Europaparlament in Straßburg.

Rüdiger von Wechmar ist seit 1961 mit Dina-Susanne verhei-
ratet und hat drei Kinder (Stephanie und Alexander aus erster
Ehe, Yvonne aus der zweiten). Er lebt heute in München, wohnt
in Schwabing.

Mein Eintritt in die Napola Spandau im Jahre 1935 ist für mich
von leidvollen Erinnerungen begleitet. Denn als meine Eltern
mich dort gerade angemeldet hatten, geschah etwas, was unser
Verhältnis zu den neuen Machthabern stark belastete: Am
30. Juni 1934 wurde der Bruder meines Vaters im Verlauf der
Mordserie gegen Ernst Röhm und seine SA in Deutsch-Lissa
bei Breslau von der SS erschossen. Offensichtlich war er als
Berufsoffizier im Ersten Weltkrieg und SA-Standartenführer
in Schlesien einigen hohen SS-Führern ein Dorn im Auge ge-

Jungmann Rüdiger von
Wechmar 1936 in der Napola
Spandau

wesen. Einer von ihnen wurde in den fünfziger Jahren vor Gericht gestellt und zu einer mehrjährigen Haftstrafe verurteilt. Unmittelbar nach dem Mord an meinem Onkel hatte der damalige preußische Ministerpräsident und spätere General der Flieger Hermann Göring (mein anderer Onkel war ebenfalls Flieger) bei meiner Familie angerufen und erklärt, das Ganze sei ein bedauerlicher Irrtum gewesen. Der Familienrat beschloß nach langer Diskussion: »Wir glauben mal dem Göring. Der Junge soll eine vernünftige Erziehung bekommen und das machen.« Unter solchen Begleitumständen kam ich nach Spandau, wo mein Vater für mich einen Platz mit ermäßigtem Schulgeld bekommen hatte. Die Wut auf die SS blieb.

Daß mein Vater mich überhaupt in dieser Eliteschule anmeldete, hatte einen einfachen Grund: Der Vater, beide Großväter und die beiden Brüder meines Vaters waren im preußischen Kadettenkorps gewesen und Berufsoffiziere geworden. So ergab es sich fast von selbst, daß ich ihnen folgte, sobald es wieder eine ähnliche Institution gab. Als mein Vater nach der Machtübernahme durch die Nationalsozialisten reaktiviert worden war, hatte er für seinen Sohn einen Freiplatz an der »Staatlichen Bildungsanstalt«, der Nachfolgerin des Kadettenkorps und Vorläuferin der Napola, beantragt und mich 1934 in der Stabila in Berlin-Lichterfelde angemeldet, wo er selbst vor dem Ersten Weltkrieg auch schon ausgebildet worden war. Mein Eintritt vollzog sich aber erst ein Jahr später, weil die Schule zu dem Zeitpunkt schon überfüllt war. Ich hatte mich noch für Lichterfelde beworben, zog 1934 aber dann in die Napola Spandau ein, wohin die Anstalt inzwischen umgezogen war.

Die Aufnahmeprüfung ist mir noch lebhaft in Erinnerung. Ich reiste von Königsberg an, wo mein Vater in Garnison stand. Sein Bruder begleitete mich in die ehemalige Lehrerbildungsanstalt, in der die Napola inzwischen untergebracht war. Der Komplex besaß alle notwendigen Räumlichkeiten wie Unterrichts- und Schlafräume, Speisesaal und Turnhalle. (Heute ist dort eine Polizei-Sportschule.) Als ich mit meinem

Onkel, der eine Generation früher gleichfalls in der Kadettenanstalt Lichterfelde geschult worden war, über den Hof zum
Verwaltungsgebäude ging, kam uns der Anstaltssekretär Müller, den wir wegen seines weißen Haarschopfes den »Weißen
Müller« nannten, entgegen, sah meinen Onkel, stutzte und
fragte: »Heißen Sie nicht Wechmar? Ich kann mich noch gut
an Sie aus Lichterfelde erinnern.« Müller war ein lebendiges
Zeugnis für den unmerklichen Übergang vom Kadettenkorps
wilhelminischer Prägung über die Stabila der Weimarer Repu-
blik zur Napola. An jenem Frühlingstag bestand ich mühelos
die Aufnahmeprüfung mit ihren schulischen und sportlichen
Aufgaben.

Als »Neuer« kam ich in eine festgefügte Klassengemeinschaft, die schon ein Jahr bestand, und hatte fürs erste kein ein-
faches Leben. Jeder Neue wurde beargwöhnt, ab und an ver-
prügelt und mußte sich seinen Platz erkämpfen. Ich kam in eine
Stube, in der schon drei Jungmannen lebten, und ich lernte
schnell, was es heißt, einem streng geregelten Tagesablauf –
vormittags Schule, nachmittags Hausaufgaben und Sport – zu
folgen. Die Umstellung fiel mir, dem elfjährigen Einzelkind,
schwer, und meine Mutter war verzweifelt. Doch aus Erzählun-
gen meines Vaters und seiner Brüder war ich eigentlich vorbereitet auf das, was mich erwartete. Dennoch empfand ich es als
ziemlich störend, daß sich mein Leben nun nur noch in Uniform
abspielte. Es war wie beim Kommiß: Man gab Zivilkleidung ab,
bekam eine Uniform, die fein säuberlich im Spind verstaut werden mußte. Bis auf die Schuhe, für die es eine eigene Schuh-
kammer gab. Bei Appellen wurde vom Zugführer (Klassenlehrer) oder Hundertschaftsführer, dem mehrere Züge unterstanden, genau überprüft, ob die Uniformen sauber verstaut und
die Schuhe blitzblank geputzt waren.

Unsere Uniformen waren olivgrün und hatten – als Kenn-
zeichen für Spandau – weiße Schulterklappen, so wie die unserer Nachbar-Napola Potsdam rote und Köslin gelbe. Wir waren
stolz, zu den ältesten Napolas zu gehören, die – ebenso wie
etwa Oranienstein oder Plön – unmittelbar aus Stabila und Ka-

dettenkorps hervorgegangen waren. Unsere Uniformen erinnerten durch nichts an die neuen Machthaber. Dienstgrade wurden durch verschiedenfarbige Kordeln oder Litzen auf den Schulterklappen gekennzeichnet. Erst 1938 bekamen wir als zweite Uniform die braune der Hitlerjugend mit Hakenkreuzbinden. Wir haben uns geärgert, weil wir auch die noch im Spind unterbringen und sauberhalten mußten. Getragen haben wir sie selten. Die Uniform war mir als Sohn eines Berufsoffiziers eigentlich nicht fremd, nur fand ich es reichlich mühsam, an jedes einzelne Stück – Stiefel eingeschlossen – Namensetiketten zu nähen. Dafür gab es freitagsnachmittags besondere Putz- und Flickstunden. Ich kann nicht behaupten, daß ich von derlei Übungen besonders begeistert gewesen wäre.

Auch der morgendliche Fahnenappell war nicht meine Sache. Besonders dann nicht, wenn unser Zug – also unsere Klasse – dafür verantwortlich war. Denn dann mußten wir nach Wecken und Frühsport (um 6:30 Uhr) auch noch in Uniform zum Flaggenappell antreten, während die anderen längst genüßlich beim Frühstück saßen. Und wenn wir dann schließlich auch dazukamen, war meistens nicht mehr viel übrig von den Suppen, aus denen das Frühstück vorzugsweise bestand.

Gezielte politische Indoktrination war zunächst nicht erkennbar. Das änderte sich in den späten dreißiger Jahren. Es begann damit, daß wir uns zu Führer-Reden vor dem Volksempfänger versammeln mußten. Wir – wir vier aus unserer Stube und der Rest der Klasse – waren ein ziemlich respektloser Haufen. Wir nannten uns »Die Meute« und schlossen Wetten ab, wie lange Hitler diesmal wieder reden würde. Wenn ich es recht überlege, waren wir in Spandau aber doch einer politischen Berieselung ausgesetzt. Wie das ganze deutsche Volk auch, wenn auch konzentrierter. Im Lesesaal war selbstverständlich die gesamte NS-Presse ausgelegt – vom »Völkischen Beobachter« über den »Angriff« und »Das Reich« bis hin zum Hetzblatt »Der Stürmer«. Viel zum Lesen kamen wir bei unserem dicht gedrängten Tagesablauf jedoch sowieso nicht.

Ich will dem Thema nicht ausweichen, aber ich möchte und

muß differenzieren. Unsere Deutsch- und Geschichtsstunden im Unterricht waren natürlich national, auch nationalsozialistisch ausgelegt. Aber es gab eine wichtige Einschränkung: Wir hatten in Spandau Erzieher, die schon in der Stabila gearbeitet hatten. Sie trugen zwar Uniform, aber sie lebten und lehrten häufig noch im Geiste der Vor-Nazizeit. Es kam ganz darauf an, welchen Typ von Erzieher man bekam. Wir hatten zum Beispiel als Englischlehrer einen Dr. Geißler, von uns »Nuffi« genannt, der war ein ausgesprochener Spötter. Aus seiner Distanz zum NS-Regime machte er uns gegenüber kein Hehl. Von ihm sind wir nun wirklich nicht im streng nationalsozialistischen Sinne erzogen worden, wofür wir ihm nach dem Kriege dankbar waren. Voller hintergründiger Ironie und beißendem Spott über die »herrschende Lehre« brachte er uns bei, nur wirklich Wichtiges auch wichtig zu nehmen.

Bei Heinz »Karlchen« Euler, unserem Zugführer und Klassenlehrer, hatten wir Latein und Sport. Er hielt sich zwar bedeckt, aber wir bemerkten seine reservierte Einstellung. Nach dem Kriege hat »Karlchen« bei Klassentreffen immer wieder deutlich gemacht, wie sehr es ihn in der Rückschau bedrücke, daß er uns nicht besser auf die Folgen dieses Regimes, einschließlich Konzentrationslager, vorbereitet habe. Ich bin übrigens sicher, daß auch er, wie wir, von KZs damals nichts gehört hatte. Ich weiß aber, daß er noch heute unter seiner vermeintlichen Schuld leidet.

Natürlich hätte er wenig ändern können, denn man hätte ihn sofort strafversetzt. Er versuchte sein persönliches Dilemma dadurch zu lösen, daß er sich freiwillig an die Ostfront meldete. Auch er hat bezahlt: Er wurde schwer verwundet und verlor ein Bein. In Spandau war er nachmittags zuständig für unsere sportlichen Aktivitäten, begleitete uns zu Geländespielen, Manövern und zum Ernteeinsatz – kurz, er war mehr als nur unser Lehrer. Als wir vor einigen Jahren mit ihm seinen 80. Geburtstag feierten und er aus unserer Abiturzeitschrift zum fünfzigsten Jubiläum der Reifeprüfung noch einmal vor Augen geführt bekam, wie viele seiner Jungs – über die Hälfte –

nicht mehr aus dem Krieg zurückgekommen waren, da zeigte er sich tief betroffen. Er war ein idealistischer Erzieher, der dachte, er führe junge Menschen in eine goldene Zukunft. Und dann das.

Aber es gab natürlich auch stramme Nazis unter den Erziehern in Spandau. Meist Pädagogen, die nicht mehr aus dem nationalbürgerlichen Lager der Stabila-Erzieher stammten, sondern erst in der Napola ihre Lehr-Laufbahn begonnen hatten. So unser Biologielehrer, der uns zwar über die Einzelheiten der Fortpflanzung im unklaren ließ, dafür aber pausenlos die Mendelschen Gesetze ins Spiel brachte, ganz im Sinne der nationalsozialistischen Rassentheorien.

Auch die Anstaltsleiter bestimmten die politische Ausrichtung. Mir sind zwei mit ganz unterschiedlicher Ausrichtung in Erinnerung. Der eine war der ehemalige Studiendirektor Pein, ein fabelhafter Pädagoge. Ein in sich ruhender Herr, der wußte, wann er uns bedrängen und wann er uns allein lassen mußte. Der andere Direktor dagegen war ein Mann mit erkennbar nationalsozialistischer Grundeinstellung, die er uns nachdrücklich zu vermitteln suchte. Für uns waren allerdings die Hausaufgaben in Deutsch oder Mathematik von größerer Dringlichkeit.

Für das politische Klima in unserer Schule war auch mitbestimmend, daß wir 1935, als ich dort anfing, jene Oberklassen als Vorbilder hatten, die noch die Stabila-Zeit kannten und sich in der Napola nun auf das Abitur vorbereiteten. Diese älteren Mitschüler hatten mit dem NS-Regime meist nichts am Hut und lebten mehr nach der Maxime: »Na gut, wir ertragen das hier auch noch!«

Beim Gewichten jener Zeit, auch mit dem größeren Abstand von heute, bleibe ich dabei: Wir haben eine hervorragende schulische Ausbildung genossen. Die Erzieher hatten es insofern leichter, als sie uns ja dauernd um sich hatten; vormittags als Lehrer und nachmittags als Erzieher. Und sie brachten fast alle ein starkes pädagogisches Potential mit. Um es salopp zu sagen: »Blöde Hunde« gab es unter den Lehrern schon, »Ausbläser« gab es wenige, und »Scharfe«, hundertprozentige Nazi-Ideologen, relativ selten.

Unsere Anstalt hatte eine festgefügte Ordnung und deswegen auch einen Strafenkatalog für größere und kleinere Vergehen. In der Untersekunda bekamen wir einen wunderschönen Dolch verliehen, auf dessen Klinge der Spruch »Mehr sein als scheinen« eingraviert war und den wir bei feierlichen Anlässen stolz trugen. Bei schweren Vergehen wurde dem Jungmann dieser Ehrendolch vor versammelter Mannschaft auf Zeit aberkannt. Wer beim Rauchen oder Biertrinken erwischt wurde, durfte am Wochenende die Anstalt nicht verlassen. In meinen ganzen sechs Jahren in Spandau habe ich nur einmal erlebt, daß jemand der Schule verwiesen wurde – er kam leistungsmäßig nicht mit. Manche kritische Situation ergab sich, als wir uns stärker für das andere Geschlecht interessierten. Bei den Spandauer Mädchen (etwa aus der Tanzschule Geißler) waren wir wegen unserer Uniformen recht beliebt, und so mancher Jungmann überzog den Zapfenstreich um 22 Uhr. Mit dem Erfolg, daß er sich am nächsten Tag verstärkt um die Sauberkeit des Schulhofes bemühen durfte.

Einiges, an das ich mich erinnere, entspricht so gar nicht den Klischeevorstellungen über die Napolas und kommt mir heute seltsam und widersprüchlich vor. In unserem Zug gab es zum Beispiel eine regelrechte Jazzband, zu einer Zeit, da diese Musik vom Staat offiziell als »Negermusik« und dekadent abqualifiziert wurde. Ich saß am Schlagzeug, und wir haben unter billigendem Wegschauen des Hundertschaftsführers Jazzkonzerte für die gesamte Schule veranstaltet. Oder die Sache mit dem Glauben: Wir hatten natürlich keinen Religionsunterricht im Lehrplan, wohl aber wurde ein freiwilliger Konfirmandenunterricht geduldet. Das heißt, wir durften in unserer Freizeit den Stadtpfarrer von Spandau aufsuchen. Von unserem Zug hatten sich fast alle daran beteiligt und wurden dann in Uniform in der Kirche feierlich konfirmiert.

Fast bizarr erscheint mir heute in der Rückschau eine Episode aus der Frühzeit in Spandau. Unser Musiklehrer Dr.

Wichmann hatte bei mir eine nützliche Sopranstimme entdeckt und mich dem Chor zugeteilt. Höhepunkt unserer Dar-
bietungen war die Aufführung von Händels »Messias« in der
Aula, in Anwesenheit des Reichserziehungsministers Rust und
des Hohenzollernprinzen August-Wilhelm. Das muß man sich
vorstellen: Gesänge wie »Halleluja« und »Nur unser Gott re-
gieret allmächtig...« in einer Nationalpolitischen Erziehungsanstalt! (Damit kein falscher Eindruck entsteht: In anderen
Napolas mag es durchaus weniger »liberal« zugegangen sein.)
Dr. Wichmann, unser engagierter Musiklehrer, ist übrigens
später in einem KZ umgekommen.

Bei den jährlichen Manövern trafen wir auch auf andere
Napola-Schüler. Dazu gehörten nicht die »Feldafinger« und
»Adolf-Hitler-Schüler«, die waren für uns sowieso »nouveaux
riches«, mit denen wir nichts zu tun haben wollten. Spandau
sah sich eben in der Tradition von Stabila und Kadettenkorps
in Lichterfelde. Das war eine Seilschaft, wenn Sie so wollen.
Und Napolas, die erst später gegründet wurden, hatten diese
Tradition für uns ohnehin nicht. Schon gar nicht »Feldafing« –
das waren für uns die »Goldfasane«. Daß die Golf spielten,
war uns egal. Wir spielten ja auch nicht Fußball, sondern
Handball. Wir hatten bei Wettkämpfen mit Berliner Schulen
beträchtliche Erfolge in der Leichtathletik, segelten und ru-
derten auf der Havel, hatten Boxunterricht bei Fritz Rolauf,
dem Sparringspartner von Max Schmeling. Es gab sogar einen
englischen Erzieher für Sport und Englisch, der bis zum
Kriegsausbruch in Spandau blieb.

Vielleicht klingt das alles für heutige Ohren zu wenig kritisch. Doch wenn ich gefragt werde, welche Erinnerungen ich
an Spandau habe, muß ich ehrlich zugeben: Es überwiegen die
positiven.

• Meine Anlaufschwierigkeiten als »Neuer« endeten in dem
  Moment, als der nächste Neue kam.
• Die vormilitärische Ausbildung spielte bei uns natürlich
  eine große Rolle (jedes Jahr gingen wir ins Manöver). Und

so hat mir dieses Training sicherlich geholfen, den Krieg zu überleben. Wir lernten Kartenlesen und Kompaßbedienung bei Geländespielen, wo es galt, dem Feind seinen »Lebensfaden« aus Wolle abzureißen. Und da ich Berufsoffizier werden wollte, nahm ich das alles als lehrreich hin. Noch Jahrzehnte später besuchte ich mit meiner Familie unsere Manöverorte in Kärnten.

- Sogar den anstrengenden Ernteeinsätzen konnte ich nachträglich etwas Positives abgewinnen. Denn bei der Rübenernte nahe der polnischen Grenze habe ich die Tricks gelernt, wie man solche Strapazen übersteht, und das hat mir dann in der Gefangenschaft beim amerikanischen Rübenfarmer geholfen.

- Ganz oben auf der Positivliste aber steht die schulische Ausbildung und die Erziehung in und zu einer Gemeinschaft, in unserem Fall der Zusammenhalt in der Klasse von Gleichaltrigen.

Wenn ich heute oftmals höre, »Ihr wart halt Privilegierte«, muß ich schmunzeln. Für mich verbindet sich nämlich mit dem Gedanken an Spandau bis heute ein ganz anderes Gefühl: das des Hungers. So seltsam es klingen mag, wir Jungmannen waren immer hungrig, auch schon vor dem Krieg! Wir empfanden, daß man uns bei dem, was man bürokratisch »Anstaltsverpflegung« nannte, besonders kurzgehalten hatte. Heutige Ernährungswissenschaftler würden ohnehin die Hände über dem Kopf zusammenschlagen. Suppen und »Schnecken« zum Frühstück! Angenehme Abwechslungen waren da die Manöver, wo wir aus der Feldküche verpflegt wurden, oder die Ernteeinsätze, wo es beim Bauern mindestens eine Mahlzeit gab. Dennoch bleibe ich dabei, daß ich mich in meiner ganzen Napola-Zeit gut aufgehoben fühlte und dort nützliches Handwerkszeug für den Kopf mitbekommen und eine körperliche Ausbildung erfahren habe, die mich Krieg und Nachkriegszeit gut überstehen ließen.

Die Frage »Lebten wir in einem Ghetto, oder waren wir den

politischen Strömungen und Berieselungen unterworfen wie die übrigen Volksgenossen«, kann ich auch heute nicht schlüssig beantworten. Unsere Heldenfiguren waren (vor allem nach Kriegsbeginn) die damals üblichen: U-Boot-Kapitän Prien, Afrika-General Rommel, Jagdflieger Marseille. Wenn ältere Jahrgänge unsere Schule auf Heimaturlaub besuchten, möglichst noch mit dem Ritterkreuz um den Hals, dann haben wir sie natürlich angehimmelt. Als gegen Ende unserer Schulzeit (1941/42) die verschiedenen Waffengattungen Werbevorträge bei uns hielten, meldeten sich viele von unserem Zug freiwillig. Besonders erfolgreich als Werber war mein Vater, der inzwischen in Stahnsdorf bei Berlin die Panzer-Aufklärungsabteilung 3 befehligte. Bei ihm meldeten sich – mich eingeschlossen – sechs Jungmänner aus meiner Klasse. Aus unserem Zug von 31 hatte sich übrigens kein einziger zur Waffen-SS gemeldet. Erst bei späteren Jahrgängen änderte sich das.

Wir Freiwilligen machten 1941 eine Art Notabitur. Der Tribut, den unser Zug zahlen mußte, war hoch. Von den 31 Jungens sind 16 im Krieg gefallen. Wenn wir uns heute treffen, sind wir noch acht, einschließlich des Lehrers Euler. Es ist dann wie bei anderen Schultreffen auch: »Mensch, weißt du noch…«, und die alten Herren lächeln erinnerungsselig. Ein einziger hält sich von diesen Treffen fern. Vielleicht, weil er nach dem Kriege eine schwere berufliche Zeit hatte und womöglich darauf nicht angesprochen werden möchte. Es ist ja auch ein Vorurteil, daß aus allen Eliteschülern später etwas geworden sei.

Der Kriegsgott hatte es gut mit mir gemeint. Ich kam an die Afrikafront zu Rommel, wurde als Leutnant gefangengenommen und nach den USA in ein Lager gebracht. Mein Vater erlebte das Kriegsende als Oberst eines Panzergrenadier-Regiments. Übrigens wählten wir beide nach dem Kriege denselben Beruf – wir wurden Journalisten.

Die oft gestellte Frage, ob sich die ehemaligen Eliteschüler später im Berufsleben in einer Art »Seilschaft« gegenseitig unterstützt haben, kann ich für mich verneinen. Ich selbst habe durch Spandau ein einziges Mal einen Nachteil gehabt, und der hat sich dann als Vorteil entpuppt. Als ich 1946 aus der Gefangenschaft heimkehrte, arbeitete ich in Hamburg bei der ersten deutschen Nachrichtenagentur dpd (heute dpa). Dort hat man mich nach einem Jahr gefeuert, weil die damals zuständigen Briten herausgefunden hatten, daß ich auf einer Napola gewesen war. Da im ominösen Fragebogen nicht danach gefragt worden war, hatte ich es auch nicht erwähnt. Der damalige deutsche dpd-Chefredakteur und spätere Bundestagsabgeordnete Fritz Sänger äußerte in einem Brief an mich sein Bedauern über die Entscheidung der Besatzungsmacht – dpd habe einen guten Journalisten verloren. Die Amerikaner waren da toleranter, und so landete ich bei United Press (UP), deren Bonner Büro ich zehn Jahre lang leitete. Wer weiß, wie meine Karriere bei dpd weitergegangen wäre?

Manchmal, wenn sich im Nebel der Erinnerungen Konturen verlieren und die Gefahr besteht, daß man manches zu geglättet wiedergibt, vielleicht auch geschönt, ist es hilfreich, sich ein paar Eckdaten (ohne große Chronologie) vor Augen zu halten, welche die damalige Zeit prägten.

20. Juli 1944: Vom Attentatsversuch auf Hitler durch Oberst Graf Stauffenberg erfuhr ich aus der »New York Times«. Und zwar im Kriegsgefangenenlager Trinidad/Colorado. Einige Offiziere dort kannten die Hauptbeteiligten, und es entspann sich eine sehr kontroverse Diskussion. Die einen sagten: »Das ist Hochverrat!«, und die anderen: »Das war längst überfällig!« Ich gehörte zu der Gruppe, die sich mit ihrem Urteil eher zurückhielt und meinte: »Warten wir mal ab, bis wir mehr wissen, bis wir wieder zu Hause sind.« Diese Zurückhaltung erstaunt mich heute, weil ich mir schon seit der Kapitulation des Afrikakorps im Mai 1943 sicher war, daß der Krieg für uns verloren war.

Stalingrad: Dieses Debakel der 6. Armee wurde für mich deshalb zum prägenden Ereignis, weil ein Stabsoffizier von General Paulus, der im Führerhauptquartier vergeblich die verzweifelte Situation vorgetragen hatte, danach in Berlin einigen mir bekannten Offizierskameraden reinen Wein eingeschenkt hatte. So erfuhr ich an diesem Beispiel das völlige Versagen und die Menschenverachtung des »Größten Feldherrn aller Zeiten« über einen Augenzeugen.

Holocaust: Als unser von den Mendelschen Gesetzen besessener Biologielehrer in Spandau von arischen und dinarischen Schädelformen redete, dachte keiner über mögliche Konsequenzen und Verirrungen bis hin zum rassischen Massenmord nach. Es behaupten zwar viele Deutsche, aber auch ich nehme das heute noch für mich in Anspruch: Ich habe nichts davon gewußt, weder in Spandau noch in Afrika und bis zum Kriegsende auch nicht in den USA.

»Reichskristallnacht«: Am 10. November 1938, einen Tag nach der Verwüstung von Synagogen und jüdischen Geschäften durch organisierte NS-Banden, hatten wir in Spandau bei der Heimarbeits-Erzieherin, Frau Kettlitz, zwei Stunden Bastelarbeiten. Dabei entwickelte sich unter uns eine lebhafte Diskussion, die in dem Satz eines Freundes gipfelte: »Diese Nacht wird noch schreckliche Folgen haben!« Frau Kettlitz meinte, unsere Diskussion sei ihr peinlich, und wir sollten damit aufhören. Aber seltsamerweise hatte niemand die gezielten Ausschreitungen nach dem Motto begrüßt: »Jetzt hat man es den Juden endlich gezeigt.« Ich sage seltsamerweise, denn auch Julius Streichers antisemitischer »Stürmer« lag in unserem Lesesaal aus.

Später habe ich mich gefragt, ob es nicht besser gewesen wäre, wir hätten uns mehr darüber ausgesprochen. Denn wir waren ja in einem Alter (15 und 16), wo man sich in Diskussionen seine eigenen Gedanken machen kann, machen soll. Und ich frage mich noch heute, warum wir uns nicht an unsere Erzieher gewandt haben. Es gab ja – wie ich geschildert habe – durchaus einige mit eigenen Vorstellungen.

Dabei waren wir in unseren Grundeinstellungen im allgemeinen skeptisch bis kritisch. Was haben wir geflucht, wenn wir wieder einmal als »Jubelperser« in Uniform zu Staatsbesuchen abgestellt wurden, wie etwa Mussolinis oder des Königs von Jugoslawien. Der Unterricht fiel bei solchen Gelegenheiten zwar aus, aber dafür mußten wir schon um fünf oder sechs Uhr früh am Straßenrand stehen, auch wenn die hohen Herren erst um zehn Uhr für ein paar Sekunden vorbeifuhren. Unsere Begeisterung über das ganze Brimborium hielt sich in Grenzen, und unsere Bemerkungen waren auch nicht immer druckreif. Aber nie hat einer von uns den anderen bei den Erziehern verpfiffen. Trotz des staatlich geförderten Denunziantentums.

Man sollte sich überhaupt von der Vorstellung lösen, alles wäre damals bei uns von oben bis ins Detail gesteuert worden und das ganze deutsche Volk sei ein Haufen begeisterter Nazis und williger Vollstrecker gewesen oder wir in Spandau eine scharf auf Nazikurs steuernde Eliteformation von künftigen Würdenträgern des Reiches. Wie widersprüchlich und geradezu grotesk die Wirklichkeit des Dritten Reiches manchmal war, zeigt das Beispiel des Propagandafilms über die Napolas, »Kopf hoch, Johannes«.

Dieser Film wurde in der früheren Kadettenanstalt und späteren Napola Oranienstein gedreht. Regisseur war Viktor de Kowa, der selbst einmal Kadett gewesen war und von dem Goebbels wohl dachte, der käme mit dem Thema gut zurecht. Das Drehbuch schrieb, unter einem Pseudonym, der spätere Bundespressechef Felix von Eckardt (auch ein ehemaliger Kadett). Von Spandau durften zwei Jungmänner mitspielen, und einer davon war ich. Vier Wochen lang hatten wir in Oranienstein eine herrliche Zeit: jeden Tag Filmaufnahmen, keine Schule, keine Hausaufgaben und eine Tagesgage von einer Reichsmark, die ich sofort in Eis anlegte.

Der Film war eine ziemliche Katastrophe – heute würde man sagen ein totaler Flop –, und ich habe immer behauptet, es habe daran gelegen, daß ich in meiner Rolle nur einen einzigen Satz sagen durfte: »Kameraden, hier müssen wir rüber!« (Es ging um irgendeinen gefährlichen Flußübergang). Doch Spaß beiseite. Der Hauptdarsteller war der Sohn des Regisseurs Douglas Sirk (Detlef Sierck), der wegen seiner jüdischen

Frau und mit ihr nach Hollywood emigriert war. Man muß sich das mal vorstellen: Der Sohn einer Jüdin spielte die Hauptrolle in einem Napola-Propagandafilm! Auch so etwas war in dieser reglementierten Zeit möglich, wenn auch eigentlich kaum nachzuvollziehen.

Die Napolazeit hat mich natürlich geprägt. Auf meine Kinder und Enkel hat sie nicht »abgefärbt«, soweit man das selbst beurteilen kann. Sie konnten das zunächst auch nicht richtig einordnen, denn sie wußten gar nicht, was eine Napola war. Wie sollten sie auch: Nach dem Kriege ist ihnen das in den Schulen nicht vermittelt worden, aber es gab viele Fragen an mich und den Wunsch: »Erzähl doch mal.«

Sie wollen wissen, wie jemand aus einer traditionsreichen Familie wie meiner einem Nobody wie Hitler folgen konnte? Die Antwort ist einfach: Dieser Mann war mir als Heranwachsendem eigentlich völlig Wurscht. Er übte zwar auf das ganze Volk eine große Faszination aus, aber wenn man in einer Familie heranwächst, in der über Generationen die Söhne nur das eine Berufsziel kannten, Soldat zu werden, dann war einem eine politische Partei und deren Vorsitzender ziemlich gleichgültig. Mich interessierte die Armee, und diese galt – bis zur sogenannten Wehrmachtsausstellung, die dies zu zerstören suchte – als Hort normaler Traditionen. Viele haben sich in der Nazizeit ja bewußt in die Streitkräfte geflüchtet. Meine Absicht war das nicht; ich wollte nicht flüchten, sondern wählte einen Beruf, dem sich auch meine Vorfahren gewidmet hatten. Auf dem Weg dorthin fand ich in der Napola eine nützliche Vorbereitung.

Sie fragen nach dem Fazit meiner Zeit in Spandau. Ich habe manches gelernt, und es hat mir nicht geschadet, aber ich würde es freiwillig nicht noch einmal machen. Denn später erst habe ich gesehen – am Beispiel englischer und amerikanischer Internate –, wie dort Erzieher mit Schülern umgehen, die sich frei bewegen können. Andererseits möchte ich die, ich sage bewußt: preußische Erziehung, die uns in der Tradition von Lichterfelde zuteil wurde, nicht missen.

Stolz auf seine Gala-Uniform: Hans Fischach 1939, mit 17 Jahren, in der »NSD Oberschule Starnberger See« in Feldafing

Hans Fischach

»Feldafing war das Glück meiner Jugend«

D*er Graphiker und Schriftsteller Hans Fischach, 1922 geboren, gehörte der Reichsschule
Feldafing von ihrer Gründung 1934 bis zu seinem Abitur 1940
an. Kein Wunder, daß diese Zeit ihn, der einer alten bayerischen
nationalkonservativen Offziersfamilie entstammte, besonders
prägte und heute noch in ihm nachwirkt. Häufig zieht es ihn an
den Starnberger See, wo er die Villen, in denen die Reichsschule
untergebracht war, nachzeichnet. Und noch als 76jähriger erin-
nert er sich liebevoll bis ins kleinste Detail an die Uniform, die
die Eliteschüler damals trugen. Diese fast kindliche Begeisterung hat sicher nicht nur weltanschaulich-politische Gründe:
Nach der Kriegsgefangenschaft spezialisierte sich Fischach als
Graphiker auf Herrenmode. Er gestaltete viele Titelbilder in
Herrenjournalen und unterrichtete später an der Deutschen
Meisterschule für Mode in München. Fischach lebt heute mit
seiner zweiten Frau, der Schriftstellerin Renate Fabel, im Münchner Süden in einer eleganten Penthouse-Wohnung. Dort schildert er – weißhaarig, jeder Zoll ein Gentleman bayerischer Prägung – seine positiven Erinnerungen an die Feldafinger Zeit.
Einwände wischt er mit dem entwaffnenden Satz weg: »Ich hab'
halt die Fähigkeit, mir nur das Positive zu merken und das andere gleich zu vergessen.« Fischach ist begeisterter Golfspieler –
im Golfclub Feldafing…*

Ich war »Feldafinger«, vom Anfang an bis zum ersten Kriegsjahr 1940. Man erwartet nun gewiß von mir aus heutiger Sicht
reflektierte Erinnerungen und Stellungnahmen zu Art und
Wesen, Gehalt und Form der »Reichsschule«. Hoffentlich ent-

Noch heute, mit 77 Jahren, ist Fischach begeisterter Golfspieler in Feldafing

täusche ich niemanden. Ich bin heute ein alter Mann und erachte es nicht als notwendig, meine Ansicht zu Feldafing aus Rücksicht auf den Zeitgeschmack zu verfälschen.

Um es vorweg zu sagen: Für mich waren die sechs Jahre an der Schule zweifellos die prägendsten und bedeutungsvollsten meiner Jugend. Ich fühlte mich in der Gemeinschaft zu Hause und geborgen, zu keiner Zeit gegen meine Überzeugung bevormundet oder von einem Machtapparat »vereinnahmt«. Das, was uns als politische Richtschnur vermittelt wurde, lag vollkommen im allgemeinen Deutungsstil der Zeit – und zumeist auch in der üblichen Denkungsweise des Elternhauses, ja, eigentlich aller nationalbürgerlichen Kreise.

Dazu muß man berücksichtigen, daß wir damals Zwölf- bis Siebzehnjährige waren, ein Lebensalter, in dem ein Jugendlicher wohl am leichtesten »motiviert« werden kann, auch zur Glaubensbereitschaft an unrealistische Formeln.

Wenn ich mich durch all die Jahre zurückerinnere, dann wurde an der Schule weit weniger über Politik gesprochen – schon gar nicht »diskutiert«, das kannte man damals nicht! –, als man sich das heute vielleicht vorstellt. Vor allem erinnere ich mich nicht, daß all diese Themen mit Fanatismus gesättigt gewesen wären. Vielleicht waren wir dazu auch ein wenig zu blasiert.

Was mir an Lebensstil und Erlebniswerten durch die Schule geboten wurde, hätte mir mein Elternhaus niemals vermitteln können, und der »elitäre Touch«, welcher der Schule zuweilen anhaftete, war mir – ich will ganz ehrlich sein – durchaus willkommen.

Ich stamme aus einer alten bayerischen Offiziersfamilie; mein Vater, mein Großvater und mein Urgroßvater waren Offiziere, und so schien es ganz natürlich, daß auch ich es eines Tages werden würde. Dann starb aber mein Vater, und ich wuchs bei meiner Mutter und der Großmutter in München auf. Als meine Mutter 1934 davon las, daß die neuen Machthaber eine Kadettenschule aufbauen wollten, war es für sie und für mich, den Zwölfjährigen, klar, daß sie mich dort anmeldete. Durch die Vermittlung des Hitler-Adjutanten Brückner, den meine Mutter von früher kannte, gelang das auch sofort. Und so fand ich mich einige Wochen später als Jungmann der NSD Oberschule Starnberger See im schönen Feldafing wieder.

Der Übergang von meinem Elternhaus in München in dieses »Internat« am Starnberger See hat mir keinerlei Schwierigkeiten bereitet. Ich habe mich vom ersten Augenblick an in Feldafing wohl gefühlt und nie Heimweh gehabt. Natürlich gab es im Unterricht täglich eine Stunde Nationalpolitik. Und natürlich war die Deutschstunde national ausgerichtet. Deutsche Helden des Ersten Weltkrieges standen hoch im Kurs. Die Tendenz unserer Erziehung war national, aber nicht nationalsozialistisch, zumindest in der ersten Zeit nicht. Und da ich einem stark deutschnational gesinnten Elternhaus entstamme, wie übrigens die meisten aus dem damaligen Bürgertum, war

Feldafing für mich auch in dieser Beziehung ein problemloser Übergang.

Problematischer für uns war schon, daß sechs Wochen nach der Einweihung der Schule ihr Gründer, SA-Chef Ernst Röhm, auf Befehl Hitlers erschossen wurde. Aber wir gaben uns mit den Meldungen, er sei homosexuell und ein Verräter gewesen, zufrieden. Und da sich für uns im Tagesbetrieb der Schule nichts änderte, war die Angelegenheit schnell vergessen. Als Nachfolger von Röhm kam dann Viktor Lutze, der sich aber um uns überhaupt nicht kümmerte. Genausowenig wie Heß oder auch Hitler, der wohl nie vergessen konnte, daß Feldafing die Schöpfung seines Widersachers Röhm gewesen war. Er hat zwar in Feldafing einmal das Hotel »Kaiserin Elisabeth« besucht, aber nie »seine« Schule.

Ernst Röhm, der im Range eines Hauptmanns als politischer Berater im Stab von Oberst Epp tätig und der eigentliche Kopf des verschleierten Militärregiments in Bayern war, wollte mit unserer Schule eine Art »braunes Kadettenkorps« und den Offiziersnachwuchs für seine »Braune Armee« schaffen. Daß seine Pläne so bald, und zwar von seinem Führer, durchkreuzt werden würden, konnte er nicht ahnen. Sein Plan war nicht so abwegig, denn zur gleichen Zeit entstanden in Spandau und Plön bereits die ersten »Napolas«. Röhms Grundidee mochte daher wohl darauf gezielt haben, hier einen – auf längere Sicht – geeigneten Offiziersnachwuchs für seine »Braune Armee« heranzubilden. Seine SA war ja nur als Kader-Einheit gedacht, sie hätte den Grundstock einer Volksarmee bilden sollen, die die Reichswehr abgelöst hätte.

Ernst Röhm kannte Julius Goerlitz aus dem Ersten Weltkrieg und übertrug ihm spontan die Aufgabe, die neue Schule zu leiten. Goerlitz war hierfür auf Grund seiner gesamten Einstellung zur Jugend und zu einer idealistisch-nationalen Erziehung zweifellos ein geeigneter Mann. Er wurde zur Erfüllung dieses Auftrages für fünf Jahre von der Reichswehr beurlaubt. Die verschiedenen Erzieher der »ersten Stunde« bewarben sich bei Goerlitz um Stellung und Verwendung, wurden von ihm ausgesucht und schließlich über irgendeinen Dienstkanal des Kultusministeriums oder »Reichslehrerbundes« zugeleitet. Goerlitz wäre beim »Röhm-Putsch« – völlig grundlos! – beinahe in das Rache-Räderwerk der »Säuberung« geraten, was für ihn zweifellos tödlich geendet hätte. Glücklicherweise gelang es ihm, sich von jedem Verdacht zu befreien (angeblich hat sich Hitler sogar persönlich entschuldigt), und auch die Schule konnte sich mit der Zeit von dem anhaftenden Beigeschmack der »Röhm-Schule« lösen. Nicht zuletzt diente auch die Umtaufe in »Reichsschule der NSDAP Feldafing« diesem Zweck.

Die Schule bestand 1934 aus lediglich vier Häusern, wunderschönen alten, herrschaftlichen Villen, die meist jüdische Vorbesitzer gehabt hatten. Das »Ernst-Röhm-Haus« wurde im Sprachgebrauch der Schule, außer möglicherweise bei gelegentlichem amtlichem Schriftverkehr, immer nur »Park-Villa« genannt.

Mit dem Auf- und Ausbau der »Oberschule« erweiterte sich die Substanz (durch Ausdehnung auf acht Klassen; 1934 waren es nur sechs), dadurch kam es zu einer Vergrößerung des gesamten Schulbetriebes auf insgesamt zwölf Häuser. Alle stehen heute noch – mehr oder weniger unverändert – in Feldafing. Es gibt Leute, die wissen wollen, daß damals viele dieser Häuser auf dem Wege der Enteignung einfach von der Partei »gekapert« worden seien. Das stimmt nicht! Sie wurden durchwegs käuflich, zum vollen Marktpreis, erworben und bezahlt. Wer das Gegenteil behauptet, argumentiert (bewußt oder leichtfertig) mit unwahren Unterstellungen.

Wir bezogen 1934 als 3. Klasse zunächst das »Horst-Wessel-Haus«, heute im Besitz der evangelischen Kirche. In der kleinen recht heimeligen Villa gab es etwa acht bis zehn Dreier- und Viererzimmer, außerdem unseren Klassenraum und ein zweites Klassenzimmer, in welches die 2. Klasse aus der »Park-Villa« herüberrückte. Im Keller befand sich der Waschraum mit einer Anzahl gußeiserner Kippschüsseln unter Messinghähnen, die wahrscheinlich schon aus erzieherischen Gründen nur eiskaltes Wasser von sich gaben. Dazu gab es nur eine Dusche.

Dennoch fühlten wir uns in der verwinkelten Traulichkeit dieser kleinen Villa mit ihrem etwas verwässerten Spät-Jugendstil sehr rasch zu Hause, und das für uns alle neuartige Erlebnis einer Klassengemeinschaft ließ uns den Verlust der elterlichen Nestwärme eigentlich ziemlich mühelos verkraften. Vielleicht hat der eine oder andere schon auch mal etwas Heimweh gehabt – Neurosen entwickelte jedenfalls niemand!

Am Anfang bekamen wir von dem Mädchen, das unserer Klasse als Bedienung zugeteilt war, sogar noch das Bett gemacht – aber nur dreimal, offenbar zum Eingewöhnen. Auch das Frühstücksei vom ersten Sonntag tauchte in Feldafing leider nie wieder auf. Übrigens stand in dem großen Flur im Erdgeschoß des »Horst-Wessel-Hauses« zwischen den beiden Klassenräumen ein gewaltiger Flügel. Des Abends kam gelegentlich der Sport-Erzieher Fritz Kniese, von uns »Gandhi« genannt, in voller Uniform; für uns ein Ereignis, denn wir kannten ihn normalerweise ja nur im Trainingsanzug. Er trug zur Uniform lange, schwarze Hose und – Kneifer! Eine Art »Casino-Look«, sozusagen. Und er setzte sich mit seinem Kneifer an die Tastatur und entlockte dem Ungetüm besinnliche Weisen, klassische zumeist… Wir standen herum, lauschten gebannt und staunten. Nach einiger Zeit klappte »Gandhi« den Deckel zu und sagte: »Ein weiches Herz in einer rauhen Schale.«

Sport (»Leibesertüchtigung«, wie man das damals nannte) wurde bei uns großgeschrieben. Daß diese sportliche Aus- und Durchbildung – die uns später beim Militär sehr zustatten kam – in Feldafing gleichzeitig eine betonte Charakterbildung einschloß, empfinde ich als durchaus möglich und richtig. Außerdem wurden uns – neben der schulischen Erziehung in allen Fachgebieten – jedes Jahr eine Pfingstreise geboten (für die vorletzte Klasse eine Deutschland- und für die Abschluß-

klasse eine Auslandsreise), sowie Theater- und Ausstellungs-
besuche im nahen München; es gab einen Schüleraustausch
mit England, Finnland und den Vereinigten Staaten; die
7. Klasse machte einen Tanzkurs, der Golfsport wurde gelehrt,
die 8. Klasse erhielt Fahrkurse, mit dem Erwerb der Führer-
scheine 3 und 4, jedes Jahr gab es eine Woche Skiaufenthalt
und vielerlei mehr. Alles in allem: Kaum einem jungen Menschen meiner Altersklasse ist zu damaliger Zeit eine solche
Erlebnisfülle zuteil geworden.

Zu den Erziehern ist zu sagen, daß sie sich eigentlich nur
pädagogisch unterschieden, nicht aber politisch. Es gab erstaunlich gemütliche Leute darunter, auch wenn es manchmal
»Watschn« setzte. Es kamen ja auch Erzieher aus der bündischen Jugend dazu, in SA-Uniform, die deutschnational dachten. Auch »Scharfe« gab es natürlich, aber es ist mir keiner als
ausgesprochener Widerling im Gedächtnis geblieben.

Auf Kameradschaft wurde in Feldafing großer Wert gelegt.
Ich habe in der ganzen Zeit keinen »Feind« kennengelernt.
Natürlich hat man sich zu Gruppen zusammengeschlossen: Da
waren die »Fußballer« oder die »Musiker«; ich gehörte zu den
»Münchnern«, die, zumindest in den ersten Jahren, das Über-
gewicht auf der Reichsschule hatten. Einmal wöchentlich bekamen wir in diesen Gründerjahren Religionsunterricht, den
der katholische und der evangelische Pfarrer aus dem Ort
gaben. Aber ich kann mich an keinen Kameraden erinnern,
der am Sonntag in die Kirche gegangen wäre. Wir gingen lieber zum Tennis- oder Golfspielen. Immerhin bin ich in München zusammen mit anderen Feldafingern in Uniform konfirmiert worden.

Zu den Dörflern hatten wir wenig Kontakt. Die Einwohner
von Feldafing selbst schauten schon auf die Schule, denn sie
lebten ja praktisch von uns. Auch wenn die Erinnerung daran
heute aus den Annalen von Feldafing gestrichen worden ist.
Der Bürgermeister zum Beispiel, ein Schreinermeister, baute
unsere Turnhalle und die Baracken für die Anbauten. Wir hatten sogenannte »Sturmtage«, das war bei uns der Dienstag, an

denen wir Kontakt zu den Handwerkern des Ortes suchen und uns mit ihren Sorgen vertraut machen sollten.

Unsere Berufsziele waren völlig offen. Man hätte es natürlich gern gesehen, wenn möglichst viele von uns offizielle Parteistellen angestrebt hätten. Aber die meisten wollten Arzt, Offizier oder Künstler werden. Ich selbst hatte mich, wie gesagt, für die Offizierslaufbahn entschieden. Später stellte ich mir vor, zu schreiben und zu malen und als Kunsterzieher eines Tages an die Schule zurückzukehren.

Im Unterricht herrschten die klassischen Fächer vor: Deutsch, Mathematik, Zeichnen. Der Nachmittag war dem Sport und der Wehrertüchtigung gewidmet. Unser »Gandhi« hat uns ganz auf Leichtathletik getrimmt. Mit Reiten und Wassersport hatte er nicht so viel im Sinn. Immerhin besaß die Reichsschule zwei große Kutter und zehn Olympiajollen, sogar eine Segeljacht und ein Motorboot. Der spätere Nachmittag war den Hausarbeiten vorbehalten. Die drei Mahlzeiten des Tages nahmen wir jeweils in einer der dafür vorgesehenen Villen ein. Der Zapfenstreich wurde entweder getrommelt oder geblasen, und dann hieß es: »Alles ins Bett und Lichter aus!«

Wir lebten als »Horde« von 12 bis 16 Jungen ganz allein in jeweils einem Haus, ohne Erzieher und ohne Aufsicht. Es gab nur einen wechselnden »Jungmann vom Dienst«, der die Verantwortung dafür trug, daß alles geordnet ablief. Man verließ sich ganz auf unser Selbstverantwortungsgefühl. Ein einziges Mal in den sechs Jahren habe ich miterlebt, daß ein Schüler relegiert wurde. Der hatte ohne Erlaubnis ein Motorrad benutzt und war dabei erwischt worden. Und weil er schon einiges auf dem Kerbholz hatte, hat man ihn dann gefeuert. An einen anderen Fall kann ich mich erinnern, da haben die Eltern selbst ihren Sohn 1937 aus der Schule genommen, weil sie merkten, daß er auf Widerstand bei den Kameraden stieß. Er hatte sie zwar häufig ins Dorfcafé eingeladen, aber irgendwie kam er mit ihnen nicht zurecht. Der Junge ist von seinen wohlhabenden Eltern dann in ein Schweizer Internat gesteckt worden.

Auch die Söhne von Parteigrößen – wie Bormann, Esser

und Schwarz – fügten sich bei uns völlig ein. Kinder reicher Eltern, wie etwa der Sohn des Flugzeugbauers Heinkel, mußten 1000 Reichsmark Schulgeld zahlen, meine Mutter zahlte nur einen geringen Betrag. Wir waren stolz, Reichsschüler zu sein – mit den Hitlerjungen und sogar mit den Jungmannen von den Napolas wollten wir nichts zu tun haben.

Besonders stolz waren wir auf unsere Uniform, die von Lodenfrey entworfen worden war. Mein Verhältnis zur Herrenmode und speziell zur Uniform hat mich später auch meinen Beruf als Modezeichner finden lassen. Sehen Sie es mir deshalb nach, wenn ich auf unsere Uniform ausführlicher eingehe. Die Uniform war ja für mich seit meiner frühesten Jugend ein vertrautes Bild. Wenn mein Opa an den Feiertagen Uniform und Orden trug, dann strahlte ich. Diese Insignien des Staates waren für mich von Kind auf erstrebenswerte Attribute. Und ich war sehr glücklich, als ich in Feldafing statt der Wandervogelkluft des Jungvolkes diese kleidsame und adrette Uniform der Reichsschule anziehen durfte.

Der Tag, an dem wir unsere Uniformen empfingen, ist mir deshalb unauslöschlich im Gedächtnis geblieben. Die Jungvolk-Montur, mit welcher ich in Feldafing einrückte, hatte mir nie besonders gefallen, und ich vertauschte sie leichten Herzens mit einer »richtigen Uniform«. (Eine »ganz richtige« Uniform trugen für mich ohnehin nur Soldaten und Offiziere, alles andere empfand ich als »uniform-ähnliche« Verkleidung.) Daher war mir auch zunächst unser »Drillich-Anzug« am sympathischsten – er war wenigstens »feldgrau«…

Kurzum: Auf dem Dienstplan stand »Kleiderempfang«, und so marschierten wir also zur »Kammer«. Diese »Kammer« befand sich unter dem Dach des »Rudolf-Heß-Hauses«, in dem wir den ganzen Vormittag lang über zwei Stockwerke hinaus auf der Treppe standen. Es dauerte alles unendlich lang. Einmal rief der »Kammer-Schmidt«, ein ehemaliger, bärbeißiger Reichswehr-Feldwebel mit seinem grimmigen Kommiß-Humor: »Wer kann Klavier spielen?«, und gleich meldeten sich drei. Jetzt wird's gemütlich, dachten wir, aber die drei wurden oben sofort an einen Tisch gesetzt, mußten Listen führen und kamen zum Kleiderempfang selbst als letzte dran. Damit hatten wir gleich fürs ganze Leben etwas dazugelernt: Es bringt nichts, sich irgendwie wichtig zu machen – man hat nur Ärger!

Unsere Erstausstattung umfaßte: Gala-Uniform, Drillich-Anzug, Lederhose und Braunhemd, Trainingsanzug und Pelerine. Später erweiterte sich dieses Sortiment noch um den Mantel, den Ski-Anzug und je eine weitere Gala- und Drillich-Montur. Die Gala-Uniform war zweifellos eine sehr hübsche und kleidsame Lösung, auf die man stolz sein konnte. Der Waffenrock bestand aus braunem Wollstoff, war mit vier mattsilbrigen Knöpfen zu schließen und mit vier aufgesetzten aufknöpfbaren Taschen versehen. In den Kragenecken befanden sich in karmesinroten Winkeln die »SA-Blitze« und auf den Schultern karmesinrote Achselklappen. Dazu gehörte eine lange schwarze Hose mit einer schmalen, kirschroten Biese. Über dem Waffenrock wurde ein doppeldorniges Lederkoppel getragen und ein Schulterriemen von rechts nach links.

Ein markantes Attribut der Gala-Uniform war schließlich noch das Seitengewehr, das von der sechsten Klasse ab getragen wurde. Diese »Blankwaffe« war das gleiche Modell, das auch bei der Wehrmacht als »Ausgeh-Seitengewehr« im Gebrauch war, nur etwas kleiner und leichter, und auf der Klinge stand in deutscher Kurrentschrift: Ehre – Kraft – Freiheit.

Um den »Hautgout« der »SA-Schule« von uns zu nehmen, büßten wir die »SA-Blitze« am Kragenspiegel ein, wurden dafür aber mit der Hakenkreuz-Armbinde und dem Ärmelstreifen (NSD Oberschule Starnberger See) ausgerüstet. Diese Gala-Uniform gab es noch in einer zweiten, gewissermaßen »feldmarschmäßigen« Variante, die in Breeches und Motorradstiefeln bestand. Sie war entsetzlich! Es waren geschnürte, verhältnismäßig kurzschäftige, braune Lederbotten, mit nicht weniger als je 16 Hakenpaaren zum Verschnüren. Ich hatte derartige Stiefel noch bei keiner ernstzunehmenden Uniform zuvor gesehen und haßte sie vom ersten Moment an.

Zur Gala-Uniform gehörte auch ein Mantel. In einem leicht zum Oliv hinneigenden Braunton, mit farblich abgesetztem Kragen, war er doppelreihig und auf sechs Knopfpaare zu schließen. Dazu war der Mantel gleichfalls mit Schulterstükken, Armbinde und Ärmelstreifen ausgestattet.

Die für den Alltag feldmäßig-strapazierfähige Abart der »Gala« war der – wie der Name schon sagt – Drillich-Anzug. Ein Universal-Kleidungsstück im Uniform-Grundschnitt aus deftigem, mittelgrauem Baumwollköper. Dazu wurde allerdings ein schwarzes Koppel ohne Schulterriemen getragen. Meistens wurde der Uniformrock oben offengelassen, zu Braunhemd und Binder oder ohne Binder mit ausgelegtem Hemdkragen.

Das markanteste Kleidungsstück unserer Ausrüstung jedoch war die Lederhose. Sie war das Markenzeichen unserer Schule, ähnlich dem Strohhut der amerikanischen Colleges, dem Zylinder der Eton-Boys oder dem schottischen Kilt. Als wir 1938 im Austausch einmal vier Wochen im preußischen Plön an der dortigen Napola verbrachten, da waren wir alle plötzlich sehr stolz auf unsere Lederhose mit den »Knickern« in der Seitentasche. »Die Bayern mit ihren Messern!« hieß es allgemein.

Noch ein originelles Kleidungsstück soll hier erwähnt werden, das heute fast völlig (außer zuweilen als »Mode-Einfall«) aus dem Gebrauch gekommen ist: die Pelerine. Dabei war sie unglaublich praktisch. (Heute existiert sie eigentlich nur noch als »Kotze« oder »Lodenfleck« im Trachtenbereich.) Unsere Pelerinen, schmucklose, graue Umhänge aus imprägniertem Strichloden, waren nun zwar zugegebenermaßen nicht sonderlich attraktiv. Denn es sah immer nach einer Rotte Wichtelmänner aus, wenn ein Trupp, in diese Dinger vermummt, daherkam. Dafür waren die Umhänge sehr angenehm; sie waren leicht und bequem (solange sie trocken waren!) und man konnte beim Marschieren die Hände in die Hosentaschen stecken…

Unsere Kopfbedeckungen bestanden – im entsprechenden

Material der Uniform – durchwegs aus »Schiffchen«, die vorne ein gesticktes Edelweiß trugen. (Zur Lederhose – wenn überhaupt – das graue Drillich-Schiffchen.)

Wirklich »zivile« Kleidungsstücke waren eigentlich nur die Bademäntel, die von zu Hause mitgebracht und nur innerhalb der Häuser, in den Stuben und nach Dienstschluß getragen wurden – und im »Revier«.

»Die Feldafinger Großmutter«

Oft stellt man mir die süffisante Frage: »Wie seid ihr in eurem klösterlichen Politbrutkasten mit der Pubertät zurechtgekommen?« Nun, es ging ganz gut. Zum einen waren die jungen Männer der damaligen Jahre zeitlich in ihrer Entwicklung weit hinter den heutigen Normen, und zum anderen wurden uns eventuelle Konsequenzen aus mißbräuchlichen Vorgriffen in so schauerlichen, düsteren Farben geschildert, daß die erwartete und anempfohlene Enthaltsamkeit durchaus geboten schien. Aber – wir waren keine fanatisierten Duckmäuser und in keiner Weise verklemmt. Als Beweis deshalb hier eine kleine Geschichte über die »Feldafinger Großmutter«.

Wenn mein Klassenkamerad Werner übers Wochenende Urlaub bekam, nahm er jedesmal einen Kameraden mit, der weiter entfernt zu Hause war. Das war sehr beliebt. Einerseits wegen der Abwechslung, andererseits wegen des vorzüglichen Essens in Werners Elternhaus, wegen des gemütlichen Nachmittagskaffees mit Torten und Gebäck und schließlich – im ganz besonderen – wegen der »Feldafinger Großmutter«. Werners Eltern wohnten in Schwabing. Sie besaßen dort eine hochherrschaftliche, riesige, weitläufige Wohnung und hielten ein gastfreies Haus. Der Vater war ein »hohes Tier« in der Partei, die Mutter eine noch junge, hübsche Frau, und die Tochter – Werners Schwester und zwei Jahre älter als er – verfügte über eine ganze Anzahl recht ansehnlicher und wohlgestalteter Freundinnen.

Freilich war mit ihnen über ziemlich inhaltslose Plaude-
reien, einen gelegentlichen Foxtrott oder langsamen Walzer zu
den Klängen eines Koffergrammolas und bestenfalls einen
nachmittäglichen gemeinsamen Kinobesuch nicht hinauszu-
kommen. Sie erschienen uns ziemlich arrogant.

Werners Mutter aber hatte eine etwa vier bis fünf Jahre jüngere Freundin aus ihrer Internatszeit, die, jüngst erfolgreich
geschieden, häufig bei diesen Wochenendgeselligkeiten auf-
zutauchen pflegte. Sie hieß Vera, war dunkelblond, langhaarig
und langbeinig und roch stets nach teuren französischen Par-
fums. Mit ihren 32 Jahren war sie eine bemerkenswerte
hübsche junge Frau, die mit hellen, porzellanblauen Augen
ihre Umwelt mit erwartungsvoller Aufmerksamkeit beobachtete. Da sie aber in einigen intimeren Bereichen ihres Lebens
unter einem gewissen Vakuum litt, war es gar nicht abwegig,
daß sie eines Tages beschloß, sich den – wenn auch noch recht
jungen – Besuchern im Hause ihrer Freundin näher zu wid-
men. Sie konnte dabei mit der vergleichsweise gereiften Routine ihres überlegenen Alters zu Werke gehen und der Errei-
chung ihrer Ziele, ungebremst durch moralische oder sonstige
Voreingenommenheiten, sicher sein.

Ob diese Vorgänge Werners Mutter bekannt waren oder
selbst ihr verborgen blieben, war nie mit Sicherheit zu er-
mitteln. Vera besaß eine luxuriöse Wohnung, nur ein paar
Straßen weiter, und sie genoß ihre Rolle als Lehrmeisterin in
Sachen Liebe unter der Wahrung angemessener und gewis-
senhafter Diskretion mit viel Freude und ohne moralische
Bedenken.

Das alles wurde zwischen Werner und seinen Freunden nur
selten und mit eigentlich unüblicher Behutsamkeit erwähnt.
Dennoch hieß Vera im Sprachgebrauch dieses amourösen
Kreises nur die »Feldafinger Großmutter«. Das machten die
15 Jahre, die sie älter war…

Werner fiel in Rußland, zwei seiner Freunde wurden als
Jagdflieger abgeschossen, und einer kam aus Afrika nicht wieder. Vielleicht war für manchen von ihnen Vera einer der letz-

ten Gedanken. Mit Sicherheit jedenfalls nicht der Führer, nicht Hermann Göring oder das Großdeutsche Reich!

Mit mir hat es das Schicksal gnädiger gemeint. Ich habe mich 1940 nach dem Abitur freiwillig zur Waffen-SS gemeldet. Wir hatten damals die Auswahl zwischen Wehrmacht, Luftwaffe und Waffen-SS, wobei die beiden letzteren den Vorteil hatten, daß man nicht zum Arbeitsdienst mußte. Wir hatten ja damals die Befürchtung, daß der Krieg ohne uns zu Ende gehen könnte. Also bin ich bei der vollmotorisierten Waffen-SS, bei einer Kradabteilung der »Leibstandarte Adolf Hitler«, gelandet. Ich wurde in Griechenland und Jugoslawien eingesetzt und mehrmals verwundet. Als der Krieg zu Ende ging, war ich schließlich der dienstälteste Unterssturmführer (Leutnant).

Nachteile hatte ich nach 1945 wegen Feldafing nicht. Merkwürdigerweise wurde in dem Fragebogen der Alliierten nach allem gefragt, aber nicht nach der Mitgliedschaft zu einer NS-Eliteschule. Aber meine Teilnahme bei der Waffen-SS war dann ausschlaggebend, daß ich nicht studieren durfte.

Ich bin oft gefragt worden, ob wir denn von den Greueln des Regimes in Feldafing nichts mitbekommen hätten. Ich kann mich, so seltsam es klingt, an KZ-Häftlinge nur aus einer späteren Zeit erinnern. Mit diesen KZlern, die im Außendienst in Baracken bei uns wohnten und Bauarbeiten verrichteten, habe ich nur ein einziges Mal Kontakt gehabt. Das war, als ich einmal als Unterssturmführer Feldafing besuchte und auf der Straße einem Trupp von ihnen begegnete. Der Kapo schrie »Mützen ab!«, und die ausgemergelten Gestalten folgten unendlich bemüht seinem Befehl. Das werde ich nie vergessen.

Wir »Alten Feldafinger« begegnen uns einmal jährlich noch zu Kameradentreffs. Das sind inzwischen nur noch acht weißhaarige alte Herren, die sich vorwiegend über ihre Wehwehchen unterhalten. Aber natürlich auch noch eifrig Erinnerungen an Feldafing austauschen, mit dem Grundtenor: Es war eine einmalig schöne Zeit. Niemals hätten wir von unseren

Eltern das bekommen, was uns diese Schule geboten hat. Eine Nazi-Schule, in der Golf gelehrt wird – wo gab es das denn sonst?! Wir waren und fühlten uns als Privilegierte.

Feldafing war das Glück meiner Jugend. Es war eine idealistische Oase in der Wüste des ausufernden, hybriden Vernichtungswahns des Nationalsozialismus.

Die Wirklichkeit ist nicht so verlaufen, wie man das in Feldafing gesehen hat oder glaubte sehen zu dürfen. Die Fehler aber lagen nicht bei der Schule.

Jungmann Gädtke mit
16 Jahren im Frühjahr 1942
in der Napola Spandau

»Goldenes Abitur«:
Gädtke 1995 während
eines Urlaubs auf dem
Fährschiff nach Teneriffa

Ernst-Christian Gädtke

»Meine Reifeprüfung der anderen Art«
Eigensinnige Gedanken zum »Goldenen Abitur«

Ernst-Christian Gädtke, 1926 in Berlin geboren, gehörte von 1937 bis 1944 der Napola Spandau an. Im Sommer 44 wurde er eingezogen (»Ich folgte dem Ruf – aus heutiger Sicht völlig unbegreiflich – eher freudig und bedingungslos«) und erhielt statt Abitur einen Reifevermerk. Das Kriegsende erlebte er als Kanonier einer Sturmgeschütz-Abteilung in der Slowakei und an der Oder. Der Reifevermerk, den Gädtke bei seinen Eltern hinterlegt hatte, war nicht mehr auffindbar, seine Eltern waren nicht mehr am Leben. Gädtke kam 1948 aus britischer Kriegsgefangenschaft nach Berlin zurück und studierte an der Pädagogischen Hochschule. Er war von 1952 bis 1973 Lehrer an Grund- und Realschulen in Spandau sowie vier Jahre lang an der Privatschule der Deutschen Botschaft in Ankara. Von 1973 bis 1989 war Gädtke Gesamtschuldirektor, Leiter der Bertolt-Brecht- Oberschule in Spandau. Er ist seit 1952 verheiratet, hat zwei Söhne und lebt seit 1989 im Ruhestand. – Gädtke trifft sich regelmäßig mit den »Ehemaligen« seines Zuges, denen er sich verbunden fühlt. Aus dem Kreis der älteren Jahrgänge zog er sich früh zurück. (»Mir mißfiel hier die zunehmende Tendenz zu verklärter Sicht zusammen mit der Aufnahme von Traditionselementen wie dem Anstaltsdolch und die Betonung des Begriffs Kameradschaft«). Im Jahre 1995 hielt er zum »Goldenen Abitur« seinen »übriggebliebenen« Klassenkameraden eine Rede, die sich kritisch mit der »Reifeprüfung zum Heldentod« auseinandersetzt. Sie wurde, so sagt er, mit Beifall und Nachdenklichkeit aufgenommen. Ich drucke sie hier, leicht gekürzt, nach:

Die gängige Benennung unseres Zusammentreffens ist »Feier des Goldenen Abiturs«. Was daran wohl »golden« war oder ist – da mag jeder drüber nachdenken. Ich kann mir ein paar Bemerkungen nicht verkneifen, die der eine vielleicht ketzerisch finden wird, der andere gut und notwendig. Paradox ist das ja wohl schon mit dem »Abitur«, das für uns im April/Mai 45 fällig gewesen wäre, unsere »Reifeprüfung«. Es wurde ja auch eine, nur hatte sich das wohl das Preußische Kultusministerium ursprünglich etwas anders gedacht. Jedenfalls hatten wir Prüfungsfächer zu absolvieren, die in keinem ordentlichen Lehrplan aufgezeichnet waren – oder etwa doch?

Ich denke an meinen Langstrecken-Gepäck-Geländelauf, der am 21. April 1945 in Odernähe begann und am Nachmittag des 6. Mai auf dem Westufer der Elbe endete. Das waren 250 Kilometer in voller Montur und behängt mit allem Klimbim. Der Parcours war nicht gekennzeichnet. Vom »Marschieren nach Kompaß und Karte«, wie uns das so oft auf liebevolle Weise beigebracht worden war, konnte schon deshalb keine Rede sein, weil solche Luxusgegenstände nicht zur Ausstattung eines schlichten Kanoniers gehörten. Es ging buchstäblich »durch Sumpf und Sand und hohe Kiefernwälder«, ohne Gesang, versteht sich, und statt der Wegweiser und der bei gewöhnlichen sportlichen Wettbewerben üblichen Verpflegungsstationen standen allerlei Straßensperren im Weg. Es wurde scharf geschossen, wenn auch keiner mehr die Treffer zählte!

Überhaupt hielt sich niemand an irgendwelche Spielregeln: Die Toten, die am Wege lagen, die standen einfach nicht wieder auf, wie wir das von unzähligen Kriegs- und Geländespielen gewohnt waren. An die 30000 liegen in Halbe auf dem Friedhof. Ich hätte leicht einer von ihnen werden können, als ich in der Nacht vom 28. auf den 29. April durch das brennende Dorf rannte.

Reifeprüfung? Sollte es am Ende Hannes (Hundertschaftsführer Hanns E., Lehrer für Chemie und Sport, gefürchtet als »Kommißkopf, Schleifer und Schinder«) gewesen sein, der uns auf solche Art Prüfung vorbereitet hatte? Intellektuelles, Gei-

stiges, gar Musisches – das war in unserer Reifeprüfung weiß
Gott nicht gefragt. Wozu also, wozu waren wir eigentlich erzogen worden? Oder war die Art von Reifeprüfung, wie wir sie
ungefragt zu absolvieren hatten, nicht am Ende gar das, wor-
aufhin unsere Abrichtung – pardon – unsere Erziehung angelegt war?

Ich habe mir die »Blätter« (regelmäßig erschienene Zeit-
schrift der Napola Spandau, Herausgeber war Englischlehrer
»Nuffi« Geißler) der schrecklichen zehn Jahre noch einmal angesehen. Ein paar Sätze sind mir aufgefallen, weil sich manches plötzlich zusammenfügt.

Da wird von der Anfrage eines gewissen Horst Genschow
berichtet. Er war unser Klassenkamerad für zwei oder drei
Jahre, einer von denen, die es nicht geschafft hatten – irgend-
wann 1939 oder 40 war er »abgegangen«. Der hatte nun, Ende
1943, angefragt, ob »vorzeitig abgegangene Jungmannen, die
nachher doch Altkameraden werden, das Anstaltsseitenge-
wehr erhalten können!«

Das sei, so eröffnete ihm der Schriftleiter »Nuffi« Geißler,
nicht beabsichtigt. Im übrigen würde aber darüber entschieden, »wenn sie« – also die vorzeitig Abgegangenen, Ausgeson-
derten, Unwürdigen – »sich im Leben bewährt haben: wozu in
Zeiten des Krieges natürlich viel leichtere Möglichkeiten bestehen als im Frieden.«

Was unser hochverehrter Erzieher unter diesen Möglichkeiten verstand, wird ein paar Seiten später deutlich. Da wird von
einem Dietrich Kauffmann berichtet, Abi-Jahrgang 42, aber
auch vorzeitig abgegangen, der am 16. September 1943 als
Leutnant gefallen war, »für Führer und Reich«, wie es dazu-
mal hieß. »Nuffi« Geißler schrieb daraufhin: »Er hat damit die
Bewährung erbracht, die er versprach, um in unsere Altkame-
radschaft eintreten zu können… Ich glaube, niemand im Zug
wird Einspruch erheben, daß er nunmehr in unseren Reihen
geführt wird.«

Liebe Freunde! Ich mag nach 50 Jahren niemandem für das,
was damals gedacht, getan und gesagt wurde, und das heißt

auch das, was wir unreife Jungen damals gedacht, gesagt und getan haben, Rechenschaft abfordern. Ich darf aber nach 50 Jahren all das für ziemlich abscheulich, inhuman, wenn nicht geradezu pervers halten. Und ich meine, wir sind es gerade den Toten schuldig, diese Vergangenheit nicht schönzureden. Wir haben eine Reihe von Jahren, die prägendsten und in mancher Hinsicht auch schönsten eines Lebens, zusammen verbracht. Dies in einer Zwangsgemeinschaft und unter äußeren Bedingungen, die aus heutiger Sicht ungewöhnlich sind. Zwang gehörte dazu und militärischer Drill und sicher auch manche unnötige Schikane. Uns hat das schließlich auf besondere und dauerhafte Weise zusammengebracht.

Wir haben uns ein halbes Jahrhundert hindurch nie ganz aus den Augen verloren, und wenn wir uns von Zeit zu Zeit treffen, dann sind wir einander vertraut auf ganz erstaunliche Weise.

»Goldenes Abitur« – es war wohl nicht viel damit. Golden waren die Zeiten nicht vor 50 Jahren, und die Jahre danach nicht immer. Was also wäre zu feiern – ohne Gold, Silber und Lorbeer? Wohl die Tatsache, daß wir dieses halbe Jahrhundert im ganzen unbeschadet an Leib, Seele und Geist hinter uns gebracht haben und dabei – spät erst, wenn auch nicht zu spät – den aufrechten Gang gelernt haben und gelernt haben, selbst zu denken und zu entscheiden.

Und zu feiern wäre sicher, daß wir noch leben! »Bleib übrig!« so pflegte man sich vor 50 Jahren zu verabschieden. Wir sind übriggeblieben. Das war nicht unser Verdienst, eher das Ergebnis von vielerlei Zufällen. Daß wir übriggeblieben sind und daß wir unser Leben wohl doch nicht ganz vertan haben – das ist wohl ein Grund zum Fröhlichsein!

Euer »Master«

»Junger Adler«:
Hardy Krüger in seiner
ersten Filmrolle 1943

»Weltenbummler«:
Hardy Krüger mit Frau
Anita in ihrer zweiten
Heimat Kalifornien

Hardy Krüger

»Von der Ordensburg nach Babelsberg«

D er Filmschauspieler Hardy Krüger, 1928 in Berlin geboren, kam als Dreizehnjähriger auf die Adolf-Hitler-Schule in der Ordensburg Sonthofen. Bis 1944 wurde er dort auf eine künftige Führungsposition im NS-Staat gedrillt. In der letzten Phase des Krieges wurde der Sechzehnjährige noch bei der SS in heftige Kämpfe verwickelt. Mit viel Glück kam er in Süddeutschland in amerikanische Kriegsgefangenschaft und schlug sich in seine Heimatstadt durch.

Während seiner Schulzeit in der Ordensburg erhielt Hardy Krüger ein Angebot, das sein ganzes Leben bestimmen sollte: Er wurde als Hauptdarsteller für einen NS-Film, »Junge Adler«, ausgewählt. In den Ufa-Studios von Babelsberg lernte er nicht nur seinen späteren Beruf kennen, sondern auch eine kleine Widerstandsgruppe, die dem überzeugten Adolf-Hitler-Schüler die Augen über die Nazi-Verbrechen öffnete.

Mit Filmen wie »Hatari«, »Einer kam durch« und »Taxi nach Tobruk« wurde Krüger nach dem Krieg weltberühmt. Darin spielte er – blond, blauäugig und meist in Wehrmachtsuniform – den »guten Deutschen«. 1970 begann Hardy Krüger seine zweite Karriere, als Schriftsteller. Seine Erlebnisbücher wie »Eine Farm in Afrika« und sein autobiographischer Roman »Junge Unrast« wurden Bestseller. Seine dritte Karriere führte ihn wieder vor die Kamera: Zehn Jahre lang berichtete er im Fernsehen als »Weltenbummler« über seine Abenteuer in fernen Ländern. Daraus entstanden ebenso erfolgreiche »Weltenbummler«-Bücher.

Hardy Krüger lebt heute mit seiner amerikanischen Frau Anita entweder in seinem Haus in den kalifornischen Bergen oder in Hamburg. In einem sehr ehrlichen Tonband-Interview *(ergänzt durch Informationen aus seinem Memoirenbuch) hat er mir seinen Weg von der Ordensburg nach Babelsberg geschildert.*

Die ehemalige Ordensburg Sonthofen wird heute unter dem Namen »Generaloberst-Beck-Kaserne« von der Bundeswehr genutzt.

Lassen Sie mich meine Geschichte über die Ordensburg Sonthofen mit dem Film beginnen: Denn wenn ich heute über meine Zeit dort nachdenke, wird die Erinnerung daran sofort überlagert von meinem ersten Film. Erst durch die Adolf-Hitler-Schule wurde ich Filmschauspieler. Und das kam so:

Mitten im Krieg, 1943, kam eines Tages der Regisseur Alfred Weidenmann (»Alibi«, »Canaris«, »Buddenbrooks«) nach Sonthofen und suchte für seinen ersten Film »Junge Adler« fünf junge Darsteller. Einen, Dietmar Schönherr, hatte er schon in einem Potsdamer Gymnasium gefunden. Ich war ihm aufgefallen, als er uns im Sportunterricht beim Boxen zugesehen hatte. Ich war damals ein ziemlich guter Boxer und habe meinen Partner, einen größeren Jungen, wohl richtig vermöbelt.

»Junge Adler« war übrigens kein wilder Propagandafilm. Wenn er es gewesen wäre, würde ich das heute zugeben. Er schildert die Erlebnisse von fünf Hitlerjungen in einer Flugzeugfabrik. Zur selben Zeit wurde der Film »Kopf hoch, Johannes« gedreht. Aber der war vom Konkurrenz-Unternehmen, der Napola, initiiert. Die Napola war die etwas mildere Form der NS-Eliteschulung. Die Unterschiede zwischen beiden Schultypen lassen sich schon bei den Mutproben während der Ausleseverfahren klar erkennen. Während man bei der Napola nur vom Zehnmeterbrett ins Wasser springen mußte, habe ich damals in Berlin im Winter in einem See unter dem Eis von einem Loch zum zehn Meter entfernten zweiten Loch schwimmen müssen. Diese Mutprobe bestand ich deshalb glänzend, weil ich wußte, daß Wasser unter der Eisschicht viel wärmer als die Luft ist. In einem schwedischen Film hatte ich nämlich mal Leute gesehen, die in ein Eisloch stiegen und dampfend wieder herauskamen.

Als Adolf-Hitler-Schüler fühlten wir uns den Jungmannen in den Napolas haushoch überlegen. Die würden später mal vielleicht Verwaltungsbeamte werden. Wir aber wurden auf ganz andere Aufgaben in der Partei vorbereitet. Ich nahm damals an, daß ich nach dem Endsieg Gauleiter von Moskau werden würde, mindestens... Wir wurden zielgerecht darauf vorbereitet, wichtige Ämter im Staat zu übernehmen.

So war ich also 1941 nach fünf langen Ausleseverfahren, bei denen es um Mut und Intelligenz und vor allem Weltanschauung ging, in die Ordensburg gekommen. Erst 1983 habe ich genügend Abstand gehabt, um über diese Zeit zu berichten, in meinem autobiographischen Roman »Junge Unrast«. Es war ein Roman, aber natürlich waren die Erlebnisse des Jungen Unrast meine Erlebnisse. Um niemand zu verletzen, gerade aus der Widerstandsgruppe Babelsberg, über die ich noch berichten werde, mußte ich die Namen verändern. Denn aus dieser Gruppe gab es einige, die von der Gestapo verhaftet und gefoltert wurden, einige, die wohl auch unter diesem enormen Druck »gesungen« haben. Aber das ist eine andere Geschichte...

In den ersten Briefen an meine Eltern schrieb ich 1941 aus Sonthofen: »Glücklich bin ich hier nicht. Das sollt ihr ruhig wissen.« Aber das hatte keine politischen Gründe. Mir lag einfach die Schleiferei, dieser schreckliche militärische Drill nicht. Es war ja wie in einer preußischen Kadettenanstalt. Ich vermißte die Liebe und Wärme meiner Eltern, die mir und meiner Schwester zuteil geworden war. Politisch war ich damals schon – etwas übertrieben ausgedrückt – der Meinung, daß Hitler gleichbedeutend ist mit dem, was Jesus für die Katholiken ist. Politisch hatte ich also in der Ordensburg keine Probleme. Bis ich nach Babelsberg zur Ufa kam.

Natürlich bin ich freiwillig und gern in die Ordensburg Sonthofen gekommen. Das war für mich eine große Ehre. Wir wurden ja auch entsprechend als Auserwählte, als Elite der Ju-

gend des Großdeutschen Reiches gefeiert. Und wir glaubten
gern dem Lied, in dem es über uns hieß:

> Ihr seid das kommende Deutschland.
> Ihr seid unsere ganze Hoffnung.
> Ihr seid die Garanten der Zukunft.
> Deutschland blickt mit Stolz auf euch.

Dazu muß man wissen: So fabelhaft meine Eltern waren – sie
haben beide nicht erkannt, wohin die Nazis steuerten. Mein
Vater war wie viele in der großen Depression arbeitslos geworden. Das Schicksal meiner Eltern stand für viele Millionen.
Auf der Straße prügelten sich die Nazis mit den Kommunisten;
es gab Raub, Elend, Unsicherheit. Und auf einmal herrschte
mit der »Machtergreifung« Ruhe und Ordnung auf der Straße.
Die »Krawallmacher« waren verschwunden, was mit denen
geschah, wußte niemand, interessierte niemand.

Hauptsache, mein Vater – ein Ingenieur, der Lokomotiven
konstruierte – hatte wieder Arbeit. Wie viele Berliner stammten meine Eltern ursprünglich aus Schlesien. Vergötterung der
Nazis – in diesem Klima wuchs ich zu Hause auf. Als ich dann
von meinem Gymnasium in Berlin-Lichtenberg nach Sonthofen überwechseln durfte, waren alle daheim sehr stolz und
glücklich. Nur meine Mutter war traurig und ließ ihr Nesthäk-
chen ungern ziehen.

In Sonthofen war alles gewaltig: Schon von weitem sah
ich den Turm der Ordensburg aufragen vor der Kulisse einer
traumhaften Berglandschaft. Am meisten imponierte mir auf
den ersten Blick der riesengroße Speisesaal. Da saßen an lang-
gestreckten Tischen 1500 Schüler. Die Südseite des Saales war
eine einzige Fensterfläche mit dem herrlichen Alpenpanorama
dahinter. Auch meine Stube war geräumig; ich teilte sie mit
zwei gleichaltrigen Kameraden.

Ich war mit großen Erwartungen nach Sonthofen gekommen. Man hatte uns die besten Lehrer Deutschlands verspro-
chen. Dem Adolf-Hitler-Schüler sollten alle Möglichkeiten offenstehen, denn hier sollte ja die neue Führungsschicht des

Staates geformt werden. Segeln, Fechten, Reiten, Motorsport, Segelfliegen – das alles wurde uns Dreizehnjährigen geboten. Der Unterricht war locker und glich mehr einer Vorlesung. Die Erzieher wurden von uns mit »Du« angesprochen. Bei Klassenarbeiten verließen sie den Raum, vertrauten darauf, daß wir nicht abschrieben.

Und doch war ich in dieser ersten Zeit nicht glücklich und ließ das meine Eltern auch wissen. Aber ich schrieb ihnen auch, daß ich die Sache durchstehen würde. Was manchmal nicht leicht fiel, denn es herrschten rauhe Sitten, getreu dem Führerwort: »In meinen Ordensburgen wird eine Jugend heranwachsen, vor der sich die Welt erschrecken wird. Eine gewalttätige, herrische, unerschrockene, grausame Jugend will ich.«

Nachts kamen die älteren Jahrgänge in unsere Stube, prügelten uns und schmierten uns mit Schuhwichse ein. Ich wehrte mich, so gut ich konnte. Einmal sogar mit dem Fahrtenmesser, was prompt zu einer Bestrafung vor der gesamten Schule führte.

Unser Tageslauf war streng geordnet: Um sechs Uhr Wekken, Bettenbauen, Waschen, Sport, Frühstück. Dann begann der Unterricht mit Weltanschauung, Latein und den naturwissenschaftlichen Fächern. Nach dem Mittagessen gab es eine halbe Stunde Pause. Am Nachmittag wurde der Unterricht mit Englisch, Kunsterziehung, Deutsch und Biologie fortgesetzt. Danach Sport – Leichtathletik, Geräteturnen, Fechten und Boxen. Dazwischen wurde noch Waffenkunde und Strategie geschoben.

In Waffenkunde lernte ich, mit verbundenen Augen ein Maschinengewehr auseinanderzunehmen, zu ölen und wieder zusammenzusetzen. In Biologie lernte ich, daß es keine Gleichheit der Rassen gibt. Und daß das Judentum keine Religionsgemeinschaft sei, sondern eine Rasse, und zwar eine minderwertige.

So gedrängt war unser Tageslauf. Alles geschah, abgesehen von den Unterrichtsstunden, im Kommandoton und Gleichschritt. Das hat mich schon damals gestört. Aber dazwischen gab es immer wieder schöne Momente. Etwa wenn mir der feinsinnige Bibliothekar die Augen für die klassische deutsche Literatur öffnete, mir manchmal sogar aus dem Giftschrank ein verbotenes Buch zusteckte. Da verging die Zeit wie im Fluge, und ich hatte Mühe, um neun Uhr abends den Appell zum Zapfenstreich rechtzeitig zu erreichen.

Einmal im Monat besuchten uns die Töchter der Umgebung, alle im »Bund Deutscher Mädel« (BDM), zur Tanzstunde. Der künftige Führernachwuchs sollte sich auch auf dem Parkett bewegen können. Das machte mir weniger Spaß als die sonntäglichen Bergwanderungen. Wenn ich auf den Berggipfeln stand und in die Täler hinunterschaute, träumte ich, mit dem Segelflugzeug in weiten Kreisen auf die Erde zurückzuschweben. Und als dieser Traum schließlich Wirklichkeit wurde, hatte ich mein Anfangs-Heimweh endgültig überwunden.

Das Segeln und Fliegen sind mir als leidenschaftliche Hobbys im späteren Leben geblieben. Aber auch meinen späteren Beruf habe ich durch die Adolf-Hitler-Schule kennengelernt. Durch Sonthofen bin ich Filmschauspieler geworden.

Wie ich schon sagte, war eines Tages der später berühmte Alfred Weidenmann auf mich aufmerksam geworden. Er überraschte mich in der Bibliothek und fragte mich, ob ich zum Film wolle. Ich meinte, ich wolle lieber Bücher schreiben. Das wiederum fand Weidenmann für einen Adolf-Hitler-Schüler erstaunlich. Am nächsten Tag bekam ich einen Marschbefehl und eine Fahrkarte und fuhr mit gemischten Gefühlen nach Berlin-Babelsberg zur Ufa.

Die Filmwelt zog mich vom ersten Augenblick an in ihren Bann. Ich genoß das Chaos der Dreharbeiten nach den strengen Drillmonaten auf der Ordensburg, und ich merkte bald, daß die alten Filmhasen mich mochten und offensichtlich auch etwas Talent bei mir entdeckten. Ein paar aus der Filmcrew zogen mich nach einigen Wochen auf die Seite und meinten: »Sag mal, mußt du eigentlich immer in dieser Uniform rumlaufen?« Für mich war das ja immer noch das »Ehrenkleid des Führers«, und ich war entsprechend irritiert. Sie hauten mir freundschaftlich auf die Schulter und sagten: »Wir besorgen dir was, wenn du nichts anderes hast.« Dann brachten sie mir aus dem Fundus Privatsachen.

So begann unmerklich die Verwandlung des Adolf-Hitler-Schülers Hardy Krüger. Erst äußerlich, dann von innen heraus. Denn sie klärten mich im Verlaufe der sechs Monate Drehzeit auf. Das war für sie kein geringes Risiko. Daheim war ich ja nie aufgeklärt worden. Da stand eben die Hitler-Büste auf dem Klavier wie anderswo eine von Beethoven. Die Lehrer und Erzieher brauchten neun Jahre, um mir die Flausen von deutscher Weltherrschaft und Überlegenheit in den Kopf zu blasen. Bei meinen Filmkollegen genügten sechs Monate, um mich davon zu heilen.

Doch erst einmal testeten sie mich. Sie hatten bald gemerkt, daß ich ein Filmverrückter war. Daheim im Elternhaus gab es unten ein Kino. Jeden Abend stand ich hinter dem Vorführer und schaute mir über seine Schulter einen Film an. Jeden Abend nahmen mich jetzt die Ufa-Leute zur Seite und zeigten mir im Vorführraum einen der guten alten Filme aus der Weimarer Zeit. So sah der stramme Ordensschüler plötzlich »Amphitryon«.

»Na, wie hat er dir gefallen«, fragten sie danach.

»Sehr gut, toll«, sagte ich.

Darauf sie: »Schade, daß ihn keiner sehen kann.«

»Warum denn nicht?«

»Der Regisseur ist Jude!«

Da machte es zum erstenmal »Klick« bei mir, denn ich dachte an unseren Biologielehrer und die minderwertige Rasse. Am nächsten Abend wiederholte sich die persönliche Lehrstunde, diesmal sah ich »Urlaub auf Ehrenwort«. Ich dachte bei mir: Ein Jude macht so einen tollen Film. Irgendwas kann da doch nicht stimmen. So hob sich langsam für den Adolf-Hitler-Schüler der Vorhang zu einer Welt, die ihm bisher verschlossen geblieben war.

Später begriff ich erst, daß meine Filmkollegen nicht ganz uneigennützig gehandelt hatten, als sie mich in ihre politische Gedankenwelt einführten. Sie brauchten mich, den strammen Eliteschüler in seiner schicken Uniform, als Kurier verschlüsselter Nachrichten. Mich würde man nicht so genau am Grenzbahnhof Konstanz filzen. Dort übergab ich die Nachricht ihren Gewährsleuten, die dann wußten, wann und wie die versteckten Juden aus Berlin in die Schweiz geschleust werden würden.

Zunächst ahnte ich nichts von meiner subversiven Tätigkeit. Erst später weihten sie mich ein. Da hatten sie mir bereits von den Konzentrationslagern berichtet, davon, daß dort keine Verbrecher, sondern politisch Andersdenkende dahinvegetierten, mir schließlich auch von Auschwitz erzählt. Das war ein ungeheurer Schock für mich. Und ich war als Fünfzehnjähriger plötzlich in ein gefährliches Doppelleben verstrickt.

Auch als ich nach den Dreharbeiten wieder nach Sonthofen zurückkehrte, konnte und wollte ich nicht als Kurier aussteigen. Die Ufa-Leute brauchten mich weiterhin und forderten mich erneut bei der Schulleitung an. Ich fuhr nach Berlin und überbrachte Nachrichten nach Wien. Ich wußte von den NS-Verbrechen und glaubte den Ufa-Leuten mehr als den Erziehern in der Ordensburg. Das war eine schlimme Zeit für mich, denn ich konnte mich niemandem mitteilen. Ich durfte nicht einmal meiner Mutter etwas erzählen, denn das hätte den Tod für alle Beteiligten bedeutet.

Ich habe dieses Schweigen durchgehalten, auch lange Jahre nach dem Krieg. Meinem Vater konnte ich nichts mehr sagen, er hat das Kriegsende nicht erlebt. Meiner Mutter habe ich später einmal vorsichtige Andeutungen gemacht, daß ich von all diesen Verbrechen früher als andere wußte, habe mich aber nie getraut, ihr zu gestehen, daß ich aktiv gegen ihren geliebten Führer gearbeitet habe.

Es dauerte eben doch fast vierzig Jahre, bis ich darüber – wenigstens in Romanform und mit verfremdeten Namen – schreiben konnte. Ohne Sonthofen hätte es für mich kein Babelsberg gegeben und ohne Babelsberg nicht die Einsicht, wo die Wahrheit lag. Das verklärt meine Erinnerung an die Ordensburg, die mein Schicksal wurde, aber anders, als der Führer es sich gedacht hat...

Dienstplan der Ordensburg Sonthofen

6 Uhr wecken. Bettenbauen. Waschen. Sport.
Frühstück.
Weltanschauung. Latein. Physik. Chemie. Mathematik.
Englisch. Kunsterziehung. Deutsch. Biologie.
Anschließend Leichtathletik.
Oder Waffenkunde.
Oder Strategie.
Oder Geräteturnen.
Manchmal Fechten.
Samstags Boxen.
Anschließend duschen.
Zweimal wöchentlich Musik.
Und Marschieren. Rechts… um! Abteilung… marsch!
Auf dem Weg zum Frühstück: Abteilung marsch!
Nach dem Frühstück: Abteilung marsch!
Auf dem Weg zur Turnhalle: Abteilung marsch!
Links, zwei, drei, vier! Trott, Trott, Trott.

Aus Hardy Krügers autobiographischem
Roman »Junge Unrast«

Ernst Esser als Dreizehn-
jähriger 1939 in der
»Reichsschule Feldafing«

Heute genießt der
Reisefachmann Esser
seinen Ruhestand

Ernst Esser

»Ich war stolz auf meine Zeit in Feldafing«

*E*rnst Esser, 1926 als Sohn des »Alten Kämpfers« und NS-Staatssekretärs Hermann Esser in München-Schwabing geboren, gehörte von 1936 bis 1942 der Reichsschule Feldafing an. Daß er diese Eliteschule mit der Mittleren Reife verlassen mußte, tat seiner Begeisterung keinen Abbruch – bis heute nicht. Diese idealistische Sicht läßt ihn auch offensichtliche Widersprüche in Kauf nehmen: In seinem Bericht schildert er die Reichsschule einmal als ganz normales Gymnasium, kurz darauf sieht er sie doch als Vermittlerin von »Werten, die das Einleben in Reichsarbeitsdienst und Militär erleichterten«. Trotz Schwierigkeiten wegen seines Vaters, der als Hauptschuldiger zu fünf Jahren Arbeitslager verurteilt worden war, konnte Esser nach dem Krieg wieder in seinen alten Beruf als Fremdenverkehrskaufmann eintreten (»Es gab ja keine Sippenhaftung mehr!«). Er machte Karriere, erst im Amtlichen Bayerischen Reisebüro und später bei Touropa. Esser war bis 1987 Repräsentant der TUI für Süddeutschland, Österreich, Italien und die Schweiz. Heute lebt er mit seiner Frau in Vaterstetten bei München.

Wenn ich heute nach 57 Jahren meine Erinnerungen an die Reichsschule der NSDAP formuliere, dann deshalb, weil ich glaube, daß sowohl Verleger wie auch Autor dieses Buches versuchen, ohne politische Tendenz auszukommen, vor allem ohne die so oft gehörte Formulierung: »Alles, was in der Zeit des Dritten Reiches passierte, hättet ihr wissen müssen und verhindern sollen!«

Auch für mich sind 57 Jahre eine lange Zeit, und viele Ein-

drücke verblassen angesichts der seit Kriegsende ständig auf-
tretenden persönlichen und wirtschaftlichen Probleme. Aber
ein Eindruck bleibt immer haften: Daß Feldafing eine Schule
war, die uns, die wir mit zehn Jahren in das Internat kamen,
das Rüstzeug mitgegeben hat, uns in den schweren Kriegsjahren und vor allem danach im Berufsleben zurechtzufinden und
durchzusetzen.

Dieses Durchsetzungsvermögen ist nicht gleichzusetzen mit
der heutigen Ellenbogen-Gesellschaft. Der größte Teil von
uns Feldafinger Schülern ist im Berufsleben legal und ohne
Tricks und Beziehungen in Positionen aufgestiegen, die im
Wirtschaftsleben und in der Politik auch einer Demokratie
höchste Anerkennung finden.

Mit noch nicht ganz zehn Jahren stand auch bei mir der
Wechsel von der Volksschule in München-Schwabing in das
Gymnasium zur Debatte. Mein Vater entschied, daß ich zu
Ostern 1936 in die Reichsschule der NSDAP nach Feldafing
kommen sollte, denn diese Schule genoß wegen ihrer hervorragenden Führung und Erziehungsmethoden einen guten Ruf.
Für meine Begriffe – aber auch für meine Freunde und Schulkameraden, mit denen ich mich auch heute noch treffe – war
es ein sehr natürliches und von keiner politischen Aktivität ge-
prägtes Internat, das nunmehr für mehrere Jahre unsere Heimat wurde.

Aus allen Teilen Deutschlands kamen die Schüler zusammen, und es begann für uns eine schöne Zeit zum Eingewöhnen, in schönen Häusern, die von der Schule gemietet oder gekauft worden waren. Die landschaftliche Schönheit der Gegend um den Starnberger See tat ein übriges, den Schülern das
Lernen leichter zu machen.

Eingerückt bin ich wie so viele vor und nach mir in das sogenannte »Horst-Wessel-Haus«. Wir hatten das Glück, in diesem Haus als einzige Klasse zu wohnen, umgeben von einem
großen Garten. Im dritten Jahr zogen wir um in das »Adolf-
Hitler-Haus« mitten im Ort Feldafing. Der größte Vorzug dieses Hauses war, daß es gegenüber den besten Cafés von Felda-

fing stand. Dort konnten wir uns in den Pausen, wenn die Erzieher nicht aufpaßten oder nicht aufpassen wollten, ein Stück Kuchen oder eine Tafel Schokolade kaufen.

Nachdem wir in diesen schönen alten Häusern inmitten des Ortes gelebt und gelernt hatten, wurde das Neubaugelände am Rande Feldafings bezogen und dort die gesamte Schule zusammengefaßt. Die Gemütlichkeit und das Gefühl, zum Ort zu gehören, ging dabei leider verloren. In den Neubauten war zwar alles viel moderner, aber für uns Schüler auch viel schwerer, sich als Teil der Feldafinger zu fühlen.

Der Lehrstoff und die damit verbundenen Aufgaben entsprachen in der Reichsschule im wesentlichen den Voraussetzungen, die in normalen Gymnasien verlangt wurden. Hinzu kamen natürlich weitere Fächer, Sport und andere Aktivitäten wie Theaterspielen. Sie füllten vor allem in den ersten Jahren unsere Tage voll aus.

Der Tagesablauf war ganz normal, verbunden mit vormilitärischem Ordnungsdrill wie Bettenbauen und Frühsport. Erst gab es ein gemeinsames Frühstück, dann fünf bis sechs Stunden Schule. Darauf folgte das Mittagessen. Danach in den Anfangsjahren Bettruhe und anschließend Sport. Dann wurden die Hausaufgaben erledigt. Schließlich gemeinsames Abendessen und Freizeit bis zum Schlafen (22 Uhr).

Ich bin mit dem Internatsleben gut fertig geworden, vielleicht auch deshalb, weil ich im Dunstkreis meiner Familie nicht weit von München entfernt lebte. Ich bin katholisch aufgewachsen, und in der Klasse wurde uns nie verboten, in die Kirche zu gehen. Falls das einem Jungen von zehn und elf Jahren freiwillig eingefallen wäre.

Die Erzieher waren stets darauf bedacht, uns vor allem zu beraten und zu helfen. Als ehemalige Offiziere oder Reichswehr-Soldaten achteten sie auf Ordnung und Kameradschaft. Daß diese zusammen mit anständigem Benehmen, Pünktlichkeit und gegenseitigem Verständnis Vorrang hatte unter den Schülern, hat sich spätestens in und nach dem Krieg für uns als eine gute Schule des Lebens erwiesen.

Meine ehemaligen Schulkameraden in München haben mich um Feldafing beneidet. Der Zusammenhalt in der Klasse war eigentlich immer gut. Heimweh hatte ich nie. Und Zweifel am Regime hatten wir ebenfalls nicht, die Begeisterungsfähigkeit war bei uns immer vorhanden. Der Lehrplan ähnelte den Vorgaben, die früher in den Kadettenanstalten des ersten Deutschen Reiches gültig waren und vermittelte alle Werte, die später das Einleben in den Arbeitsdienst und das Militär erleichterten.

Natürlich stand der Sport an prominenter Stelle. Zu jeder Jahreszeit wurde dafür gesorgt, daß alle Schüler körperlich gefordert wurden: bei der Leichtathletik, beim Fußball, Handball, Wassersport und auch im Wintersport, der bei den aus dem Norden kommenden Schülern nicht gar so beliebt war. Alle Jahre gab es in Feldafing vor den großen Ferien die Sommerolympiade, bei der alle Schüler zeigen konnten, welche Kräfte in ihnen steckten. Einige Schüler der oberen Klassen konnten sich zudem in externen Wettkämpfen mit anderen Schulen messen. Meist im Februar fuhr unsere Klasse zum Skilaufen und -wandern in die bayerischen Alpen.

Daß natürlich gewisse politische Meinungen von seiten der Lehrkräfte vertreten wurden, ist klar, da ein Teil der Erzieher der Weltkriegsgeneration angehörte und national dachte. Die übrigen Komponenten der Internatserziehung – Kameradschaft, Ordnung – fielen bei uns Schülern nicht nur auf fruchtbaren Boden, sondern wirken auch heute nach über 50 Jahren noch nach. Was man uns damals anerzog, davon hat die Demokratie sicherlich profitiert. Es war keine verlorene Zeit. Heute in der Rückschau kann ich sagen, daß die Schule mich geprägt hat und meine Lebensleistung weitgehend beeinflußte. Meine Frau und meine Freunde und Bekannten stehen meiner Schulzeit in Feldafing absolut positiv gegenüber. Natürlich gab es auch gelegentlich Ressentiments von Kollegen, aber das ist mir nie unter die Haut gegangen.

Wenn ich jetzt noch mein ganz persönliches Schicksal erwähne, dann nur deshalb, weil es mit Krieg, Nachkriegszeit und der Entwicklung der Bundesrepublik innig verwoben ist:

Da abzusehen war, daß ich mein Abitur auf der Schule kaum mehr vollziehen konnte, kam mein Vater, der damals auch Präsident der Deutschen Reichsgruppe Fremdenverkehr war, 1942 auf die Idee, mich von der Schule zu nehmen. Er ermöglichte mir nach der Mittleren Reife eine Lehre beim Amtlichen Bayerischen Reisebüro. Natürlich hatte ich nach 1945 beruflich Schwierigkeiten wegen meines Vaters. Da ich aber keinerlei Schuldgefühle hatte und mein Vater schon durch seine Vorbildung und seine Tätigkeit mit den Schweinereien mancher Parteigenossen nichts zu tun hatte, sind diese Probleme von selbst versickert.

Nicht zuletzt auf Grund meiner guten schulischen Ausbildung in Feldafing konnte ich mich nach dem Krieg in meinem Beruf hocharbeiten. Auch die Erfolge vieler ehemaliger Schüler sind nicht erstaunlich, denn Ausbildung und anständiger Charakter sind die Basis für Erfolge.

Sicherlich ist so mancher meiner Kameraden nicht mit dieser Zeit in Feldafing fertig geworden. Doch dabei handelt es sich meist um spätere Jahrgänge. Aus meinem Jahrgang kenne ich niemanden, auf den das zuträfe.

Immer, auch nach 57 Jahren noch, denke ich mit Freude und Dankbarkeit an meine Schule zurück. Ich war stolz auf meine Zeit als Feldafinger.

Jungmann Dietrich
Steinkopff im
August 1944 in der
Napola Schulpforta

Blickt auf ein abenteuerliches
Leben zurück: Steinkopff heute

Dietrich Steinkopff

»Im Kampfgetümmel halfen uns auch die alten Griechen nicht mehr«

Dietrich Steinkopff, 1929 in Baden-Baden geboren, kann auf ein recht abenteuerliches Leben zurückblicken. Nach der Volksschule in Berlin kam er 1940 in die Napola Schulpforta in Sachsen-Anhalt, in der er fast bis zum Kriegsende verblieb. Nach einer kurzen Episode als Soldat besuchte Steinkopff im Herbst 1945 das Landschulheim Marquartstein im Chiemgau, wo er drei Jahre später sein Abitur machte. Er begann in Freiburg ein Studium der Volkswirtschaft, arbeitete dann aber drei Jahre lang als Bergmann im Ruhrgebiet. Sein Fernweh trieb ihn danach für sieben Jahre ins Ausland. Als Schmierer auf einem Tanker lernte er Japan und Korea kennen, arbeitete für Siemens in Teheran und als Polier im Irak. Erst 1959 setzte er sein Studium in München fort und arbeitete von 1964 an als Baufahrer und Geschäftsführer für große Baufirmen. 1972 machte sich Steinkopff mit einer Fachfirma für Tennisanlagen in Eppelheim selbständig und veröffentlicht seitdem auch Tennis-Ratgeberbücher.

Dietrich Steinkopff hat aus seiner ersten Ehe zwei Töchter und einen Sohn und lebt heute mit seiner zweiten Frau Inge in Weinheim.

Schulpforta – Napola mit Kloster-Vergangenheit

Die Napola Schulpforta, 1935 gegründet, nahm unter den 42 Napolas des Dritten Reiches eine besondere Stellung ein. Sie sah sich in der langen Tradition humanistischer Ausbildungsstätten. Deshalb wurden hier die Fächer Griechisch und Latein stärker betont und war wohl auch die politische Indoktrination im NS-Sinne etwas weniger spürbar als in den übrigen Napolas.

Schulpforta, drei Kilometer von Naumburg (Sachsen-Anhalt) entfernt, war von 1140 bis 1540 unter dem Namen »St. Marien zur Pforte« ein Zisterzienser-Kloster, mit romanisch-gotischer Kirche, Kreuzgang und Abtskapelle. Danach diente Schulpforta als Gelehrtenschule für Verwaltungsbeamte der herzoglich sächsischen Regierung. Klopstock, Fichte und Nietzsche sind nur drei von vielen berühmten Männern, die in Schulpforta, dem »Gelehrtensilo«, ihre Persönlichkeitsstruktur erhielten.

Nach zehnjährigem Napola-Interregnum, in dem sozusagen Sparta statt Athen herrschte und vormilitärischer Drill die kontemplativen Spaziergänge ersetzte, brachten US-Soldaten 1945 einen neuen Ton in die Portenser Welt. Aber schon vier Jahre später setzte sich der Geist der neuen Staatspartei, der SED, durch. Die Naturwissenschaften dominierten nun gegenüber den humanistischen Fächern. Und wieder war Schulpforta, wie im Dritten Reich, Ausbildungsstätte für eine politische Elite, diesmal als Kaderschmiede für Arbeiter- und Bauernkinder.

Seit der Wende 1989 knüpft Schulpforta wieder an die alte Tradition an. Heute sind der Rector portensis und seine 45 Kollegen rund um die Uhr für 312 Schüler (davon 210 Mädchen!) da. Sie arbeiten nach dem Motto: Erziehung in Milde, Führung in Übereinstimmung, Formung in Eigengestaltung. Ein strenger, aber beweglicher Kodex regelt das Internatsleben. Verstöße (gegen Alkohol- und Rauchverbot etwa) ahndet ein Ausschuß, der mit vier Lehrern und Schülern paritätisch besetzt ist.

Meine Eltern waren nicht verheiratet, aber darunter habe ich keinen Augenblick gelitten. Denn wenn es um mich ging, haben sie ihre Entscheidungen immer miteinander abgestimmt. So auch, als nach der Volksschule in Berlin 1940 die Frage der Anmeldung in der Napola Schulpforta anstand. Ich wuchs zunächst in Berlin bei meiner Mutter auf, die als Dolmetscherin im Reichsluftfahrtministerium Berichte und Nachrichten der BBC übersetzte. Die Sommerferien verbrachte ich seit 1935 bei meinem Vater auf dem recht herrschaftlichen Anwesen seiner Frau im Erzgebirge. Mein Vater war Berufsoffizier, nach dem Ersten Weltkrieg im Freikorps, seit 1929 engagierter Nationalsozialist in Führungspositionen.* Nach dem Röhm-Putsch wurde er zunächst verhaftet und verschwand dann politisch in der Versenkung. Im Krieg wurde er reaktiviert und erlebte das Kriegsende als Generalmajor auf der Insel Rhodos.

Schulpforta war eine von zwei Napolas mit humanistischer Schulbildung. Wir hatten ab Sexta Latein, ab Quarta Griechisch und später Französisch und Englisch. Ich erinnere mich noch genau an die Aufnahmeprüfung. Sie erstreckte sich über mehrere Tage und war in zwei Gruppen eingeteilt. Wir waren etwa hundert Prüflinge, von denen letztlich 30 in die Sexta zugelassen wurden (nach zwei Jahren war davon weniger als die Hälfte übrig geblieben).

Die Aufnahmeprüfung bestand vormittags aus Unterricht, Diktat, Aufsatz und Rechenarbeiten. Nachmittags wurde Sport getrieben. Es gab auch eine Mutprobe sowie ein Geländelaufen mit vielen Hindernissen. Wir mußten uns an einem Seil, das kräftig geschaukelt wurde, über den kleinen Saale-Nebenarm hangeln. Mir und den meisten anderen Prüflingen machte die Prüfungszeit Spaß. Wir wurden von älteren Schülern betreut, deren Ton rauh, aber herzlich war.

---

* Otto Wagener (1888–1971); Stabschef der SA 1929/30, Leiter der Wirtschaftspolitischen Abteilung der Reichsleitung der NSDAP und Reichskommissar für die Wirtschaft 1933.

Ich war sehr froh, als ich eine Woche später die Zusage bekam. Nach welchen Kriterien sie erfolgte, weiß ich nicht, nehme aber an, daß bei der Beurteilung die Aussicht, wie der Prüfling mit dem Internatsbetrieb fertig werden würde, höher gewichtet wurde als die schulische und sportliche Eignung. Denn später stellte ich fest, daß unter den Aufgenommenen etliche waren, die sich im Unterricht recht schwer taten, und daß sich unter ihnen auch einige sportliche »Flaschen« befanden. Nationalsozialistisches Gedankengut mag immanent vorhanden gewesen sein, war aber keineswegs auffällig.

Am 20. April 1940 trat ich in die Schule ein. Dieser Tag wurde feierlich begangen, war es doch Hitlers Geburtstag. Als erstes erhielten wir Napola-Kleidung aus der Kammer, komplett mit Socken, Unterwäsche, Schuhen und Käppi. Die Farbe der Uniform war olivgrün.

Mag sein, daß Schulpforta unter den Napolas und sonstigen sogenannten Eliteschulen in Deutschland eine Ausnahmestellung einnahm. Die Schule war, auch während des Dritten Reiches, ganz erheblich von ihrer 400jährigen Tradition geprägt. Freilich lief der Tagesablauf paramilitärisch ab. Es gab Diensträge, in die man aufsteigen konnte. Bei mehrtägigen Feldlagern samt Zelten und Donnerbalken wurden auch »Manöver« exerziert. Aber der reine Schulbetrieb hatte höchstes Gewicht bei Versetzung oder gar Entlassung. Es wurde stark gesiebt. Wir betrieben sehr viel und intensiv Sport, aber die Benotung für Leichtathletik, Geräteturnen, Mannschaftssport oder Schwimmen hatte für die Versetzung kaum Bedeutung. Man las nur nicht gerne im Zeugnis: Schwimmen 5 oder Geräteturnen 4. Deshalb habe ich gleich in den nächsten Osterferien bei kaltem Wetter im Freibad ganz verstohlen Schwimmen gelernt.

Im Fragebogen zur Aufnahmeprüfung hatte ich angegeben »Klavierspiel«. Also mußte ich zweimal die Woche zum Klavierunterricht »antreten«. Nach einem doppelten Unterarmbruch war ich diese eher lästige Pflicht los – und wurde prompt verdonnert, ersatzweise ein anderes Musikinstrument zu wählen. Ich entschied mich für die Trompete. Jeden Mittwoch strampelte ich fortan mit dem Fahrrad nach Naumburg zum Trompetenunterricht. Das brachte mir einen zusätzlichen Pflicht-Job ein. Ich wurde sehr bald »Hornist vom Dienst« und mußte jede zweite Woche morgens früher aus dem Bett, um zum Wecken zu blasen, an vier Stellen des Internatsbereichs. Dafür hatte man sich zuvor die Lippen waschen und massieren müssen, sonst ging der Einsatz daneben. Abends hatte dieser Dienst einen großen Vorzug. Der Hornist, der um das ganze Schulareal mit seinem Horn wanderte, um pünktlich um 22 Uhr »Soldaten müssen zu Bette gehen« zu blasen, hatte bei dieser Gelegenheit zu überprüfen, ob alle Fenster vorschriftsmäßig verdunkelt waren. Es herrschte ja Krieg mit den allnächtlichen Bombenangriffen auf Ziele im Reich. In der Anstaltsküche war meist noch Betrieb. Von daher drang stets ein (vielleicht imaginärer) Lichtschimmer, also klopfte ich, um zu monieren. Mein Kochgeschirr von der Manöverausrüstung hatte ich wohlweislich dabei, und etwas Haferflocken und Zucker oder anderes fielen ganz zufällig da hinein. Oben im Schlafsaal warteten schon einige Kameraden.

Apropos Kameradschaft – die wurde bei uns großgeschrieben. Verpetzen war absolut undenkbar. Im Gegenteil, wenn ein Schüler in einem Fach Probleme hatte, konnte er sich einen Mitschüler als Tutor nehmen, der selbstverständlich sein Bestes gab, ihm zu helfen.

Religionsunterricht gab es bei uns nicht. Wenn einer aber im nahen Naumburg am Konfirmationsunterricht teilnehmen wollte, und das waren einige in unserer Klasse, bekam er dafür selbstverständlich frei bis zum Tage der Konfirmation.

Die schon erwähnte paramilitärische Ausbildung paßte mir persönlich gar nicht. Das begann mit dem Bettenmachen, ging weiter über die geforderte makellose Kleidung samt geputzten Schuhen und ordentlicher Frisur beim Einrücken zum Frühstück und endete abends beim Spind-Appell, der gelegentlich und ohne Voranmeldung durchgeführt wurde.

Ich wurde des öfteren, und das vor versammelter Schule, als »Schlampus« gerügt – was immer einen Strafdienst nach sich zog. Im günstigen Fall hatte ich furchtbar viele Schuhe zu putzen, auf Hochglanz, versteht sich. Es gab aber auch »Flagge Lucie«: Da mußte man sich in Minutenschnelle nach Befehl x-mal umziehen, bis der Spind völlig entleert bzw. durcheinander war. Die eingelegten 50 Kniebeugen und 20 Liegestütze waren mir dabei fast Erholung. Eine halbe Stunde nach dem Ende fand dann natürlich erneut ein Spind-Appell statt. Manchmal war ein Teil oder sogar die ganze Klasse – bei uns hieß das »Zug« – von solchen und anderen Strafdiensten betroffen. Das war zwar oft recht anstrengend, aber in Gemeinschaft erträgt sich so was leichter. Und überdies, Schlappmachen gab es nicht. Ohnehin hat auch kein Vorgesetzter dabei überzogen.

Leider habe ausgerechnet ich selbst einmal in solcher Situation überreagiert, was mich bis zum heutigen Tage noch belastet. Ich erhielt vom Zugführer, einem bulligen Sportlehrer, ein paar gesalzene Watschn und wurde degradiert. Ich habe mich nie zuvor und nie wieder so beschissen gefühlt. Um meine Entlassung aus Schulpforta habe ich aber damals dennoch nicht ersucht, ebensowenig, wenn ich mich aus anderen Gründen unglücklich fühlte. Das ist oft genug vorgekommen. Ich habe dort gelernt, mich durchzubeißen – und blieb dabei im späteren Leben.

Die Frage nach unseren Lehrern und Erziehern ist einfach zu beantworten. Es gab solche und solche, wie an jedem Gymnasium. Fachlich waren sie sicher alle top, aber mit dem einen kamen wir besser zu Rande als mit dem anderen – und umgekehrt. Wir hatten uniformierte Lehrkräfte und »Zivilisten«. Gerade an diese erinnere ich mich immer wieder gern. Einer davon war unverhohlener Regime-Kritiker, und man konnte auf seinem Zimmer abends den »Soldatensender West« hören (ein AFN-Ableger in deutscher Sprache). Vielleicht hatte er sich die Gruppe, die wöchentlich einmal abends zum zusätzlichen, freiwilligen Italienisch-Unterricht zu ihm kam, persönlich ausgesucht – genau weiß ich das nicht. Aber vom »Endsieg« war hier nichts zu vernehmen.

Ich muß dazu sagen, daß auf Grund der Stellung und Tätigkeit sowohl meiner Mutter als auch meines Vaters und deren Bekannten, die ich während der Ferien bei ihnen kennenlernte, schon nach Stalingrad der Ausgang des Krieges für mich nicht »Sieg« sein konnte. Natürlich sprach ich das in der Schule nicht aus, schon um niemanden zu gefährden. Der 20. Juli 1944 wurde in Schulpforta zwar mit Betroffenheit, aber eher indifferent aufgenommen. Zu diesem Zeitpunkt waren das Ende und der Ausgang des Krieges bereits zu offensichtlich.

Über das Schicksal der Juden habe ich in Schulpforta wenig erfahren. Aber wer Augen hatte zu sehen, der bekam auch als Kind die schrecklichen Ereignisse mit. Wir wohnten damals in der Xantener Straße in Berlin-Wilmersdorf. Dort lebten sehr viele und eher gutsituierte jüdische Familien. Allein im Vorder- und Hinterhaus der Xantener Straße Nr. 7 etwa ein halbes Dutzend. Wir kannten die Leute nur vom täglichen Sehen. Die Thematik Juden war mir bis 1938 nicht bekannt und bewußt. Schließlich war ich erst acht Jahre alt. Nach der »Reichskristallnacht« änderte sich das. Mein Opa, seinem ganzen Wesen nach ein liberaler, äußerst ruhiger und besonnener Mensch, reagierte ungewöhnlich betroffen. Selbst als Drittkläßler der Volksschule spürte ich, wie ihn die Brutalität und Würdelosigkeit der SA entrüstete und anekelte. Er brachte mich am nächsten Morgen zur Schule, was er noch nie getan hatte, und bat meinen Klassenlehrer eindringlich, uns zu ermahnen, nach Schulende ohne Umwege nach Hause zu gehen und ja nicht aufgebrochene jüdische Geschäfte zu betreten oder gar mitzuplündern. Mein Klassenlehrer kam diesem Wunsch nach. Er fragte auch, wer in der Klasse jüdischen Glaubens sei oder jüdische Eltern habe. Man sah ihm die Erleichterung an, als niemand seinen Arm hob.

Dann kam der Abend, als alle jüdischen Familien samt Kindern aus ihren Wohnungen wortwörtlich herausgeprügelt und auf LKWs verladen wurden. Es begann die Zeit, wo sich die verbliebenen Juden mit dem Davidstern am Revers des Paletots auf dem Olivaer Platz einfanden und auf Leute wie meinen Opa hofften, der da und dort »versehentlich« eine gefüllte Tüte mit Lebensmitteln liegen ließ. Ich habe ihn dabei manchmal begleitet. Es wurden nach und nach immer weniger Juden. Was genau mit ihnen geschah, habe ich damals jedenfalls nicht erfahren. Was ein Konzentrationslager bedeutete, war mir überhaupt nicht bewußt. Aber später, in Schulpforta, also im Krieg, hieß es: »Das Schlimmste auf Erden ist, in jugoslawische Partisanen-Gefangenschaft zu geraten. Danach kommt gleich das Konzentrationslager.« Der eigentliche Holocaust setzte ja erst in den letzten zwei bis drei Kriegsjahren ein, als die totale Vernichtung der jüdischen Rasse auf der »Wannsee-Konferenz« beschlossen wurde. Das haben wir auf der Napola natürlich nicht mitbekommen. Das hat auch meine Mutter von mir ferngehalten, die durch ihre Dolmetschertätigkeit im Luftfahrtministerium sicher davon wußte.

Die Unterrichtung im humanistischen Geist wurde in Schulpforta bis zuletzt großgeschrieben. Die Betonung lag auch noch in den letzten Kriegsmonaten auf Latein und Griechisch (je vier Wochenstunden). Allerdings wurden wir im Herbst 1944 für sechs Wochen nach Klotzsche bei Dresden zum Übungsschießen mit der Panzerfaust abkommandiert. Danach vergruben wir uns wieder in unser humanistisches Weltbild, merkten kaum, daß um uns herum eine Welt zusammenbrach.

Aber im Frühjahr 1945 holte uns die grausame Wirklichkeit doch wieder ein. Wir Fünfzehnjährigen mußten uns zugweise in der Naumburger Kaserne bei den Kanonieren melden und wurden ihnen als eine Art Volkssturm angegliedert. Gottlob bekam ich einen Kompanieführer, der es geschickt verstand, seine Einheit und vor allem uns uniformierte Rasselbande vor allzu häufiger Feindberührung zu bewahren. Erst an der tschechischen Rückzugsfront wurde es auch für uns mulmig. Aber aus meinem Zug ist keiner gefallen. Schockierend genug war für mich, wenn wir im Kampfgetümmel die Schwerverwundeten nach hinten zum Verbandsplatz tragen mußten. Sie starben reihenweise auf dem Weg dorthin, und wir schütteten die Leichen in den Straßengraben und holten von vorne die nächsten Verwundeten. Latein und Griechisch hatten wir ja perfekt zu parlieren gelernt, aber wie mit dem Tod umzugehen ist – da halfen uns auch die alten Griechen nicht.

Die Kapitulation ist für mich mit einem wunderbaren Bild verbunden: Auf unserer Flucht vor den Russen nachts über die Saale sahen wir plötzlich überall am Horizont erleuchtete Dörfer. Was für ein Eindruck nach einem jahrelangen Leben in einer verdunkelten Welt! In einem dieser Licht-Dörfer nahm uns ein Trupp deutscher Kommunisten gefangen, aber der Bürgermeister schenkte uns Zivilkleider, so daß wir endlich unsere Napola-Klamotten ausziehen konnten, die so verdammt nach SS-Uniform aussahen.

Nun begann meine Odyssee auf der Suche nach meiner Mutter. Sie sollte sechs Monate dauern. Ich trampte nach Berlin, wo ich sie im Ministerium vermutete. Aber ihre Abteilung war längst evakuiert worden. Dann zog ich nach Süden, in wochenlangen Etappen auf Waggons und LKWs. In Schulpforta fand ich nur noch Chaos vor. In Bayreuth holte ich mir bei einer mitleidigen Wirtin, die dem verhungerten Bürschchen einen fetten Kaiserschmarrn machte, die Ruhr. In München, am Ostbahnhof, suchte ich unter Hunderten von Fotos beim Suchdienst vergebens nach meiner Mutter. Ich fand sie schließlich im Herbst 1945 eher zufällig am Chiemsee in Giebing, wohin sie evakuiert worden war. Auch sie hatte mich monatelang gesucht. In Schulpforta hatte sie die Schreckensmeldung erhalten, ich läge mit einem Bauchschuß in einem Lazarett. Sie war dorthin von Giebing aus 400 Kilometer auf einem alten Fahrrad geradelt. Als wir uns in Giebing endlich in die Arme schlossen, muß ich entsetzlich ausgesehen haben. Aber auch das ging vorüber.

Es begann die Nachkriegszeit. Schulpforta war weit weg und rascher, als man das vielleicht vermuten möchte, wirklich Vergangenheit.

Natürlich wird die Zeit in dieser unter den gegebenen Umständen sehr guten Schule, auch der Drill und die Härte der Napola-Erziehung, mein Wesen beeinflußt haben. Ich bin sicher, nicht zu meinem Schaden. Wie ich später erfuhr, war der Nationalsozialismus ja auch an anderen, allgemeinen Gymnasien, aktiv gewesen, vor allem aber beim Jungvolk und in der Hitlerjugend. Die Indoktrination mit Nazismus war jedenfalls in der Napola Schulpforta nicht so dominierend wie etwa an den Adolf-Hitler-Schulen. Dort wurden die Schüler zum politischen Kader herangebildet. Wir wurden ausgebildet, um im Leben in unterschiedlichen Berufen voranzukommen – sicher in der Hoffnung, die »Idee« in Führungsetagen hineinzutragen. Eine Mitgliedschaft in der NSDAP war mit dem Schulabschluß nicht verbunden. Und sicher war Schulpforta eine außergewöhnlich »liberale« Napola.

Freilich kann ich hier nicht für die sprechen, die älter als ich sind, die damals den Grauen Rock oder auch die SS-Uniform anzogen, um für »Führer und Reich« zu kämpfen und bereit waren, dafür auch zu fallen.

Für mich war die Zeit in Schulpforta wertvoll, aber ich sage bewußt: Die schöneren Erinnerungen habe ich an das Landschulheim Marquartstein, wo ich später mein Abitur machte. Es war die Zeit nach dem Krieg bis zur Währungsreform, eine Zeit des Aufbruchs an allen Ecken und Enden.

Beide Schulen waren für die Erziehung meiner drei Kinder ohne Belang. Was ich ihnen ohne viel Worte verständlich gemacht habe, war, aus Tradition, auch für mich selbstverständlich gewesen: Macht erst mal euer Abi, dann müßt ihr weitersehen.

Die inzwischen 450jährige Tradition von Schulpforta verbindet in gewisser Weise alle, die dort einmal zur Schule gegangen sind. Aber speziell unsere Klassen, die die letzten Kriegsjahre und das Kriegsende ganz intensiv miterlebt haben, treffen sich regelmäßig, einschließlich einiger unserer alten Lehrer, sofern diese noch am Leben sind. Hervorheben möchte ich unseren ehemaligen Anstaltsleiter, Rektor portensis Dr.

Kurt Person, der noch immer fast regelmäßig an diesen Treffen teilnimmt. Leider wird er von der Schule selbst bislang eher geschnitten. Geschichte, das ist doch die Summe aller Vergangenheiten, und das gilt natürlich auch für die Geschichte dieser Schule, die vor 450 Jahren vom sächsischen Königshaus gegründet wurde, auf daß dort die Besten, von Stand und Reichtum unabhängig, die beste Ausbildung erfahren sollten.

Deshalb möchte ich als sein ehemaliger Schüler die Leistung des Dr. Kurt Person in den zehn Jahren seines Rektorats würdigen. Sicher ist er ein Nationalsozialist und Parteimitglied gewesen. Aber als er im Alter von 90 Jahren vor vollem Saal am Mikrophon stand, sagte er etwa sinngemäß: Er habe uns damals aus seiner heutigen Sicht viel Falsches gesagt, aber er freue sich festzustellen, daß aus uns allen trotzdem etwas Vernünftiges geworden sei. 1997 hielt der 99jährige stehend einen fast einstündigen Lichtbilder-Vortrag über die ersten, selbst erlebten 25 Jahre unseres Jahrhunderts – die Zeit, die für Deutschland von so großer, folgenschwerer Bedeutung war.

Wenige Menschen werden hundert Jahre alt und spiegeln in ihrem Leben ein ganzes Jahrhundert unserer Geschichte wider. Da kann man nicht eine Epoche ausblenden, nur weil es da einen Adolf Hitler gab und den Holocaust. Wir tun gut daran, diese beiden »Phänomene« als Bestandteil deutscher Geschichte zu begreifen, weil wir sonst nicht glaubwürdig sind.

Kadett unterm Hakenkreuz: Heiner Schmidt in der Napola Naumburg 1941

Schmidt, inzwischen 70, ist noch heute im Landessportverband aktiv

Heiner Schmidt

»Von der ›Napola Zackig‹ bis zu den NKWD-Verhören«

Den einheitlichen Typ Napola gab es nicht, dafür viele verschiedenartige, ja sogar gegensätzliche. Wie etwa Schulpforta und Naumburg, nur wenige Kilometer voneinander entfernt. In Schulpforta wehte noch ein Hauch vom Geist des Hellenismus (und ein Pförtner in Zivil »bewachte« die Anstalt). In Naumburg, in der »Napola Zackig«, herrschten Zucht und Ordnung der alten Kadettenanstalt (mit Schlafsälen für je 80 Jungmannen und fulminanter Wachablösung) und vor allem das Gedankengut des neuen NS-Regimes. In Schulpforta leitete ein Altphilologe die Anstalt, in Naumburg drillte ein alter Freikorpskämpfer und SS-Sturmbannführer.

1900 im altdeutschen Stil der Gründerjahre erbaut, spiegelt die »Kadette« Naumburg die verwirrenden Ausschläge deutscher Geschichte der letzten hundert Jahre wie unter einer Lupe wider: 1900 bis 1920 königlich preußische Kadettenanstalt; 1920 bis 1934 Staatliche Bildungsanstalt (Stabila); 1934 bis 1945 Napola; 1945 bis 1949 Gymnasium; 1949 bis 1956 Offiziersschule der kasernierten Volkspolizei; 1956 bis 1960 Kadettenschule der Nationalen Volksarmee (NVA); ab 1960 der Militärakademie »Friedrich Engels« angeschlossen; 1976 bis 1989 Institut für Fremdsprachenausbildung der NVA; seit 1991 Bundessprachenamt und Bundeswehrfachschule.

Heiner Schmidt, 1929 in Lehrte geboren, hat seine Zeit in Naumburg (1940–1945) in guter Erinnerung. Daß es hier besonders zackig zuging, gefiel dem sportlichen Lokführers-Sohn, der heute noch im Landessportverband aktiv ist. Auch wenn der Nachfolger des zackigen Anstaltsleiters sich dann als eng-

stirniger Parteifunktionär und mieser Charakter erwies. Heiner Schmidt wurde nach dem Krieg Kali-Bergmann und machte als Edelstahl-Fachmann bei Krupp Karriere, wurde Verkaufsdirektor für Süddeutschland. Seine beiden Kinder wurden Arzt und Apothekerin. Schmidt lebt heute mit seiner Frau Heidi in Gauting bei München. Er hat noch mit allen Überlebenden seines Zuges Kontakt, deren berufliche Bandbreite erstaunlich ist: vom Shakespeare-Darsteller bis zum Ex-Generaloberst der Nationalen Volksarmee! Und er kennt auch die Schicksale jener Kameraden, die aus den Ostgebieten des Reiches stammten und nach Kriegsende in die Sowjetische Besatzungszone und spätere DDR zurückkehrten.

Unser Lehrplan unterschied sich von dem des benachbarten Schulpforta nicht grundsätzlich. Er entsprach zuerst einmal dem des reichseinheitlichen Oberschulplans. Wir hatten in der 1. Klasse Englisch, in der 3. dann Latein. In der 7. Klasse konnte man den sprachlichen Zweig wählen und bekam dann Französisch sowie eine weitere Fremdsprache oder den naturwissenschaftlichen Zweig mit Chemie, Biologie und Physik. Mit Hinblick auf den Osten konnte man in Naumburg auch Tschechisch und Serbisch lernen.

Vor meiner Zeit, also vor dem Krieg, gab es in der »Kadette« sogar einen Austausch mit englischen und amerikanischen Schülern. Aber wie ich der Festschrift »10 Jahre Nationalpolitische Erziehungsanstalt Naumburg« entnehme, war diese Aktion eher eine Belastung. »Die Gastschüler aus der Public School aus Cambridge wollten sich nicht einordnen«, heißt es da. Und weiter: »Höflich, aber selbstbewußt-kühl behandeln, wenn sie kommen, aber nicht nachlaufen, das war die Parole. Unsere Aufgabe lag auf einem anderen Gebiet, der Arbeit am Grenzland- und Volksdeutschtum, vor allem des Südostens.«

Auch wenn sich die Kameraden von Schulpforta sehr stark altphilologisch ausrichteten und natürlich schon etwas Besonderes waren, haben wir uns mit ihnen sehr gut verstanden. Mit den Ordensburgen und den Feldafingern dagegen hatten wir keinen Kontakt, und unsere Meinung über die Adolf-Hitler-Schüler war nie positiv. Denn die kamen erst mit 12 Jahren und ohne Prüfung auf Vorschlag der Partei in die Schule. Außerdem waren sie für die Laufbahn als Parteiführer bestimmt, während wir nach dem Abitur freie Berufswahl hatten. Aber mit Jungmannen der übrigen Napolas kamen wir häufig in Ferienlagern zusammen, und mit den Portensern bildeten wir sogar Sportgemeinschaften. Da waren wir ihnen allerdings häufig überlegen. Nicht umsonst wurde Naumburg im allgemeinen Sprachgebrauch auch »Napola Zackig« genannt.

Diese Bezeichnung, auf die wir sehr stolz waren, geht zurück auf den ersten Anstaltsleiter, Dr. August Hellmann, einen alten Freikorpskämpfer, der ganz verrückt nach Geländespielen und Disziplin war. Einer seiner ersten Tagesbefehle 1934 lautete so: »Jeder Jungmann soll Mundtücher und Mundtuchtaschen besitzen. Der Deutsche benutzt abweichend von anderen Nationen beim Essen ein sauberes Mundtuch und bewahrt es sauber auf.« Oder: »Bei Untersuchungen hat sich herausgestellt, daß Jungmannen während der Anstaltszugehörigkeit kurzsichtig geworden sind. Wer bei ungenügendem Licht liest oder schreibt, macht sich wehrdienstunfähig und begeht Selbstverstümmelung!« Abgesehen von seiner disziplinarischen Marotte muß Dr. Hellmann ein sehr guter Erzieher gewesen sein. Ich habe ihn selbst nicht mehr erlebt, da er bereits 1939, ein Jahr vor meinem Eintritt, bei einem Verkehrsunfall ums Leben kam. Aber sein Geist hat noch Jahre später die Anstalt geprägt.

Der Sport war bei uns natürlich stärker ausgebildet als in Schulpforta. Wir hatten schon gleich nach dem Wecken Frühsport, dann kam Waschen, Anziehen und das Frühstück. Darauf folgten sechs Unterrichtsstunden, Mittagessen, eine Stunde Bettruhe. Danach begann der »Dienst« mit fünf Stunden. Darunter fiel der Sport, auch Schießunterricht, die Putz- und Flickstunde, manchmal auch Freizeit. Ab 17 Uhr begann die Arbeitsstunde, in der die Hausaufgaben gemacht wurden. Grundsätzlich bei offenen Türen, so daß wir die Erzieher im Nebenraum um Rat fragen konnten. Um 19 Uhr war Abendbrot und um 21 oder 22 Uhr, je nach Alter, Zapfenstreich.

Den Beinamen »Zackig« hatte Naumburg vor allem durch die militärähnliche Ausrichtung in der Tradition der alten »Kadette«, also der preußischen Kadettenanstalt von 1900. Das wurde durch unseren Leiter Hellmann stark forciert. Wir hatten zum Beispiel Wachablösung und Flaggenhissung mit Trompete. In Schulpforta dagegen gab es keine Wache, sondern nur einen Pförtner. Wir waren eben mehr Kadettenanstalt und Schulpforta mehr legeres Internat. Die Uniformen waren die gleichen, nur daß wir karminrote Schulterklappen trugen und Schulpforta gelbe.

Ich bin 1940 auf Vorschlag meines Lehrers in Lehrte nach Naumburg gekommen. Es gab in der Familie lange Diskussionen: Mutter war dafür, mein Vater, der als Lokführer viele Jahre arbeitslos gewesen war, auch. Nur mein Großvater, alter kaisertreuer Marinesoldat, war strikt dagegen. Und ich selbst hatte zunächst keine Meinung, war dann aber doch begeistert, als ich bei der Aufnahmewoche sah, was in dieser Napola alles geboten wurde. Diese herrliche Stadt, dieses altehrwürdige Gebäude der »Kadette« mit den Riesenschlafsälen für je 80 Jungmannen, die Sportstätten, der Schießstand, die Tennisanlagen, die Möglichkeiten zum Segelfliegen, ein eigenes Chemiegebäude – all das stimmte mich sehr positiv.

Die erste Zeit war dann aber doch schwer, und das Heimweh plagte mich sehr. Ich konnte ja nur in den Ferien ins Elternhaus nach Lehrte zurück. Aber der positive Eindruck bei der Aufnahmeprüfung ist mir geblieben.

Wir hatten ein sehr enges Verhältnis untereinander und zu unseren Erziehern. Wir waren die einzige Napola, in der die Jungmannen die Erzieher duzten, sie waren für uns Familienersatz. Naumburg war natürlich nicht wie das Elternhaus. Wenn man nach Hause kam und die Mutter auf einen wartete, dann war das natürlich ein ganz anderes Gefühl. Aber in

Naumburg haben wir ja nicht nur gebüffelt und Sport und Schießen geübt, wir haben auch Theater gespielt, unsere Stuben nett ausgestaltet, wir saßen abends gemütlich bei Kaffee und Früchtetee zusammen – und wir konnten reiten, rudern, hatten ein herrliches Schwimmbad und eigene Tanzstunden. Uns ging es also richtig gut.

Wir hatten natürlich auch den politischen Unterricht. Der bestand vorwiegend aus der Geschichte der alten Griechen, der Germanen, wir lasen Gustav Freytag und Felix Dahn und fingen dann mit Hitlers »Mein Kampf« an. Wir hatten zwei politische Erzieher, die sicher vom System des Nationalsozialismus begeistert waren und uns das auch vermittelten. Aber sie mißbilligten gewisse Erscheinungen des NS-Staates zutiefst. Kriegsverbrechen und Konzentrationslager waren tabu. Ich habe eigentlich nur durch Zufall etwas davon gehört, als daheim in Lehrte der Vater erzählte, daß Schwager Rudi als SS-Mann im KZ Dachau sei, wenn auch nur Metzger in der Küche.

Aber mit dieser Materie kamen wir erst in Berührung, als wir im März 1945 bei Naumburg eine Panzersperre errichteten. Da schleppte sich plötzlich ein Trupp von Leuten vorbei, die nur noch entfernt etwas Menschenähnliches hatten: Es waren KZ-Häftlinge aus Buchenwald. Dieser Anblick hat uns unheimlich bewegt und erschüttert. An den »Endsieg« glaubten wir da schon lange nicht mehr. Eigentlich war uns seit den Sommerferien 1944 klar, daß dieser Krieg – und damit die Idee, nach der wir erzogen worden waren – verloren war.

Das Seltsame für mich heute ist, daß ich bereits als Neunjähriger erste Zweifel bekam, zwei Jahre, bevor ich zur Napola stieß. Das war in der »Kristallnacht«, in der auch bei uns in Lehrte marodiert wurde. Wir wohnten beim Vater des vorhin erwähnten SS-Manns Rudi aus Dachau, der auch Metzger war. Abends erschien der SS-Sturmführer und sagte: »Rudi, sofort Dienst!« Sein Vater wollte, daß er zu Hause bleibt. Aber Rudi ging und schlug mit den anderen beim Textilhändler Katz die Fenster ein. Als sein Vater das hörte, sagte er kopfschüttelnd zu meinem: »Der schlägt sein eigenes Geld kaputt. Ich krieg doch vom Katz noch 3000 Mark!« – Irgendwie dachte ich mir damals schon, daß da etwas nicht stimmen konnte.

Aber es gab auch vieles, was mir imponierte. Diese vielen sportlichen Erfolge und die Blitzsiege an allen Fronten! Und in Naumburg selbst lebten wir ja bis Januar 1945 in einem absoluten Idyll. Was dann ab 1943 an der sogenannten Heimatfront los war, bekam ich lediglich in den Ferien in Lehrte mit. Den ersten schweren Bombenangriff erlebte ich dort im Sommer 1943, und da bekam mein Gefühl, »Na, wer kann uns denn überhaupt was antun?«, einen empfindlichen Knacks.

Die Napola Naumburg war für einen jungen Menschen, der Ordnung liebte, ein sehr angenehmer Platz. Wer unordentlich war, der fiel natürlich auf und bekam Strafen und hatte es schwerer. Aber auch der Nachfolger von Anstaltsleiter Hellmann, ein gewisser Alfred Männich, der von niemandem geschätzt wurde und nicht Hellmans Qualitäten besaß, konnte an unserer positiven Einstellung nichts ändern. Hellmann war noch aus dem Kadettenkorps gekommen, Männich dagegen war reiner Parteifunktionär. In der Festschrift zum Zehnjährigen 1944 hatte er noch gefordert, »strenger zu dienen und mehr von uns zu fordern, als andere von uns fordern dürfen«. Aber er war dann der erste, der in Zivilklamotten mit seiner Frau in seinem Dienstwagen auf Nimmerwiedersehen verschwand, während wir in Napola-Uniform und Volkssturmbinde nach Osten an die Front marschieren mußten!

Wes Geistes Kind Männich war, zeigt auch folgende Begebenheit: Im Februar 1945 noch mußte ein Schüler die Anstalt verlassen, weil er im Physiksaal einen Spiegel zerbrochen hatte. Männich warf ihm tatsächlich Sabotage vor und feuerte ihn. Ein widerlicher Kerl!

Wir aber folgten dem Anstalts-Befehl und zogen nach Osten – und damit in Richtung Front –, um zu unserer Tochter-Napola Ploschkowitz zu gelangen. Wir hatten uns mit Lebensmitteln und Munition eingedeckt und alles auf Panje-Wagen verstaut. Schon einen Tag später, am 12. April, gerieten wir bei Droyßig unter Beschuß. Ein Jungmann rannte von vorne zurück und schrie mit kreidebleichem Gesicht: »Es sind Panzer abgeschossen worden. Wir müssen abhauen, der Ami schießt uns alle tot!«

Tatsächlich hatte wohl einer von uns mit der Panzerfaust einen Patton-Panzer erwischt, wie man es uns ja lange genug beigebracht hatte. Wir machten uns sofort aus dem Staub. Trotzdem ist ein Jungmann gefallen, mehrere wurden verwundet. Die Amis schnappten uns und steckten uns ins Sammellager. Dort passierte am 22. April etwas Schreckliches: Die Amis befahlen Leuten von unserem Nachbarzug, ihre Panzerfäuste auf einen LKW zu laden. Dabei ist eine davon losgegangen und hat vier Jungmänner getötet und mehrere andere verletzt.

Immer auf der Flucht vor amerikanischen und russischen Soldaten, vor deutschen Neu-Kommunisten und polnischen Hilfspolizisten, bin ich dann fast einen Monat später wieder daheim in Lehrte bei meinen Eltern eingetroffen. Es war der 20. Mai 1945 – und Muttertag!

Was aus den Kameraden im Osten wurde

In unserem Zug 5 der Napola Naumburg war der Anteil der Kameraden, die aus dem Gebiet der späteren DDR stammten, sehr groß. Jeder dritte von uns 35 Jungmännern hat sich nach der Kapitulation zu seinen Eltern oder Verwandten in der nunmehr Sowjetischen Besatzungszone durchgeschlagen. Was dort mit ihnen passierte, habe ich so richtig erst bei unseren Kameradentreffen nach der Wende 1989 erfahren. Es waren nicht immer sehr schöne Erlebnisse. So erzählte mir etwa Günter, daß er 1947 mit dem sowjetischen Geheimdienst NKWD sehr unliebsame Erfahrungen gemacht hat. Günters Vater war auch während der Nazizeit ein bekennender Sozialdemokrat gewesen, so daß sein Sohn nach 1945 trotz seiner Napola-Zeit keine großen Probleme bekam. Erst als 1947 unser erster Rundbrief der Ehemaligen aus der »Kadette« Naumburg erschienen war und die aus dem Osten sich auch einmal in Halle getroffen hatten, wurde der Geheimdienst der Russen auf sie aufmerksam.

Jedenfalls erschien in einer Nacht-und-Nebel-Aktion der NKWD bei Günter und nahm ihn mit in sein Gefängnis in Magdeburg. Dort wurde er vier Wochen lang sehr hart rangenommen, nachts stundenlang verhört mit voller Lichteinstrahlung, bekam nichts zu trinken und wurde dann wieder so mit Schnaps vollgefüllt, daß der Junge umkippte. Aber nachdem man ihm keine Verschwörung nachweisen konnte, entließ man ihn. Für Günter war das der Anlaß, bald darauf in den Westen zu gehen. Dort wurde er dann ein recht erfolgreicher Architekt.

Ihm und drei anderen Kameraden wurde in den wochenlangen Verhören beim NKWD eine Verschwörung zur Last gelegt, weil sie diesen Rundbrief verschickt hatten. Darin war nun dummerweise auch noch die Rede davon, man solle doch eine Art Erkennungszeichen vereinbaren, und einer hatte ganz naiv vorgeschlagen, das könnte die alte Zugführer-Litze von unserer Napola-Uniform sein. Daraus schlossen die Russen, die vier seien revanchistische Verschwörer und verhafteten alle in derselben Nacht. Bis auf Helmut, den sie nicht antrafen, weil er in Riesa im Kombinat arbeitete. Sein Vater fuhr sofort zu ihm und beschwor ihn abzuhauen. Aber Helmut war sich keiner Schuld bewußt und fuhr mit seinem Vater freiwillig zum NKWD-Gefängnis nach Magdeburg. Dort konnte er die Geheimdienst-Offiziere davon überzeugen, daß er sich wohl kaum stellen würde, wenn er Dreck am Stecken hätte. Er durfte an seine Arbeitsstelle zurück und blieb auch später in der DDR, wo er sich als Stahlfachmann unentbehrlich machte.

Die drei anderen sind, wie viele der übrigen aus unserem Zug, noch rechtzeitig in den Westen abgehauen. Zwei sind in Amerika erfolgreiche Geschäftsleute geworden. Einer von uns wurde drüben im Osten sogar Generaloberst der Nationalen Volksarmee – trotz seiner Napola-Vergangenheit und ohne einen Tag gedient zu haben! Er erzählte mir erst kürzlich, daß er zu DDR-Zeiten oft an die Naumburger »Kadette« zurückgekehrt war – zu Vorträgen vor Offizieren des Warschauer Paktes, als in unserem alten Napola-Gebäude die Sprachenschule der NVA eingezogen war. Da er mit Grenzverletzungen und Schießbefehl nichts zu tun hatte, ist ihm auch nach der Wende nichts geschehen.

Ein anderer Kamerad, Klaus, war Mitglied im Magdeburger Kabarett »Zwickmühle«, eckte natürlich pausenlos im SED-Regime an und bekam mehrere Verwarnungen. 1987 stellte er einen Ausreiseantrag, der ein Jahr vor der Wende auch genehmigt wurde. Ich habe ihn erst kürzlich wieder gesehen – als Schauspieler in einem Shakespeare-Stück auf Tournee in unserer Gegend. Auch eine bemerkenswerte Karriere für einen ehemaligen Jungmann aus der »Napola Zackig«.

»Napola Zackig«: Immer im Dienst

»Die Dienstwoche wurde eingeleitet durch eine Morgen-
feier, die ein Erzieher, manchmal mit Jungmannen seines
Zuges gemeinsam, abhielt.

Der Unterricht lag von Dienstag bis Sonnabend vormittags, am Montag nachmittags. An diesem Tage fand
nach dienstfreien Sonntagen vormittags Geländedienst
statt (ein Mittagsschlaf sorgte für die nötige Frische im
Unterricht); nach Dienstsonntagen wurden in diese Zeit
Leibesübungen, Schießen, Lesestunde, vor allem aber Ar-
beitsstunden verlegt, die sonst nachmittags mit $1 \frac{1}{2}$ Stunden für die Unterstufe, 2 vollen Stunden für den Rest der
Anstalt die notwendige Ergänzung der Unterrichtsarbeit
bildete.

Der Nachmittag gehörte dem ›Dienst‹ in seiner Viel-
fältigkeit, den die Hundertschaftsführer nach den besonderen Bedürfnissen ihrer Altersstufe ansetzten. Auch die
Ausbildung für den Spielmanns-, Musik- oder Fanfaren-
zug oder das Streichorchester, die Hauskapelle, wurde in
diese Zeit gelegt…

Abends fanden das Politische Seminar, Sonderturnen,
Sonderschwimmen, politische Wochenübersicht, Heimat-
abende statt, während die übrigen ›Seminare‹ in den Unterricht eingebaut waren. Der Dienst in den örtlichen Ein-
heiten der HJ und der Streifendienst führte die Jungmannen der Oberstufe abends oft nach auswärts.«

»Eines der wesentlichsten Erziehungsmittel an einer im
nationalsozialistischen Geiste geführten Schule sind die
Leibesübungen. Es ist deshalb Selbstverständlichkeit, daß
sie im Erziehungsplan unserer Anstalt einen besonders
breiten Raum einnehmen… Es ist zweitrangig, ob der
eine oder andere Jungmann erster Sieger wird. Wichtig

und formend aber ist das Erlebnis, anderen überlegen zu sein... Wenn zwei Jungen tapfer im Boxring kämpfen, so erfüllt sie nachher das beglückende Gefühl der Leistung. Der Eindruck, sich im Kampf bewährt zu haben, ist bleibend... Ob auf der Aschenbahn, beim Geräteturnen, im Boxring, in der Schwimmhalle, draußen im Gelände, beim Klettern oder beim Schilauf, stets führt die leitende Hand des Erziehers den Jungen an starke Erlebnisse heran, die seine Charakterbildung fördern, die ihm ein Gepräge geben, das ihn über die Masse anderer Jungen hinaushebt.«

Zitate aus
»10 Jahre Nationalpolitische Erziehungsanstalt Naumburg a. d. Saale«, April 1944

Otto Schuster 1941
als frischgebackener
Reichsschüler in
Feldafing

Journalisten-Karriere statt
Flugzeugführer: Otto Schuster,
heute 74, gehörte immer
zu den Erfolgreichen

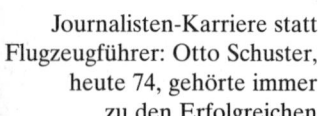

Otto Schuster

»Meine Eltern waren strikt dagegen«

Als Sohn eines Bergmanns aus Hohenpeissen-berg war es Otto Schuster 1925 gewiß nicht in die Wiege gelegt worden, einmal in die Reichsschule der NSDAP in Feldafing zu kommen. Denn im oberbayerischen Kohlenrevier war man nicht gerade nazifreundlich und hielt darauf, daß die Söhne Bauern, Handwerker oder Bergleute wurden. Aber der gute Schüler Schuster kam auf Betreiben einer Lehrerin als Elfjähriger auf die Oberschule Weilheim und meldete sich 1941 selbst in Feldafing an – gegen den Widerstand der Eltern. Dort blieb er zwei Jahre und machte danach noch sein Sonderabitur. Er erlebte ein Feldafing, das sich von der Gründerzeit, wie Hans Fischach (1934–1940) sie schildert, erheblich unterschied. Bewußt hatte man den elitären Charakter der Schule durch sogenannte Aufbauklassen aufgeweicht, wohl um wieder etwas volksnäher zu werden.

1944 meldete sich Schuster freiwillig zur Luftwaffe, kämpfte in Frankreich und Holland und kam durch glückliche Umstände ohne Gefangenschaft rechtzeitig zur Kapitulation in seinen Heimatort zurück.

Im Herbst 1945 begann er mit dem Studium der Volkswirtschaft an der Uni München. Als dort seine Feldafinger Schulzeit bekannt wurde, mußte er pausieren. Er verließ die Uni endgültig und ging auf eine Journalistenschule.

So begann eine äußerst erfolgreiche publizistische Karriere: 1948 Volontär und Lokalredakteur in Landshut und Freising; 1957 Redakteur bei der Illustrierten »Quick« in München; 1966 Entwicklungsredaktion Springer (»Eltern«, »Jasmin«); 1970 Chefredakteur »Eltern«; 1985 Herausgeber der Gruner+ Jahr Verlagsgruppe München.

Otto Schuster, der 1952 geheiratet und eine Tochter hat, be-
endete seine aktive Laufbahn 1990. Sein Bericht über die Felda-
finger Schulzeit ist voller ironisch-distanzierter Episoden und
sehr selbstkritisch. Heute lebt Otto Schuster mit seiner Frau El-
friede in München-Großhesselohe.

Wenn man versucht, ein Ereignis nach so langer Zeit aus der
Versenkung zu holen, weiß man nicht so genau, was an den
Bruchstücken und Bildern in all den Jahren weggebrochen
oder hinzugekommen ist. Ich schreibe also nur, was ich in den
über fünf Jahrzehnten immer im Kopf hatte. Da kann ich eini-
germaßen sicher sein, daß es Realität war.

Ende 1940 – ich war in der 5. Klasse Realschule Weilheim –
brachte der Klassenlehrer ein Papier (ob nur mir, dem Primus
der Klasse?), in dem die »Reichsschule der NSDAP« in Feldafing aufforderte, sich bei Interesse zu einer Aufnahmeprüfung
zu melden. An der Feldafinger Schule gab es immer frei-
gewordene Plätze, weil schwache Schüler nicht sitzenblieben,
sondern an ihre alte Schule zurückgeschickt wurden. Sie wurden durch talentierte Neue ersetzt. Ich weiß, daß mich diese
Chance interessierte, und sagte zu Hause, ich sei dafür vorgeschlagen worden, was so nicht stimmte.

In unserer ohnehin nicht auf lange Debatten eingestellten
Familie wurde – vor allem von meiner Mutter – die Situation
eher als unausweichlich eingestuft, obwohl die Eltern strikt
dagegen waren. Mein Vater war wie die allermeisten Berg-
arbeiter den »unberechenbaren Nazis« nicht besonders ge-
wogen. Für einen Mann mit einem Monatslohn von etwa
300 Reichsmark war die Aussicht auf einen kostenfreien Inter-
natsplatz für seinen fünfzehnjährigen Sohn gewiß ein nicht
zu unterschätzender Faktor. Kurz und gut: Mein Vater unter-
schrieb schließlich den Anmeldebogen, vielleicht auch, weil
Schul- und Wohnort nicht weit auseinanderlagen.

Von der Prüfung selbst ist mir nur eines in Erinnerung geblieben: Ich mußte einen Aufsatz aus der Geschichte schrei-

ben – nach freier Wahl des Themas. Ich dachte: Was könnte denen wohl gefallen? Nationalsozialistische Bewegung? Da konnte ich reinfallen, weil die Feldafinger sicherlich perfekter funktionierten als ich Amateur vom Lande. Da kam ich auf die Idee und schrieb: »Warum Deutschland in den Ersten Weltkrieg gezwungen wurde«.

Ich vermute, daß ich entweder gerade etwas darüber gelesen oder in der Schule oder im Jungvolk gehört hatte: Jedenfalls bestand ich die Prüfung. Ob auch wegen oder gerade wegen meines schlauen Aufsatz-Themas – ich habe keine Ahnung. Zu Beginn des Schuljahres 1941/42 an Ostern rückte ich in Feldafing ein.

Das erste Vierteljahr bis zu den großen Ferien 1941 ist nahezu vollständig aus meinem Gedächtnis verschwunden, soweit es die sachlichen Umstände betrifft. Ich weiß nur, daß ich in die »Villa Nordenholz« kam. Ich bewahre über all die Jahrzehnte das damalige leise Gefühl des Fremdseins, des Nur-schwer-Durchschaubaren, des in vielen Dingen plötzlich Unterlegenen (nach der Primus-Zeit in Weilheim). Das rührte einmal daher, daß die meisten Klassenkameraden schon seit fünf Jahren (von der ersten Gymnasiumsklasse an) in Feldafing zusammen waren, Cliquen gebildet und dicke Freundschaften geschlossen hatten. Da tun sich Neue schwer. Zum anderen differierten die Lehrstoffe, aber nicht aus politischen Gründen. Wir hatten in meiner Weilheimer Schule mit Französisch als erster Fremdsprache begonnen, in der 4. Klasse mit Englisch. Die Feldafinger hatten kein Französisch, dafür Englisch und Latein. In Geschichte beispielsweise waren in Weilheim gerade Sparta, Athen und die Perser dran (333 Issos-Keilerei!), in Feldafing wurde die Emser Depesche behandelt, von der ich keine Ahnung hatte.

Meine deutlichere Erinnerung setzt ein in der Zeit, da ich mit der 6b in die »Villa Andreae« (»Hermann-Göring-Haus«) zog, ein herrliches Haus mit Strohdach und riesiger Rundbibliothek, die als Klassenzimmer diente. Es gab außerdem einen Wohnturm, eine Terrasse mit wunderschönem

Blick auf den Starnberger See, einen Eßraum hinter einer versenkbaren Panoramascheibe und hübsche Balkonzimmer. Eines teilte ich mit drei anderen Schülern. Welche das waren, ist mir entfallen.

Später zog ich ins Erdgeschoß in ein Zweibettzimmer. Mein Mitbewohner war Günter Wagner, wegen des gleichlautenden Namens einer Schulartikelfirma auch »Pelikan« genannt. Günter Wagner hat nach dem Krieg einen Schlüsselroman über seine Feldafinger Zeit geschrieben: »Die Fahne ist mehr als der Tod«. Dieses Buch ist für mich so etwas wie der Schnittpunkt in der Auseinandersetzung über die Frage: Wurden hier reinrassige Nazis gezüchtet, oder sollten nur besonders begabte Jungen gefördert werden? Günter Wagner ist leider 1997 gestorben, nur ein halbes Jahr nachdem wir, der Abiturlehrgang 1944, uns zum ersten Treffen nach über 50 Jahren in Schlitz wiedergesehen hatten.

Der erste Teil von Günter Wagners Buch schildert vorzugsweise die Feldafinger Zeit von 1936 bis 1941, den Abschnitt also, den ich nicht miterlebt habe. Da zitiert er ausführlich, was so alles an nationalen Phrasen gesprochen, geschrieben und verkündet wurde. Es unterscheidet sich im übrigen nur marginal von dem, was ich bei Jungvolk-Versammlungen gehört und kaum jemals verstanden hatte. »Pelikan« hat das Szenario gewiß romanhaft überhöht. Entweder bin ich (denke ich manchmal) ein Weltmeister im Verdrängen – oder es gab in den späteren Kriegsjahren (meine Schulzeit dauerte von 1941 bis 1943) auch in Feldafing nicht mehr das totale Nazi-Engagement.

Viele der Erzieher, die Wagner in seinem Buch als Muster benutzt, waren schon eingezogen worden. Ich hatte damals und habe schon gar nicht mehr heute das Gefühl, politisch indoktriniert worden zu sein, ein Ausdruck, der mir natürlich in der Schulzeit nicht geläufig war. Eines freilich wußten wir sehr wohl, weil es uns auch oft gesagt wurde und weil wir es liebend gern hörten: Feldafing diente dazu, Eliteschüler zu erziehen, die dem NS-Regime, wenn schon nicht treu ergeben, so doch gut gesinnt gegenüberstanden. Wir sollten in allen Berufen wichtige Positionen besetzen.

Wozu auch sollten noch im Krieg Gymnasiasten segeln (am Starnberger See), segelfliegen (in Hohenschwangau), Tennis spielen, Ski fahren, reiten lernen, wenn nicht für gesellschaftlich wichtige Positionen? In Feldafing machte ich auch meine erste Bekanntschaft mit Golf. »Europas schönster Golfplatz« war im Krieg zwar außer Betrieb. Aber wir hatten immer ein paar Schläger und einen Golfball, den wir durch die Gegend trieben und anschließend stundenlang suchten. Natürlich spielten wir auch Handball und Fußball und Hockey gegen andere Klassen und Münchner Vereine.

So wie Günter Wagner in unserer gemeinsamen Zimmerzeit ständig über seinen dicken Schiffsbüchern saß, so schwärmte ich für jede Art von Flugzeugen. Als eines Tages ein Waffen-SS-Offizier vor versammelter Klasse für die Himmler-Truppe warb, sagte Wagner, er habe sich bereits für die Marine gemeldet, ich sagte, für die Luftwaffe, und noch einige andere hatten bereits für weitere Wehrmachtsteile votiert. Ich wollte Luftwaffen-Ingenieur und Flugzeugführer werden. Zu mehr als zur jeweiligen Aufnahmeprüfung reichte es nicht. Ich wurde zwar im August 1943 zur Luftwaffe eingezogen, aber nach der Rekrutenzeit gab es (1944) andere Prioritäten im Kriegsgeschehen als uns zum (vielfach angekündigten) Flugzeugführer-Lehrgang nach Straubing zu schicken.

Die Kriegsereignisse überdeckten und überschatteten die zwei Jahre meines Lebens am Starnberger See. Die Luftwaffen-Uniform haben meine Eltern und Geschwister und Freunde in Hohenpeissenberg nie gesehen. Ich war als Soldat nie in Urlaub. Meine Feldafinger Jungmann-Uniform dagegen konnte ich in den Ferien vorführen. Die leise spürbare Distanz ließ mich freilich immer schnell auf Lederhose und Skihose zurückgreifen, die ja neben dem Braunen Rock gleichfalls Bestandteil der Feldafinger Klamotten waren.

An eine peinliche Sache erinnere ich mich noch heute lebhaft. Streng katholisch, wie wir in unserer Familie waren, ging ich in den Ferien sonntags in die Kirche. Welcher Teufel mich geritten hat, weiß ich nicht. Jedenfalls marschierte ich in Uniform, mit Breecheshose und den unsäglichen Schnürstiefeln (lang bis unters Knie), in die Bergkirche in Hohenpeissenberg, hinten auf den Chor, wo die jungen Leute immer standen. Die Blicke der frommen Frauen und Männer vergesse ich nie! An den folgenden Sonntagen trug ich wieder Zivil. Stolz auf die Schule und Imagegewinn hielten sich also in engen Grenzen.

Der Vormittag verlief in Feldafing kaum anders als in Weilheim. Von der »Villa Andreae« aus mußten wir freilich häufig zu Unterrichtsstunden marschieren, die nicht im Haus zu absolvieren waren. Es gab Chemie-Unterricht in der »Chemie-Baracke« (mit Mikroskop für jeden Schüler), die »Zeichenbaracke« und die separate Turnhalle. Wir marschierten gut und gern eine Viertelstunde, nicht immer im Gleichschritt, in unserer Alltagskluft, den undefinierbar grauen Drillich-Anzügen, »Schiffchen« auf dem Kopf, Loden-Pelerine um bei Regen. Gesungen haben wir »O du schöner Westerwald« oder was damals so im Schwange war.

Ein banaler Vorfall ist mir seltsamerweise in Erinnerung geblieben: ein Gewaltschuß meinerseits mit dem Fußball in ein Fenster im ersten Stock unserer »Villa Andreae«. Meine Eltern mußten sechs Reichsmark für die Scheibe bezahlen, obwohl ich schulgeldfrei war. Sechs Mark überstiegen jedenfalls meinen Taschengeld-Etat. Taschengeld (wieviel wir bekamen, weiß ich nicht mehr) verbrauchten wir vorzugsweise sonntags im Café Garatshausen (bei Tutzing) oder im Forsthaus am See oder im Tutzinger Kino.

Woran ich mich noch erinnere? An unsere Skilager in Kühtai und auf dem Hahnenkamm in Kitzbühel, an unseren Ernte-Einsatz 1942 am Faakersee in Kärnten, an dem meine Frau und ich seit 1967 jedes Jahr Urlaub machen. Anstoß dazu war eben Feldafing.

War es also eine vorzugsweise fröhliche Internatszeit? Manchmal frage ich mich selber, ob ich so naiv war, um die Indoktrination nicht zu erkennen. Ich weiß es nicht. Im nachhinein bin ich davon überzeugt, daß die Nazi-Atmosphäre der Schule kein Deut ausgeprägter war als in ganz Großdeutschland. Die Bemühungen mancher unserer Tanzstunden-Mädchen, regimefreundliches Geplapper zu bevorzugen, läßt mich das unter anderem vermuten.

Wir fuhren mit dem Bus zum Tanzunterricht nach München in die – logisch – beste Institution, Peps Valenci; sahen in der Oper »Rheingold«; sangen bei Affenhitze mal völkische Lieder im Kongreßsaal des Deutschen Museums oder besuchten Hitlers »Berghof« bei Berchtesgaden; hörten die Radio-Nachrichten mit den Rückzugsmeldungen aus Rußland, das Debakel von Stalingrad und spielten nebenbei Skat. Aufsicht? Gleich null. Unser Klassenerzieher, der im Hause wohnte, ließ sich höchstens gegen zehn sehen, um uns auf die Zimmer zum Schlafen zu schicken. Alle anderen Erzieher sahen wir nur beim Unterricht oder bei allgemeinen Schulveranstaltungen.

Trotzdem versteckten wir uns zum Rauchen unserer werweiß-wo-ergatterten ersten Zigaretten im Heizungsraum und bliesen den Rauch ins geöffnete Feuerungsloch. Denn der hätte uns ja wohl im Zimmer noch nach Stunden verraten können.

Eines meiner spärlichen Highlights unter den Mitschülern erlebte ich am Tage des Fußball-Pokalendspiels in Berlin 1942. Wenn ich mich nicht täusche, spielte 1860 München gegen Schalke 04. Es regnete an diesem Sonntag in Feldafing. Ich verfiel auf die zeittotschlagende Idee, das Fußball-Resultat pseudowissenschaftlich vorherzusagen. Auf die Schultafel schrieb ich als guter Mathe-Schüler eine meterlange Gleichung mit Klammern, Brüchen, Potenzen aus der Zahl der Spieler, deren Alter, dem Datum, dem Umfang des Balles, der Höhe der Tore und was mir die Mitschüler sonst noch zuriefen. Eine Formel mit zwei Unbekannten für das Ergebnis. Was kam nach langem Rechnen heraus? 2:0 für München 1860! Und so lautete dann Stunden später tatsächlich das Resultat in Berlin!

Ich weiß, das alles klingt stark nach Herunterspielen. Aber

ich hatte weder kurz nach dem Krieg noch später den Eindruck, daß sich irgend etwas in meiner Kleinleute-Seele vom Hohenpeissenberg entscheidend verändert hätte. Ich empfand es ausschließlich als äußerst vorteilhaft, daß den Feldafinger Schülern per Sondererlaß schon nach sieben Jahren Oberschule die Hochschulreife zugesprochen wurde. Ehemalige Klassenkameraden von »draußen« erhielten ja nur ein sogenanntes Notabitur und mußten nach dem Krieg das richtige Abitur nachholen.

Dagegen konnte ich mich bereits im Herbst 1945 an der Uni München einschreiben lassen. Das freilich war ein kurzes Vergnügen. Denn als Ostergeschenk 1946 kam eine simple Postkarte von der Uni: Immatrikulierung ausgesetzt, Neuanfang erst nach einem halben Jahr Schutträumung.

Dies schien mir später und um so mehr heute der letzte und einzige negative Einfluß der Feldafinger Zeit auf mein Leben gewesen zu sein – der sich vermutlich sogar ins Positive wendete. Denn nach der Studien-Zwangspause entschied ich mich gegen das Volkswirtschaftsstudium und für die Journalistenschule.

Ich fühle mich also inkompetent bei der Frage, ob und in welcher Weise mich die Schule nachhaltig verändert hat. Eine Bewußtseinsveränderung spürbarer Art fand gewiß nicht statt. Nach dem Krieg, vermutlich in den sechziger Jahren, war ich einmal bei einem Treffen Münchener »Feldafinger«. 1973 fuhren einige aus unseren ehemaligen Klassen nach Hammelburg zu Schulfreund Clement, der uns eingeladen hatte. Politische Diskussionen fanden nicht statt, auch nicht 1997 bei unserem Treffen in Schlitz (bei Fulda). Die versammelten Siebzigjährigen sprachen über gemeinsame Streiche, mittlere Klassensensationen und sonstige Abenteuer und kaum über die Folgen nationalsozialistischer Erziehung. Vielleicht wollte man einfach die Vergangenheit ruhen lassen. Und ich konnte dafür sowieso einfach zuwenig Erkenntnisse mitbringen.

Deshalb ist es wohl logisch, daß die Feldafinger Zeit mich auch in familiärer Hinsicht so gut wie nicht tangierte. Und schon gar nicht etwa das Erziehungsverhalten gegenüber meiner Tochter beeinflußte. Der berufliche Erfolg vieler Eliteschüler ist vorzugsweise daraus zu erklären, daß in erster Linie eben Schüler mit erstklassigen Anlagen in die Reichsschule kamen und schwache Jungen den Weg zurück nach Hause antreten mußten.

Und bei diesem Satz spüre ich heute noch, daß ein Gutteil Stolz geblieben ist. Weil in Feldafing ja nicht wie in den Ordensburgen die zukünftigen Parteigrößen ausgebildet wurden, sondern weil die Feldafinger Institution trotz ihres hochtrabenden Namens jede Freiheit in der Berufswahl ließ. Ein Indiz für moderates Klima ist wohl auch, daß der Leiter der Schule, Julius Goerlitz, bei den berühmten Entnazifizierungs-Verfahren Ende der vierziger Jahre nur als »Mitläufer« eingestuft wurde.

Ich habe über Jahre hinweg den ganz sporadisch erscheinenden »Feldafinger Brief« erhalten. Manchmal schlichen sich da Töne ein, die mir nicht sonderlich zusagten. Da ich keinen dieser Briefe gesammelt habe, kann ich leider nicht auf passende Zitate zurückgreifen.

Im übrigen habe ich in den letzten fünfzig Jahren kein Hehl daraus gemacht, daß ich zwei Jahre lang in Feldafing auf der Reichsschule der NSDAP gewesen bin. Die Anlässe, darüber zu reden, hielten sich freilich in Grenzen. Seit der Zeit in der Journalistenschule habe ich auch nie mehr mein Abiturzeugnis benötigt. Und auf verbale Mitteilungen hin hat sich nie jemand besonders aufgeregt gezeigt.

Wenn es so etwas wie den »Endsieg« gegeben hätte – ich habe keine Ahnung, ob ich dann Flugzeug-Ingenieur geworden wäre, wie ich als Schüler vorhatte. Hypothetische Frage. Mathematik und Physik waren meine starken Fächer. Deutsch (Grundlage für die nächsten fünfzig Jahre) war ein Fach mit eher durchschnittlichem Leistungsstand.

Das war auch schon zu meiner Weilheimer Schulzeit so gewesen. Womit der Wert von Schulerfolgen für das spätere Leben nicht unbedingt in Frage gestellt werden soll.

Sicherlich habe ich in Feldafing auf einem Gebiet Fortschritte gemacht: Wegen der (zwangsläufig) vielen »Preußen« unter den Klassenkameraden verbesserte sich meine hochdeutsche Sprechweise. In späteren Jahren wurde mir gelegentlich bescheinigt, daß mein bayerischer Unterton bei hochdeutschen Reden nicht zu hören sei. Ich schreibe das nicht wegen des Gags, sondern weil Feldafing gewiß in einer Hinsicht von Bedeutung war: Mein gesellschaftliches Umfeld und die Sichtweise dazu gerieten vermutlich auf ein angehobenes Niveau. Das hinderte mich natürlich keineswegs daran, nach dem Krieg in Hohenpeissenberg mit meinen Volksschulfreunden in einer Fußballmannschaft zu spielen und beim Schafkopfen zu sitzen.

Was war also Feldafing für mich? Eine Episode mit ungewichtetem Wert. Sicher kein gravierender Vor- oder Nachteil.

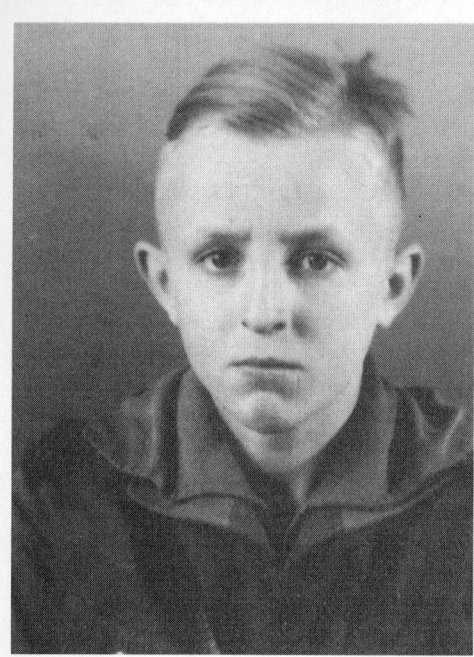

Jungmann Uwe Lamprecht 1940 in der Napola Plön

Dienen und Helfen: Das Lebensmotto des Landarztes Dr. Lamprecht noch heute

Uwe Lamprecht

»Wir sollten unser Letztes für Volk und Führer geben«

Notwendige Vorbemerkung: Der Bericht von Uwe Lamprecht fällt in vielerlei Hinsicht aus dem Rahmen. Einmal, weil der Autor sich als einziger bei mir von selbst zu Wort meldete (er hatte durch Kameraden von meinem Vorhaben gehört – das Netz der Ehemaligen funktioniert noch immer tadellos). Zum anderen, weil der Bericht nicht auf einem Tonband-Protokoll beruht, sondern von Uwe Lamprecht selbst formuliert wurde. Der Autor, Soldat und Landarzt, imponiert mir, weil er offen und ehrlich ist und auch die negativen Seiten des Regimes nicht ausspart. Zudem ist er wohl auch repräsentativ für eine bestimmte Gruppe von Ehemaligen. Deshalb gehört sein Beitrag, so meine ich, in ein Buch, das gerade durch die Summe subjektiver Meinungen eine möglichst objektive Darstellung erreichen will.

Uwe Lamprecht wurde 1929 in Hamburg geboren und war von 1940 bis zum Kriegsende auf der Napola Plön in Holstein. Er war Chemiefacharbeiter und Schauspielschüler und machte 1949 in Kassel sein Abitur. Nach Abschluß seines Medizinstudiums 1956 war er vier Jahre lang Stationsarzt in Fritzlar, bis er zur Bundeswehr als Sanitäts-Stabsoffizier wechselte. Von 1969 bis 1985 praktizierte er als Landarzt im Bayerischen Wald. Dr. Lamprecht ist seit 1955 verheiratet und hat drei Kinder.

Die Vergangenheit läßt ihn auch im Ruhestand nicht los: Im heimatlichen Obernzell bei Passau hat sich Uwe Lamprecht ein großes Napola-Archiv aufgebaut. Und in dem umstrittenen

*Fachbuch Hamburger Soziologen »Das Erbe der Napola« wird
Uwe Lamprecht – verfremdet und anonym – als ein Fallbeispiel
für die These aufgeführt, daß die NS-Erziehung in den Napolas
nicht nur die Schüler, sondern auch deren Kinder und Enkel
»traumatisch« beeinflußt habe.*

Ich war Schüler einer nationalsozialistischen Ausleseschule,
wie man sie nach dem Kriege nannte, einer NS-Eliteanstalt.
Von 1940 bis zum 9. Mai 1945 war ich Jungmann der Nationalpolitischen Erziehungsanstalt Plön in Holstein. Bei der Aufnahme in diese Internatsschule war ich zehn Jahre, als sie bei
Kriegsende aufgelöst wurde, fünfzehn Jahre alt: Von Elite hörten wir nichts. Wir wurden mehr dazu erzogen, unserem Land
und dem Führer mit unserem ganzen Leben verpflichtet zu
sein. Und das weit mehr als andere.

Zwölf Jahre währte das Dritte Reich. Davon waren gut
sechs Jahre Aufbau des Reiches im Frieden, dann knappe
sechs Jahre Krieg. So konnte sich diese neue Erziehungsein-
richtung, die außerdem ziemlich ungeplant und plötzlich,
zudem gegen Widerstände ins Leben gerufen worden war,
weder pädagogisch noch organisatorisch voll und ungestört
entwickeln – auch wenn es gegen Ende des Dritten Reiches 42
solcher Napolas gab. Soll heißen, *die* Nationalpolitische Erziehungsanstalt (NPEA, ich ziehe diese offizielle Abkürzung der
eingebürgerten – Napola – vor) gab es ebensowenig wie *den*
Jungmann.

Man muß wissen, wie Plön als erste NPEA entstand. In Plön
bestand seit 1868 eine königlich-preußische Kadettenanstalt.
1921 wurde sie im Zuge der Versailler Verträge, wie andere
preußische Kadettenanstalten auch, in eine Staatliche Bildungsanstalt umgewandelt. Ein Kadett, Halbwaise, Dr. Joachim Haupt, wurde gegen Ende der zwanziger Jahre ein be-
gnadeter Lehrer in der Staatlichen Bildungsanstalt Plön. Weil
er, ein Strasser-Mann, deutlich für einen nationalen Sozia-
lismus eintrat, entließ ihn die preußische Schulbehörde aus

ihrem Dienst. Er lebte dann ganz in der nationalsozialistischen Bewegung. Unmittelbar nach der Machtergreifung am 30. Januar 1933 versuchte er zunächst vergeblich gegen den zögernden nationalsozialistischen Kultusminister Bernhard Rust, der auch sein unmittelbarer Dienstherr geworden war, die alten Kadetten-, jetzt Staatlichen Bildungsanstalten, in Nationalpolitische Erziehungsanstalten umzuwandeln. Das war zugleich auch sein pädagogisches Konzept.

Mit ihrer drängenden Sorge um ihre alten Kadettenanstalten gerieten er und sein Kadettenkamerad Sunkel, inzwischen Kreisleiter in Kiel, an den SA-Führer von Schleswig-Holstein, den Gruppenführer Meyer-Quade. Der wußte sofort einen Weg, diese Idee durchzusetzen. Er informierte den Stabschef der SA, Ernst Röhm. Und der bestimmte Rust, dieser Idee mit seiner Behörde zu folgen. Zum 20. April 1933, ein Geburtstagsgeschenk für den Führer Adolf Hitler, gab es die erste NPEA, Plön. Dr. Haupt, nun SA-Führer im Stab des Stabschefs, fand am 1. Mai in Hamburg für Plön einen Anstaltsleiter, den SA-Standartenführer Hermann Brunk, einen ehemaligen Kompanie-Chef des Ersten Weltkrieges und gerade kranken Polizeimajor. Er war kein Pädagoge, folgte aber gern und ganz seinem Auftrag: »Erziehen Sie deutsche Jungen zu Nationalsozialisten!« Natürlich war Brunk ein Wandervogel gewesen, hatte im Ersten Weltkrieg das Sterben seiner jungen Soldaten erleben und ertragen müssen.

Am 29. Oktober 1933 wurde dem Stabschef der SA, Ernst Röhm, dann »sein Werk«, die NPEA Plön, vorgestellt. Er war begeistert und nahm dankbar an, daß sie seinen Namen NPEA *Ernst Röhm* erhielt. Und da Röhm, ein Bayer, diese preußische Einrichtung nicht so ohne weiteres nach Bayern verpflanzen konnte, eröffnete er sogleich am 23. April 1934 eine NS-Oberschule Starnberger See in Feldafing: »…Die Anregung zu dem Plan, diese Schule ins Leben zu rufen, erhielt ich im Norden unseres Vaterlandes, in Plön, wo ich eine Anstalt fand, in der die Jungens in dem Geist erzogen werden, den wir gebrauchen. Der Zweck, den wir mit der Gründung dieser Anstalt verfolgen, ist, Jünglinge und Männer heranzuziehen, die das eine auf ihre Fahne geschrieben haben: Liebe zu Volk und Vaterland. Unser Ziel ist, in Euch Jungens den Kampfgeist zu wecken und lebendig zu erhalten. Ihr sollt das erstreben und erreichen, was dem Führer in seiner Aufbauarbeit für Deutschland als Ziel vorschwebt. Des zum Zeichen wird hier die Fahne der Zukunft aufgezogen, für die die SA litt und blutete, die Fahne, für die die besten in den Tod gingen...«

So wurden die ersten Nationalpolitischen Erziehungsanstalten, wurden Dr. Haupt und Sunkel, inzwischen Inspekteur und Vizeinspekteur der NPEA, auch der Anstaltsleiter der NPEA *Ernst Röhm* in Plön, SA-Standartenführer Brunk, mit dem Wollen und dem Schicksal von Ernst Röhm verbunden.

Und das erfüllte sich am 30. Juni 1934 in der Zelle des Strafvollstreckungsgefängnisses München-Stadelheim. Ernst Röhm wurde auf Befehl Hitlers von zwei SS-Offizieren, Eicke und Lippert, erschossen. Göring und Himmler hatten sich durchgesetzt. Mit jenen drei Pistolenschüssen fanden Hitlers »Röhm-Putsch«-Morde ihren Höhepunkt. Haupt entging dem Morden, er saß gerade in Hannover beim Zahnarzt. Er und Sunkel, dieser zudem Halbjude, wurden aber kaltgestellt. Himmler und Göring nehmen direkten Einfluß auf die NPEA. Der SS-Obergruppenführer August Heißmeyer wird neuer Inspekteur der Anstalten. Das Rücktrittsgesuch Brunks wird abgelehnt, die Anstalten bleiben erhalten, sie werden auf Drängen Himmlers vermehrt.

Damit gerieten die Anstalten nun deutlicher in das nationalsozialistische Fahrwasser. Baldur von Schirach und Robert Ley gründeten dann 1937/38, als Gegenpol zu den NPEA, die Adolf-Hitler-Schulen, die Ordensburgen, um den Nachwuchs der Partei heranzuziehen.

Die Röhmsche NS-Oberschule Feldafing wurde zu einer Reichsschule, sie stand damit auch unter dem Einfluß der Partei.

Soweit zur Vorgeschichte. In Plön sollte ich zu einem Deutschen erzogen werden. Zu einem Kämpfer. Das war die alte

Parole aus der Kampfzeit der Partei. Und ein Kämpfer, das war eben ein nationaler Sozialist. Wo mich Befehl oder Führer hinstellten, sollte ich mein Bestes für mein Land geben. Notfalls eben auch mein Leben.

Und so gestaltete sich auch die Pädagogik dieser NPEA. Hart auf der einen, überaus fürsorglich auf der anderen Seite. Uns wurde nicht etwa das Kreuz gebrochen, wir wurden nicht gefügig gemacht. Man wachte aber über uns, man forderte uns auch, manchmal über unser Vermögen hinaus. Wir sollten diesen Punkt kennenlernen, um, genau von da aus, wenn es denn sein müßte, unser Letztes für Volk und Führer zu geben. Und, überwand man sich, wuchs man über sich hinaus, körperlich oder geistig, vor der Front oder unbeobachtet, dann wurde das anerkannt. So meine ich, von 1940 bis zum Ende des Reiches ein Heranwachsender, in einer grausigen Zeit, inmitten von Not und Tod, auf unserem Schloß in Plön eigentlich wie auf einer glücklichen Insel gelebt zu haben; behütet und gefordert zugleich, bereit aber auch, für das Reich da zu sein.

In diesen nur zwölf braunen Jahren hat es also *den* Jungmann gar nicht geben können. Da war einmal der Stabilist, der, nicht gezielt ausgewählt, in die NPEA übernommen wurde. Dann waren da die Jungen, von 1933 bis 1939, die tatsächlich ausgewählt wurden. Ab 1940 wurde es dann wirklich bunter: Es kamen die Kinder, denen der Krieg die Eltern wegnahm. Die Väter gingen an die Front, sie fielen. Die Mütter wurden in der Rüstungsindustrie beschäftigt, gingen als Krankenschwestern in die Lazarette. Diese »Kriegskinder« wurden nicht mehr ausgewählt. Sie hatten aber eine halbjährige Probezeit in den Anstalten zu überstehen. Ich kann hier natürlich nur für Plön sprechen: Es blieb aber in jedem Falle die ständige Bewährung, die gefordert wurde, die wir zu erbringen hatten. Wer dies nicht erfüllte, mußte gehen. Dieser oder jener, der für Plön nicht mehr tragbar schien, fand sich in der NPEA Stuhm oder der NPEA Köslin wieder.

Unser »Staf« (Standartenführer), so sprachen wir unseren Anstaltsleiter an, hatte, so oder so, stets seine Hand über uns, hatte viel Verständnis für uns – so, als wolle er nie wieder seine blutreichen, blutkostenden Tage als Kompaniechef in den Materialschlachten des Ersten Weltkriegs erleben müssen. Ich habe durch ihn die notwendige und umsichtige Fürsorge für Menschen kennengelernt und auf meinem Lebensweg als Vater, Arzt und Offizier auch anwenden können.

Ich will damit auch verdeutlichen, daß ich in eben diesem Plön, in einer grausamen, blutigen, auch verbrecherischen Zeit, wo andere Menschen starben und litten, meine Prägung für mein Leben erhielt. So empfinde ich es und so stehe ich auch gegen Ende meines Lebens dazu. Und ich bin diesem Plön, meinen Erziehern dort, dankbar dafür. Ich wurde zu einem durchaus kritischen, fürsorglichen, mitdenkenden Gehorsam erzogen. Ich konnte widersprechen, mußte das aber begründen.

Es ist deutlich, ich gehörte zur dritten Gruppe von Jungmannen, zur Kriegsgeneration. Im Frühjahr 1940 zerbrach die Ehe meiner Eltern. Mein Vater war in einem Rüstungsbetrieb tätig, meine Mutter mußte als Krankenschwester zum Sanitätsdienst der Wehrmacht. Ich war, zehnjährig, vorübergehend bei Verwandten. Mein Vater, Parteigenosse, erhielt bei der Suche, mich irgendwie unterzubringen, den Hinweis auf Plön. Er fuhr dort hin, sprach mit unserem »Staf«. Ich konnte zunächst für eine halbjährige Probezeit bleiben. Meinen Zug, also meine Klasse, traf ich erstmals im Schwimmbad. Ich sprang hinein, nackt, na, das war sehr ungewohnt, und schwamm. Und so schwamm ich weiter. Ich lachte und sang mit. Ich weinte nachts, vor Heimweh und Wut. Ich mußte meine Knöpfe selbst annähen, meine langen Strümpfe (!) im ersten Winter selbst stopfen. Wenn ich mir den Hals nicht richtig gewaschen hatte (zwei Winter lang hatten wir im Stadtheim, als Kleckser noch nicht oben im Schloß Waschschüsseln), dann wurde mir nachdrücklich von meinen Zugkameraden mein Fell geschrubbt. Es gab fiese und auch stärkere Kameraden, man mußte sich mit der Faust wehren, und meine Nase blutete oft.

Ich hatte Angst vor dem Reck, hatte aber einen holländischen Sportlehrer, der mich immer und sicher auffing, mir so die Angst nahm. Ich kam auf einer Bude mit drei Kameraden ebenso zurecht wie in unseren großen Schlafsälen mit 60 Mann. Das Essen schmeckte, es reichte – es wurde sogar reichlicher gegen Ende des Krieges. Wir kriegten Fisch, von Hermann Göring, und Schokolade, von Heinrich Himmler. Wir mußten ein Instrument lernen, ich kam an die Trompete und jubelte damit im Musikzug; wir machten nahrhaft-einträgliche Konzerte bei Parteiveranstaltungen und bei Begräbnissen von Parteibonzen. Wir hatten immer Schuhwerk, immer Uniformen; wir mußten nur darauf achten, daß alles sauber und heil war.

Kurz, ich hatte kaum Schwierigkeiten mit dem Internatsleben. Als ich einmal morgens erstaunt auf meiner Bude erzählte, ich hätte von einer Arbeitsmaid geträumt (wir hatten ab 1944 solche auf unserem Schloß, sie halfen in unserer Küche), der, ganz seltsam – wieso? – der Rock hochging, wurde ich wegen »Zoterei« gemeldet. Unser Erzieher befahl mich zu sich, ich meldete mich: »Hast du?« – »Jawohl, ich habe das gesagt!« Und ich wurde wieder aufgefangen: »Das ist keine Zoterei, du kommst jetzt in einen Lebensabschnitt, da wirst du noch mehr erfahren. Darüber muß man aber nicht unbedingt auf der Stube sprechen, komm zu mir, wenn du nicht klar kommst, Fragen hast. Klar?« Ich meldete mich ab.

Nicht jeder Erzieher war so, aber jeder Erzieher wollte gerecht sein, wollte uns verstehen. Es gab Pflaumen, vor allem, als unsere Erzieher eingezogen wurden, Hilfserzieher, die sich irgendwie durchzusetzen versuchten.

Natürlich hatten wir politischen Unterricht, abends politische Arbeitsgemeinschaften, wir mußten immer wieder versuchen, »Mein Kampf« zu lesen. Zumeist kamen wir über die ersten beiden Seiten nicht hinaus: »Und dann kam eine kalte, feuchte Nacht in Flandern…« Wir kannten die Tagessprüche, vor dem Essen im Rittersaal: Du bist nichts, dein Volk ist alles. Wir machten Morgenfeiern, wir betrauerten zunehmend verstörter unsere gefallenen Väter und »Butenplöner«, also unsere älteren Kameraden, die zur Wehrmacht mußten. Wir waren empört und gekränkt, als wir am 20. Juli 1944, aus dem Bett alarmiert und in der Schmiede, einem Raum, wo vor dem Krieg die Älteren rauchen durften, Hitler im Rundfunk sprechen hörten: »Eine kleine verräterische Clique von Offizieren…« Wir sangen uns dann befreit durch das nächtliche Plön. Da war ich schon ausgebombt, in Hamburg, hatte diese Bombenangriffe dort auch mitgemacht. Meine Uniform hielt mich aufrecht, sie wurde auch Stütze der Menschen, die mit mir im Keller bebten, bluteten, den gelbgrün fließenden Phosphor vor den Stahltüren fürchteten. Ich zürnte unseren Feinden, daß sie unsere Städte so zertrümmerten, unsere Volksgenossen so grausam verbrannten.

Den Krieg draußen an den Fronten, auf dem Atlantik, den empfand ich anders. Der mußte sein, weil unser Reich sich durchsetzen mußte. Während meiner Urlaube, wir nannten das nicht Ferien, erlebte ich in den Lazaretten, in denen meine Mutter arbeitete, sehr direkt die Verwundeten. Ich erlebte das lange Leiden der Gesichtsverletzten. Und ich las in alten Rundbriefen, daß es in unserem Volk unverbesserliche, dickschädelige Menschen gab, die die Zeichen unserer neuen Zeit nicht begreifen wollten. Sie waren in Konzert-Lagern, so nannten wir's, in Konzentrationslagern untergebracht. Sie wurden geschildert, na, was für Typen, in gestreiftem Drillichzeug. Was aber wirklich in Dachau geschah, das wußten unsere älteren Kameraden nicht, als sie, 1938, Marschierer vor Hitler und Mussolini, in Dachau untergebracht wurden. Das erfuhr ich erst nach Kriegsende, in Reinbek, wo ich gelandet war, aus Zeitungen, im Kino, wo wir, unter Aufsicht von englischen Soldaten, grausige KZ-Filme ansehen mußten. Und im Herbst 1945, also nur Wochen später, mußte dann mein Vater für zweieinhalb Jahre in ein englisches Lager bei Neumünster, später in Eselheide und Neuengamme. Einmal nur hörte ich es anders, 1942, während eines Urlaubs in einem Reservelazarett in Bad Salzschlirf. Von einem Gleichaltrigen, Sohn eines verwundeten Offiziers, den meine Mutter als Krankenschwester zu versorgen hatte: Er sprach von Nazis, die im Rheinland Klöster besetzt, die Nonnen verjagt hätten. Empört berichtete ich meiner Mutter von diesem Irren, der solches daherfaselte – man trennte uns, der andere mußte heimfahren.

Die Kapitulation? Wir, fünfzehnjährig, waren im Dienst. Man hatte unseren Zug, den letzten, ältesten Zug, der in Plön war, im Dezember 1944 in den Volkssturm übernommen. Wir hatten erstmals richtige Waffen in der Hand, lernten mit der Panzerfaust umzugehen, mit dem immer noch für uns zu großen Karabiner 98K. Wir mußten Panzerhindernisse bauen, Panzergräben um Plön ausheben. Dann machten wir im April dem Oberkommando der Wehrmacht Platz. Wir verließen unser Schloß und wurden auf zwei Dörfer, Kossau und Rathjensdorf, verteilt, mußten täglich, aber unbewaffnet, Streife laufen, unser Schloß mit dem Oberkommando der Wehrmacht sichern. Wir hörten, daß sich die Engländer näherten, wir sahen Luftkämpfe über Plön, sahen die Lange Straße in unserem Plön nach einem Jagdbomberangriff brennen.

Am 8. Mai 1945 befahl uns unser Erzieher, alle unsere mit Hoheitszeichen versehenen Uniformteile zu vergraben. Und am 9. Mai, morgens, kein Antreten, keine Meldung, nur: »Jungens, der Krieg ist aus, seht zu, wie ihr heimkommt!« Ich kam schnell heim, meine Großeltern wohnten in einem Dorf in der Nähe von Plön. Die Kapitulation empfand ich als unwürdig – kein Heil, keine Meldung…

Und die Engländer? Keiner nahm Notiz von uns. Die schienen auch erleichtert, daß der Krieg vorüber war. Und als ich dann Tage später einen britischen Offizier grüßte, wie es sich gehört, meinte er, auf deutsch: »Mein Junge, so nicht mehr, das ist nun vorbei.« Und die deutschen Offiziere, in voller Uniform, denn die Probstei war ja ein einziges Kriegsgefangenenlager, lachten.

Jedenfalls war damit mein weiterer Weg, ich wollte Fliegeringenieur werden, zu Ende. Wir hatten den Krieg verloren. Den Sommer 1945 verbrachte ich als Knecht auf einem Bauernhof in Holstein. Als im Frühjahr 1946 der Schulunterricht wieder aufgenommen wurde, hatte ich weder in der britischen noch später in der amerikanischen Zone Schwierigkeiten. Es gab für mich nur Probleme, weil ich nicht transen, nicht abschreiben konnte; das hatte es in Plön wirklich nicht gegeben. In meinen Berufen hatte ich, was Pünktlichkeit, Ordnung, was das Verhalten zu Kollegen und Kameraden, Vorgesetzten und Untergebenen betraf, klare Vorstellungen. Ich konnte folgen, konnte aber auch widersprechen und meine Konsequenzen ziehen.

Meine Kinder verstanden wohl auch den Tick des Vaters, daß er sich auf sie verlassen können wollte.

Ich meine, daß ich auf meinem Lebensweg dem Plöner Erziehungsideal gefolgt bin: zu versuchen, mein Bestes zu geben. Ich versuchte, unverändert für mein Land und Volk da zu sein, natürlich mit anderen, demokratischen Vorzeichen. Deshalb bin ich Arzt und Soldat geworden.

Erfolgreiche Karriere:
Jungmann Leopold Chalupa
1943 in der Napola St. Veit
(l.) und 40 Jahre später als
Vier-Sterne-General und
NATO-Oberbefehlshaber
Europa-Mitte

Leopold Chalupa

»Vom Napola-Schüler zum NATO-Oberbefehlshaber«

*L*eopold Chalupa, 1927 in Neuberg im Sudeten-land geboren, hat eine erstaunliche Karriere *hinter sich: Der ehemalige Jungmann der Napola Naumburg (1940–1945) brachte es bis zum NATO-Oberbefehlshaber von Europa-Mitte (1983–1987)! Und der Vier-Sterne-General wurde nicht nur mit dem Großen Bundesverdienstkreuz mit Stern ausgezeichnet, sondern auch mit dem Großoffizierskreuz mit Schwertern des Oranje-Ordens der Niederlande und der Legion of Merit der USA. Wegen seiner Verdienste um die deutsch-tschechische Aussöhnung, für die er sich seit 1992 engagiert, wurde Chalupa schließlich 1995 zum Ehrenbürger von Podhradi ernannt, seinem Geburtsort, der einstmals Neuberg hieß.*

Diese ungewöhnliche Bandbreite seines Lebens erklärt Leo-pold Chalupa nüchtern und militärisch knapp mit seinem Lebensmotto der »drei H«: Hirn, Herz und Humor. Das habe ihm, so meint er, nicht nur bei der Truppenführung gehol-fen, sondern auch zum Beispiel als Präsident von Alemannia Aachen (1990–1992). Damals war der Traditions-Fußballverein abgestiegen, und Chalupa konnte den freien Fall des Clubs in die Bedeutungslosigkeit und in die Pleite stoppen.

Chalupa, seit 1995 Witwer, lebt in Aachen. Sein Sohn Detlef ist in die Fußstapfen des Vaters getreten und als Oberstleutnant in Regensburg stationiert. Seine Tochter Gabriela arbeitet als Leitende Krankengymnastin im Klinikum Aachen. Aus seiner Napola-Vergangenheit hat Chalupa nie ein Hehl gemacht, ob-wohl er dadurch Nachteile hatte (längere Kriegsgefangenschaft, kein Studium). Hier schildert Chalupa kritisch-sachlich, was er in der Napola Naumburg erlebte und wie er heute dazu steht.

Erinnerungen nach so vielen Jahren sind gelegentlich undeutlich oder oft auch aus der Sicht der heutigen Zeit beeinflußt. Wesentliche Eindrücke und Erfahrungen aus einer solchen besonderen Schulzeit bleiben aber doch erhalten, natürlich subjektiv unterschiedlich von Schüler zu Schüler und von Schule zu Schule.

Über die Zielsetzung einer einheitlichen politischen Ausrichtung zerbrach sich damals niemand von uns den Kopf, als ich im Herbst 1939 von meiner Schule in Neuberg im Sudetenland, mit Einverständnis meiner Familie, zum Besuch der Nationalpolitischen Erziehungsanstalt in Naumburg vorgeschlagen wurde. Die Napolas galten als elitäre Internatsschulen, deren Schulabschluß aber ganz normal zum Hochschulstudium mit freier Berufswahl berechtigte.

Aus der anfänglichen Angst vor der einwöchigen Auswahlprüfung, einschließlich der für mich nicht besonders schwierigen Mutprobe eines Sprungs vom Dreimeterbrett in der Schwimmhalle, wurde nach der Aufnahme in Naumburg im April 1940 das stolze Gefühl, etwas geschafft zu haben.

Die Eingewöhnungsphase in Naumburg ist mir besonders nachhaltig in Erinnerung: Ich war herausgerissen aus einer vertrauten Umgebung mit Familie, Schulkameraden und Freunden in meiner beschaulichen böhmischen Heimat und hineingestürzt in das völlig ungewohnte Umfeld einer strengen Internatsschule mit fremden Bezugspersonen und neuen Mitschülern aus vielen Teilen Deutschlands. Dazu ein genau geregelter Tagesablauf vom Wecken und Frühsport bis zum Schlafengehen in großen Schlafsälen, immer in uniformierter Kleidung, die im Eiltempo »verpaßt« wurde, sowie mit vielen persönlichen Pflichten, für sich selbst und für die Stubengemeinschaft.

Statt nachsichtiger Hinweise durch die Eltern gab es jetzt einheitliche Regelungen der Anstalt für den ganzen Tag. Statt verständnisvoller Anleitungen in familiärer Umgebung gab es jetzt detaillierte Anweisungen zur Spindordnung und zum Bettenbau, zum Stubendienst und zum Revierreinigen, zum

Unterrichtsbetrieb am Vormittag, für die Mittagsruhe und für die Ausbildung am Nachmittag bis hin zur Arbeitsstunde für die Hausaufgaben vor dem Abendessen.

Von viel Heimweh begleitet, aber auch meist von verständnisvollen Erziehern ermutigt und von der rasch entstehenden Kameradschaft zu den neuen Mitschülern gestützt, fand ich mich aber ohne größere Schwierigkeiten in diese neue Umgebung ein, in der ich die nächsten fünf Jahre meines Lebens verbringen sollte.

Ordnung und Disziplin waren die besonderen Zielsetzungen, die uns zunächst meist als »unnütze Gängelei« erschienen und auch manche Auswüchse hervorbrachten, wie z. B. die Degradierung eines Mitschülers zum Probejungmann nur wegen einiger während eines Ernteeinsatzes »organisierter« Äpfel. Auch ich war oft enttäuscht, wenn es trotz großer Mühe als Stubendienst einen Eintrag im »Stubendienstbuch« und eine Extra-Einteilung gab, wenn aus der Decke, die man so lange geklopft hatte, angeblich immer noch Staub kam oder wenn die vielen Paar Schuhe im Schuhkeller abends als »nicht gut genug geputzt« befunden wurden. Allmählich aber entwickelte sich eine Eigenverantwortung für diese Alltagspflichten als eine Form von Selbstdisziplin für das Zusammenleben in dieser Gemeinschaft, die mir auch im späteren Leben zugute kam.

Kameradschaft ist das andere Schlüsselerlebnis aus jener Zeit, das auch heute noch seine Bedeutung hat, wie die seit 1979 stattfindenden Wiedersehenstreffen unserer Klasse eindrucksvoll bestätigen. Diese Kameradschaft der Schüler untereinander ist uns allen in dankbarer Erinnerung. Natürlich gab es den Leistungsdruck und den Konkurrenzkampf der Schüler gegeneinander, aber fast nie mit den verpönten »spitzen Ellenbogen«. Man half sich gegenseitig, im Unterricht und im sonstigen täglichen Dienst, vor allem aber gegenüber anderen Stuben oder gar Klassen. Allerdings wurden Kameraden auch unter Druck gesetzt, wenn die Gemeinschaft durch ihre Nachlässigkeit oder Undiszipliniertheit zu leiden hatte. Dabei ging es gelegentlich schon etwas rauh zu, aber Fälle von »Mobbing« im heutigen Sinne sind mir nicht bekannt.

Bei den vorgesetzten Erziehern, die bis auf einzelne Ausnahmen geachtet und respektiert, manche sogar verehrt wurden, überwog ebenfalls die kameradschaftliche Einstellung zu ihren Schülern. Dabei waren viele von ihnen selbst noch nicht allzu lange an der Napola, einige nur als Hilfserzieher, nachdem die ursprünglichen Lehrkräfte eingezogen worden waren. Manche schienen gar nicht richtig in die Uniform zu passen, die sie jetzt zu tragen hatten, und andere versuchten vergeblich, damit ihren »zivilen Hintergrund« zu verdecken. In ständiger Berührung waren wir auch nur mit unserem Zugführer und unserem Hundertschaftsführer, während sich die Begegnung mit den anderen Erziehern mehr oder weniger auf den Unterricht beschränkte.

Am weitesten entfernt erschien uns damals der Anstaltsleiter, der als »Goldfasan« der Partei galt und zu uns kein persönliches Verhältnis hatte. Dagegen ist mir seine Frau in guter Erinnerung, die gelegentlich einige Schüler verschiedener Klassen zum Nachmittagskaffee einlud, um Nachhilfe im »Benimm« zu geben. Bei meiner Einladung war ich froh, daß ihr von uns so wenig geliebter Schäferhund unter dem Kaffeetisch lag und meine Stückchen Pflaumenkuchen, die vom Teller gefallen waren, ohne Aufsehen »entsorgte«.

Mehr Ablehnung gab es schon gegen den einen oder anderen Jungmannführer, die aus älteren Klassen stammten und ihre zeitlich begrenzte Aufgabe »bestmöglich« wahrnehmen wollten. Da blieb auch manchmal eine Schikane nicht aus, sei es durch ein »Kostümfest« mit Umziehen in kürzester Zeit oder durch die berühmten »Kniebeugen im Stufentakt« mit vorgehaltenem Sitzschemel. Letztlich wurden aber gerade diese Vorgesetzten nicht ganz ernst genommen, was natürlich ihre Einstellung uns gegenüber nicht unbedingt verbesserte.

An den Nachmittagen fand vor allem Sport auf guten Sportanlagen innerhalb und außerhalb der Anstalt, sowie »vormilitärische Ausbildung« im Geländedienst oder im Schießen

Antrittsbesuch bei Königin Beatrix: General Chalupa mit Frau
Maria 1983 nach der Übernahme des NATO-Hauptquartiers im
niederländischen Brunssum

statt, wofür ein eigener Schießstand zur Verfügung stand. Weniger beliebt waren die Putz- und Flickstunden, in denen man Dinge erledigen mußte, um die sich zu Hause die Mutter gekümmert hatte, vom Knopfannähen und Strümpfestopfen bis zum Schuheputzen.

Herausragend war der Sport, dessen große Bedeutung für unsere Erziehung durch die aufgeschlüsselte Benotung in verschiedene Leistungsfächer, wie Geräteturnen, Leichtathletik, Kampfspiele, Schwimmen und Faustkampf oder Fechten und Reiten zum Ausdruck kam. Dazu wurde die »Allgemeine körperliche Leistungsfähigkeit« noch einmal besonders beurteilt. In der Rückschau hätte ich gerne öfter Fußball gespielt, Handball hatte damals bei den Mannschaftsspielen aber Vorrang.

Von den Versorgungseinrichtungen sind mir vor allem Speisesaal und Küche gegenwärtig, deren Chefin – von uns liebevoll mit »Mutter« tituliert – sich mit ihren dienstbaren Geistern, darunter nette, aber für uns unerreichbare Küchenmädchen, engagiert um unser leibliches Wohl sorgte. Dabei denke ich auch an die anfänglichen »Sauberkeitsinspektionen« von Händen und Fingernägeln, »Ohrwascheln« und Haaren vor dem Mittagessen. Sie wurden durch die Leiterinnen der Bücherei und der Wäscherei durchgeführt, die dann auch auf gute Tischsitten achteten. Wer beim Essen die Ellenbogen zu sehr spreizte, fand sich rasch mit untergeklemmten Büchern am »Katzentisch« vor dem Speisesaal wieder, ebenso wie beim wiederholten Sprechen oder Trinken (»Spülen«) mit vollem Mund. Sonntagabends, wenn die Küchenmädchen Ausgang hatten, gehörte ich oft zu den freiwilligen »Besteckputzern«, die gegen eine Riesenschüssel Pudding 400 Bestecke abtrockneten.

Gut in Erinnerung sind mir die Klassenfahrten und die Zeltlager mit Lagerfeuer und allen möglichen Geländespielen bis hin zu den großen Sommerübungen, die – letztmalig in Kärnten – auch Schüler mehrerer Napolas umfaßten. Bei diesen »Kriegsspielen« gegeneinander ging es um den »Lebensfaden« am Handgelenk, dessen Verlust das Ausscheiden als »Kämpfer« bedeutete. Als einer der Kleinen konnte ich zwar nicht viel gegen körperlich überlegene »Feinde« ausrichten, mit meinen schmalen Fingern aber oft überraschend deren »Lebensfaden« abreißen, was sie gar nicht gerne mochten – Gottseidank waren immer Schiedsrichter zur Stelle.

Wenn Dorfunterkünfte in Scheunen oder Sälen bezogen wurden, bedankten wir uns meist mit einem Dorfabend. Theatervorführungen, Gesangs- und Tanzeinlagen sowie Musikvorträge unserer »Instrumentalkünstler« fanden großen Beifall bei der Bevölkerung, vor allem bei der Dorfjugend.

Das Jahr 1943 bescherte uns eine besondere Erfahrung mit der mehrmonatigen Kommandierung meiner Klasse an die neu errichtete Napola in St. Veit an der Save, einem kleinen Ort nahe Laibach, im heutigen Slowenien. Zusammen mit einem Parallelzug der Napola Spandau und gesichert durch eine Polizei-Pionierkompanie, erlebten wir in der ehemaligen Klosterschule einen ähnlichen Schulbetrieb wie in Naumburg, mit noch mehr Sport und zusätzlicher Waffenausbildung. Zweimal in der Woche wurden wir als HJ-Führer – ich wurde »Haupt-Jungzugführer« – bei der örtlichen slowenischen Jugend eingesetzt, um sie für »Deutschland zu gewinnen«, wie unser Auftrag hieß. Wir empfanden dies als eine im Grunde schöne Aufgabe, die aber nicht durch politische »Sprüche« zu erfüllen war, sondern nur durch den kameradschaftlichen Umgang mit diesen Jungen bei Sport und Spiel und durch das Bemühen, sprachliche Schwierigkeiten zu überwinden.

Der Sommer 1943 bleibt mir auch deshalb unvergessen, weil ich in den Schulferien in meiner Heimat in Neuberg ein dreizehnjähriges »bombenverschicktes« Mädchen, Maria aus Bochum, kennenlernte – sie wurde sechs Jahre später meine Frau, von der ich leider 1995 schmerzlichen Abschied nehmen mußte.

Im vorletzten Kriegsjahr 1944 fiel meine Klasse etwas auseinander, weil für unsere drei Geburtsjahrgänge 1926, 1927 und 1928 unterschiedliche Einberufungstermine zur Wehrmacht oder zur Waffen-SS anstanden. Ich selbst erlebte das

Jahr auch nur noch zum Teil in Naumburg, überwiegend aber in anderen Standorten und Aufgaben.

Im Frühjahr wurde ich in der Kinderlandverschickung als Lagermannschaftsführer in einem KLV-Heim im slowakischen Zdiar in der Hohen Tatra eingesetzt. Mit 16 Jahren hatte ich eine Schulklasse mit dreizehnjährigen Schülern aus Wien zu betreuen, deren Lehrer, die wenig vom »Altreich« hielten, sich im wesentlichen auf den Unterricht beschränkten.

Nach kurzem Zwischenaufenthalt in Naumburg ging es dann zum Einsatz als Luftwaffenhelfer nach Stettin, wo ich zum »B9« am »Kommandogerät 1936« ausgebildet wurde. Die fast täglichen Alarmmeldungen über Radio »Feindliche Bomberverbände im Anflug auf Nordwestdeutschland« lösten bei uns aber weniger Besorgnis als vielmehr erwartungsvolle Spannung aus, ab welcher Stunde der Unterricht ausfallen würde. Trotzdem wurde uns beim Abwehrfeuer unserer 8,8-Flak-Geschütze und bei den Detonationen feindlicher Bomben erstmalig bewußt, was Krieg wirklich bedeutet. In diese Zeit in Stettin fiel auch der 20. Juli 1944 mit dem am Ende erfolglosen Attentat auf Hitler. Ich kann mich nur erinnern, daß es wieder die »Vorsehung« war, die ihm das Leben rettete, »damit er seinen geschichtlichen Auftrag vollenden könnte« – so ähnlich wurden wir darüber informiert, ohne daß es besondere Aufregung über ein außergewöhnliches Ereignis gegeben hätte.

Schließlich war da noch der Reichsarbeitsdienst, zu dem wir im Herbst 1944 eingezogen wurden, die meisten von uns zur gleichen RAD-Abteilung in Namslau. Beim Zeltlagereinsatz im »Unternehmen Graf Berthold«, dem Bau von Panzerabwehrgräben gegen die sowjetische Armee in Niederschlesien, wurden wir noch stärker mit dem herannahenden Krieg konfrontiert. Entgegen vieler Voraussagen war das Reichsgebiet nun doch unmittelbar bedroht, was uns alle sehr beunruhigte. Als Truppführer und Zeltältester erhielt ich dort auch meine erste Disziplinarstrafe von drei Tagen »Zeltarrest«, weil unser Zelt abbrannte und als Brandverursacher nur

Raucher in Frage kommen konnten, zu denen ich mich »bekannte«.

Die letzten Wochen bis zum Kriegsabitur verbrachten etliche von uns nochmals in Naumburg, erstmals mit größeren Zweifeln am erfolgreichen Ausgang des Krieges – angesichts der immer aussichtsloser klingenden Frontberichte, der Trauermeldungen über gefallene Erzieher und Altkameraden und der Bombenangriffe, die auch Naumburg nicht verschonten.

Damit stellt sich rückblickend die Frage nach der politischen Bildung, in der es bei mir im Kriegsabitur auch nur zu einem »Ausreichend« in der Bewertung meiner Teilnahme an der »Politischen Arbeitsgemeinschaft« reichte, und nach der politischen Indoktrination als besondere Zielsetzung der Napolas.

Der »Führer« war unbestritten der »Größte« mit dem Stigma der Unfehlbarkeit und dem geschichtlichen Auftrag der Rettung aller Deutschen, vor allem vor dem Judentum. Dabei wurde uns nichts über die KZ oder die Greueltaten an den Juden bekannt, und ich erfuhr auch nichts durch meine Familie, die selbst nichts davon wußte.

Eine Tortur war für uns das zwangsweise Anhören von Hitlers meist überlangen Radioansprachen. Wir kannten alle seinen »Mein Kampf« und den »Mythus des 20. Jahrhunderts« des Chefideologen Rosenberg, gelesen habe ich darin wenig und verstanden noch weniger. Die feierlichen Schulappelle zu den üblichen Gedenktagen oder zu besonderen Anlässen, wie die Besuche von Reichs-Erziehungsminister Rust oder SS-Obergruppenführer Heißmeyer, dem Inspekteur der Napolas, mit markigen Reden und Appellen wurden auch bald zur Routine und fanden bei uns kaum die gewünschte Aufmerksamkeit.

Außer an den Anstaltsleiter kann ich mich an wirkliche »Nazis« im heutigen Sinne gar nicht erinnern. Sicherlich wurde nationalsozialistisches Gedankengut immer wieder verbreitet und manches wohl auch von uns mehr unbewußt in diesem Alter aufgenommen. So wurde vor jedem Mittagessen durch einen Jungmann ein »Spruch des Tages« aufgesagt, der solche Inhalte hatte – für uns waren aber angesichts unserer knurrenden Mägen die dampfenden Suppenterrinen viel interessanter.

Eigentlich ist in meiner Erinnerung recht wenig von der politischen Ausrichtung haften geblieben, wohl auch wegen des Krieges, der alles überlagerte und natürlich als »schicksalhafter Kampf gegen die Kriegstreiber im Westen und gegen die bolschewistische Bedrohung aus dem Osten« gerechtfertigt wurde.

Naumburg war für mich insgesamt eine anstrengende, jedoch auch lehrreiche Zeit, die ich in meinem späteren Leben nie verschwiegen oder geleugnet habe. Zwangsläufig gab es aber Mitschüler, die mit dieser strengen, disziplinierten und an Leistung orientierten Internatserziehung nicht zurechtkamen oder die Versetzung in die nächste Klasse nicht erreichten und im Laufe der Jahre wieder abgingen. Einige andere kamen hinzu, so daß immerhin noch über 20 Schüler meiner Klasse das Kriegsabitur ablegten.

Im Januar 1945 wurde ich als Siebzehnjähriger zu den Gebirgsjägern in Landeck/Tirol eingezogen und hatte, wie viele andere junge Soldaten, immer noch etwas Hoffnung auf den »Endsieg« durch den angeblich bevorstehenden Einsatz geheimnisvoller neuer Waffen. Nach verkürzter Grundausbildung kam ich mit meiner Einheit zum Einsatz nach Jugoslawien, der aber – Gott sei Dank – nur noch aus einigen Schußwechseln mit Partisanen bestand.

Eine Welt brach für mich zusammen, als ich im Mai 1945 im Raum Triest in englische Gefangenschaft geriet. Zum einen durch die unfaßbar scheinende Gewißheit, daß der Krieg endgültig verloren war, und zum anderen durch die quälende Ungewißheit über die eigene Zukunft. Dazu kam noch die Sorge über das Schicksal meiner Angehörigen, angesichts der rasch durchsickernden Nachrichten von der Vertreibung aller Sudetendeutschen aus der wiedergegründeten CSR.

Nach Aufenthalten in englischen Kriegsgefangenenlagern in

Tarent, Neapel und Rimini, in denen ich erste Erfahrungen als »Dolmetscher mit Schulkenntnissen« sammelte, kam ich 1946 per Schiffstransport nach Großbritannien. Dort blieb ich in England und Schottland bis Anfang 1949, nachdem ich aufgrund meiner »Napola-Vergangenheit« der letzten Entlassungsgruppe zugeordnet worden war.

Für mich waren diese im Grunde verlorenen Jahre trotzdem ein Gewinn für meine persönliche Weiterentwicklung. Nicht nur wegen der sprachlichen Fortbildung, sondern vor allem wegen der unmittelbaren Begegnung mit der zu uns immer freundlichen englischen und schottischen Bevölkerung, die mir die Unwahrheit der Hitlerschen Kriegspropaganda bewußtmachte. Mit den erschütternden Nachrichten und Bildern über den Holocaust wurde mir auch klar, welches Unheil dieses Regime über Europa und die Welt gebracht hatte, das nun auf das deutsche Volk zurückschlug.

Im Januar 1949 wurde ich nach Hessen repatriiert, wo meine Mutter inzwischen als Vertriebene angesiedelt war. Das geplante Chemiestudium konnte ich wegen der Zulassungsbeschränkung für ehemalige Napola-Schüler an der Uni Frankfurt nicht aufnehmen. So trat ich in die Deutschen Dienstgruppen bei der US-Armee (Labor Service) ein, die zunächst für die Berliner Luftbrücke aufgestellt wurden, und avancierte rasch zum Offizier in einer bautechnischen Einheit.

1955 bewarb ich mich bei den neuen deutschen Streitkräften, wobei ich selbstverständlich auch meine Napola-Schulzeit angab. Bei dem Einstellungsgespräch in der Offiziers-Prüfzentrale in Köln fragte mich einer der in Zivil gekleideten Prüfer nach meiner Einstellung zur Internatserziehung. Ich entgegnete, daß sich seine Frage offensichtlich auf meine Napola-Schulzeit bezöge, was er bejahte. Dazu erklärte ich, daß ich die damalige Zielsetzung einer politisch/ideologisch einheitlich ausgerichteten Führungsschicht in Staat und Gesellschaft zwar ablehne, daß ich aber die Erlebnisse und Erfahrungen – positiv wie negativ – aus einer bewegten Schulzeit in einer strengen Internatsschule nicht missen möchte, weil sie für meinen weiteren Lebensweg von Nutzen waren. Daraufhin gab sich dieser Vorsitzende der Prüfkommission spontan als ehemaliger Schüler der Napola Spandau zu erkennen.

Am 1. Mai 1956 begann ich als Fähnrich der Bundeswehr meine zweite militärische Laufbahn. Sie brachte mich immer wieder mit ehemaligen Napola-Schülern in Berührung, die diesen Lebensabschnitt ebenfalls nicht verschwiegen hatten. Daraus entwickelten sich Bekanntschaften und Freundschaften, keine »Seilschaften«. Es gab allerdings Kameraden, die, aus welchen Gründen auch immer, auf diese Schulzeit nicht mehr angesprochen werden wollten, und das wurde auch respektiert.

Bei meiner Verabschiedung aus dem aktiven Dienst 1987 im Aachener Rathaus und beim anschließenden Großen Zapfenstreich im Reitstadion mit Fackelschein und klingendem Spiel gingen meine Gedanken noch einmal die vielen Stationen eines langen Weges ab, der mich aus der dörflichen Geborgenheit meiner sudetendeutschen Heimat über die fordernde Erziehung an einer strengen Internatsschule und nach einer erfolgreichen militärischen Laufbahn bis zu diesem Höhepunkt meines Lebens geführt hatte.

Seit 1992 engagiere ich mich zusammen mit anderen Heimatfreunden und mit der jetzigen Gemeindeverwaltung meines Geburtsortes Podhradi/Neuberg für die Verständigung und Aussöhnung zwischen den ehemaligen deutschen und den heutigen tschechischen Einwohnern, sowie für die Erhaltung der historischen Dorfkirche, der ältesten evangelischen Kirche der ehemaligen K. und K.-Monarchie. In Anerkennung dieser Bemühungen wurde mir 1995 die Ehrenbürgerschaft verliehen, zu der mir auch der tschechische Staatspräsident Havel und der damalige deutsche Verteidigungsminister Rühe gratulierten. Besonders bewegend für mich bei der Verleihungszeremonie war der Aufmarsch des tschechischen Armee-Musikkorps aus Karlsbad, das mir zu Ehren den Radetzky-Marsch spielte, der auch bei meiner Verabschiedung in Aachen erklungen war.

Bei den Wiedersehenstreffen meiner Klasse, die nach der Wende auch schon in Naumburg stattgefunden haben, werden in der Rückschau auf unsere Napola-Zeit zwei Erkenntnisse besonders deutlich:

Zum einen sind wir uns bewußt, daß der verlorene Krieg und der Zusammenbruch des Hitlerreichs die größten Enttäuschungen unserer Jugend waren – angesichts der bitteren Erkenntnis, in gutem Glauben und mit jugendlicher Begeisterung einem Unrechtsregime gefolgt zu sein, das letztlich nur Leid und Verderben über Deutschland und die Welt gebracht hat. Zum anderen bestätigen unsere unterschiedlichen Lebenswege, daß diese schmerzlichen Erfahrungen und Enttäuschungen aus jener Zeit für uns alle Ansporn und Verpflichtung waren und sind, verantwortungsbewußte Staatsbürger für unseren demokratischen Staat, für unser Vaterland zu sein und zu bleiben.

Der Künstler Horst Janssen, ehemals Jungmann der Napola
Haselünne

Horst Janssen

»Jungmann Jansen und
die ›Erotik des Strafdienstes‹«

D*er berühmte Zeichner und Graphiker Horst
Janssen (1929–1995) war von 1941 bis 1945 auf
der Napola Haselünne im Emsland. In seinem autobiographischen
Buch »Johannes« schildert er anschaulich, wie feindselig die erzka-
tholischen Bewohner von Haselünne den Jungmannen der Napola
begegneten. Sie verziehen dem Regime nicht, daß durch die Napola
die Novizinnen aus der alten Klosterschule vertrieben worden
waren. Wenn die Jungmannen durch den Ort ritten, bewarfen die
Burschen sie mit Steinen. Einmal, berichtet Janssen, sei ein Pferd
durchgegangen und sein Reiter auf schreckliche Weise ums Leben
gekommen. In dem Buch »Hinkepott« berichtet der Künstler, welche erstaunliche Wirkung der Strafdienst auf den pubertierenden
Jungmann Janssen hatte:*

»Wir hatten zwar vormittags 6 Stunden ›Schule‹ – das waren 8 Unterrichtsstunden, aber dann – nach einer gehaßten ›Bettruhe‹, danach – das gab's dann: Reiten, Skifahren, Segeln, Segelfliegen,
Rudern, Zelten, Schießen und Brückensprengen, Bauernhausrui-
nen anstecken – und löschen und schließlich das Lagerfeuer unter
›flammenden‹ Sonnenuntergängen. Für einen vom Eros aufgela-
denen Knaben wie Jungmann Janssen war dies u. a. eine perma-
nente Ausbildung aller sinnlichen Tentakeln. ... Da war die Einrichtung des bei allen möglichen und unmöglichen Gelegenheiten fälligen ›Strafdienstes‹ nur noch das Pünktchen auf der Lust.
Genau diese chose, die uns von heut aus gesehen als eine dumpfe,
vulgäre, schwüle und ordinär-brutale Perversion erscheint, genau
diese chose aus Schmerz und ›physischer‹ Verzweiflung, just diese
war es, aus der die unerklärliche, seltsame Knabenliebe kam –
Liebe zur Institution ›Qual und Schmerz‹ in der Verkleidung einer
Strafe. Wem hier Masochismus einfällt, der hat wieder nix kapiert.«

Als der elfjährige Martin Bormann 1941 in die Reichsschule nach
Feldafing kam, hatte er als Sohn des Reichsleiters zunächst einen
schweren Stand. Zwei Jahre später (unser Foto) hatte er sich bei
seinen Kameraden durchgesetzt

Martin Bormann

»Vom Reichsschüler in Feldafing
zum Missionar im Kongo«

*S*ein Vater war als Reichsleiter der mächtigste Mann nach Hitler und sein getreuester Paladin: *Adolf Martin Bormann, geboren am 14. April 1930 in Grün-wald bei München, hatte sein Leben lang – bis heute – unter dieser Last zu leiden. Auch seine Zeit in der Reichsschule der NSDAP in Feldafing von 1941 bis Kriegsende war durch den Umstand geprägt, daß sein Vater Schirmherr und Pate dieser NS-Eliteschule war. Und daß dessen fanatischer, fast religiöser Glaube an den Führer und der Kampf gegen das Christentum den ideologischen Kurs Feldafings bestimmten.*

Auf der Flucht vor den Alliierten verschlug es den fünfzehn-jährigen Reichsschüler Bormann zu einem österreichischen Bergbauern, der sein zweiter Vater wurde und ihn zum christ-lichen Glauben zurückführte. Martin Bormann wurde 1958 in Innsbruck zum Priester geweiht und ging 1961 als katholischer Missionar in den Kongo. Als nicht mehr tropentauglich kehrte er 1968 nach Deutschland zurück und widmete sich in der öku-menischen »Aktion Missio« weiter den Problemen der Dritten Welt.

Bei dieser Arbeit lernte er eine Dominikaner-Nonne kennen und heiratete sie mit Dispens des Papstes im November 1971. Bis zu seiner Pensionierung 1992 arbeitete Bormann als Religi-ons- und Deutschlehrer an der beruflichen Schule für Technik in Hagen. Er gehört seit 1987 der Gruppe »Täterkinder-Opfer-kinder« des israelischen Professors Dan Bar-On an und hält viele Vorträge über seine Wandlung vom Reichsschüler zum Missionar. 1997 erschien seine Autobiographie »Leben gegen Schatten«. Martin Bormann lebt heute mit seiner Frau Cordula in Herdecke/Westfalen. Auf der Rückreise von seiner zweiten Heimat, dem Querleitner-Hof im Pinzgau, besuchten uns die Bormanns in München. In einem ausführlichen Tonband-Interview sprach Martin Bormann offen über seine Feldafinger Zeit. Ein Zeugnis aus erster Hand, wie perfid damals in Feldafing das Christentum durch die neue Religion, den Nationalsozialismus, ersetzt worden war.

Man muß es einfach ganz deutlich sehen: Nach Feldafing bin ich nicht etwa durch das Reichsausleseverfahren gekommen, auch nicht als Privilegierter, sondern als Strafversetzter. Das hat für mich als knapp zehnjährigem Sohn des Reichsleiters Bormann den Übergang von der Oberschule Berchtesgaden zur Reichsschule der NSDAP in Feldafing nicht gerade einfacher gemacht. Der Anlaß für die Versetzung war ein »Blauer Brief«, den mein Geschichtslehrer an meine Mutter geschrieben hatte, weil ich seinen langweiligen Unterricht geschwänzt hatte. Meine Mutter auf dem Obersalzberg war entsetzt, rief den Vater in seinem Sonderzug in der Eifel an, und der entschied sofort: Einweisung in die Reichsschule mit der Maßgabe an die dortigen Erzieher, aus mir einen »anständigen Deutschen« zu machen.

Der Vater war dazu befugt, weil die Reichsschule nach der Ermordung Röhms 1934 der Parteikanzlei, also dem »Braunen Haus«, unterstand und er damit als Stabsleiter des Führerstellvertreters Heß die Schirmherrschaft über die Reichsschule besaß. Dieser Kontakt vertiefte sich dann noch, als Heß genau ein Jahr nach meinem Eintritt, am 10. Mai 1941, nach England flog und der Vater auch offiziell dessen Funktionen übernahm. Ich wurde sozusagen sein stillschweigender Verbindungsmann in der Schule; durch mich erfuhr er, wie es dort Tag für Tag ausschaute. Logisch, daß diese Rolle einige Verwicklungen mit sich brachte.

So habe ich mich einmal in einem Brief an den Vater beschwert, daß unser Speiseplan meist ganz anders aussah als

Besuch auf dem Obersalzberg: Martin (l.) mit seinem Zug 1941 beim Vater

Martin Bormann mit Frau Cordula beim Besuch in München

das, was dann auf den Tisch kam. Daraufhin mußte ich ihm wöchentlich genau darüber berichten. Das hatte zur Folge, daß der Vater eines Vormittags mit großem Gefolge in Feldafing erschien, über den Hintereingang wie ein Racheengel die Großküche betrat und das Personal in flagranti erwischte. An diesem Tag sollte es nämlich Schinkenknödel geben, und die Köchinnen waren gerade dabei, sich den gehackten Schinken einzuverleiben. Da setzte es ein heftiges Donnerwetter vom Vater, die Chefköchin wurde entlassen, die Kontrollen wurden verstärkt. Von diesem Tag an wurde unsere Ernährung wieder besser und reichhaltiger. Das hob zwar das Ansehen des Vaters bei meinen Kameraden, mir selbst half es aber nichts, denn ich durfte mich ja nicht zu erkennen geben.

Ich war auch schlau genug, meine heimliche »Macht« nicht überzustrapazieren. So habe ich nie versucht, etwa durch den Vater Einfluß auf den Lehrplan zu nehmen. Der entsprach zu Anfang dem der staatlichen Oberschulen, enthielt aber mehr Sport, insbesondere Wehrsport und vormilitärische Ausbildung, und war durch entsprechende ideologische Schulung geprägt – und zwar in zunehmendem Maße. Rigoros wurde die Regelung eingehalten, daß man keine Klasse wiederholen durfte. Wer sitzengeblieben war, mußte die Reichsschule verlassen und an eine Oberschule zurück. Dort gehörte er dann oft noch immer zu den zehn Besten, was unseren Leistungsstand augenfällig dokumentierte.

Von den Besitzern der ehemals jüdischen Villen haben wir, als ich zu Beginn des Frankreichfeldzugs nach Feldafing kam, schon nichts mehr gewußt. Die Villen wurden von uns zwar benutzt, hatten aber längst neutrale Namen erhalten. Wir wohnten bereits in Neubauten, die gerade fertig geworden waren. Erst später habe ich mehr über die Geschichte dieser Villen erfahren: Schon mit der Machtergreifung war es in Deutschland zum ersten Boykott jüdischer Geschäfte gekommen und zu einer ersten Auswanderungswelle von Juden. So standen einige Feldafinger Villen bereits leer und wurden von den neuen Machthabern »übernommen«, andere wurden mehr oder weniger regulär preiswert »gekauft« und über ein Sperrkonto verrechnet.

Durch die Neubauten kamen wir im Lauf der Zeit auch in Kontakt mit der Baukompanie, das waren Häftlinge aus dem Konzentrationslager Dachau, die in einem KZ-Außenlager, einem eingezäunten Bereich unterhalb der Park-Villa, untergebracht waren. Wie sie dort lebten und wie hart sie arbeiten mußten, bekamen wir allerdings nur indirekt mit. Uns fiel auf, daß die SS-Leute sie nur bewachten, aber nicht mißhandelten. Das übernahmen die beiden Kapos, das waren zwei kriminelle Häftlinge mit Schaftstiefeln und Schirmmützen und dem grünen Dreieck, also Berufsverbrecher. Der Chefkapo, ein Riese von Mann, war besonders brutal. Als einmal ein Häftling entwichen war und im Schilf am Seeufer entdeckt wurde, schlug er ihn mit einer Bierflasche nieder. Wir beobachteten das über die Jahre hinweg und machten uns unsere Gedanken. Mit den Häftlingen selbst sprechen durften wir allerdings nicht.

Das erste Jahr in Feldafing war sehr schwer für mich. In den Augen meiner Kameraden war ich eine Art privilegierter Paria, der nur wegen seines allmächtigen Vaters dort Aufnahme gefunden hatte, während sie ja alle ein schweres Aufnahmeverfahren hinter sich hatten. Neben der Umstellung auf den reglementierten Tagesablauf hatte ich das große Problem, den Leistungsstand der anderen zu erreichen. Besonders im Sport fiel mir das schwer. Erst als es dann im Winterlager ums Skifahren ging, stieg mein Ansehen bei den Schulkameraden.

So überwogen für mich als Sohn des Reichsleiters und Schirmherrn von Feldafing zunächst die Nachteile. Und ich bekam – im Auftrag des Vaters – erst mal Mores gelehrt, das heißt, ich wurde besonders streng rangenommen. »Macht aus ihm einen anständigen Deutschen!« hieß die Devise. Mein Glück war, daß ich als Klassenlehrer einen Mann hatte, der mir viel Verständnis entgegenbrachte, aber auch deutlich machte, daß ich keine Sonderrechte besaß. Er hieß Hannes Widdra, hatte sich freiwillig an die Front gemeldet und war nach einer schweren Verwundung gereift zurückgekommen.

Nach dem Krieg ist er wie viele andere unserer Erzieher reaktiviert worden und hat es bis zum Oberstudiendirektor gebracht.

Den Kameraden gegenüber verhielt ich mich zurückhaltend; ich war froh und glücklich, als sie mich endlich akzeptiert hatten. Mein Schlendrian aus der Berchtesgadener Zeit verlor sich allmählich, und so bin ich wenigstens – dem Befehl des Vaters entsprechend – ein »anständiger Schüler« geworden.

Der Tagesablauf, wie ihn unser Kamerad Wagner in seinem Buch »Die Fahne ist mehr als der Tod« skizziert (siehe Kasten S. 157), trifft im großen und ganzen zu. Nur hat sich bei uns die Zeit bis Unterrichtsbeginn um je eine Stunde verschoben, da wir näher an den Unterrichtsorten wohnten. So wurden wir erst um 6.30 Uhr geweckt, und die Schule begann um 8 Uhr. Von einem täglichen Schulappell um 16 Uhr ist mir nichts bekannt, und der Exerzierdienst fand auch nur statt, wenn wir etwas ausgefressen hatten. Das war von Klasse zu Klasse verschieden und hing von der Mentalität des Sturmführers ab (meist ein Schüler einer Abschlußklasse, der den Erziehern im Internatsdienst zur Seite stand). In der für den Exerzierdienst angesetzten Zeit hatten wir häufig Wehrsport und Geländespiele. Auch als 1942 die wehrpolitische Ausbildung stark forciert wurde, bezog sich das nur auf die Nachmittage. Der Vormittag blieb der schulischen Ausbildung vorbehalten. Die vormilitärische Ausbildung bestand vorwiegend aus Geländedienst und Luftgewehr- sowie Kleinkaliberschießen.

In Feldafing wurden wir streng, aber gerecht behandelt. Der Schulleiter, Brigadeführer Goerlitz, war ein hervorragender Pädagoge, der bei Auseinandersetzungen zwischen Schülern und Erziehern sehr sorgsam abwog. Ich erinnere mich an einen Vorfall, weil er besonders kraß war und später ein so schreckliches Ende genommen hat. Es war wohl 1943, als ein Klassenkamerad abends auf dem Weg in die Stube einem sichtlich angetrunkenen Erzieher begegnete, der vom Casino kam. Es gab einen Wortwechsel, bei dem der Erzieher brüllte:

»Wenn ich sage Fliegeralarm, ist Fliegeralarm – Fliegeralarm!«
Das bedeutete, daß unsere Klasse antreten mußte und endete
in einem dreistündigen Strafexerzieren mit »Maskenball«
(Kleiderwechsel) und einstündigem Spindappell. Die Schikane
endete erst in den frühen Morgenstunden.

Zwei Kameraden und ich haben dann am nächsten Sonntag
in der Routine-Beschwerdestunde um neun Uhr bei Goerlitz
diesen Vorfall zur Sprache gebracht. Die Folge war, daß dieser Erzieher am Ende des Schuljahres an die Front versetzt
wurde. Nur drei Wochen danach ist er gefallen. Das konnte
uns natürlich nicht angelastet werden, hat bei uns aber doch
große Schuldgefühle verursacht.

Schlägereien hat es in Feldafing nie in dem Ausmaß wie an
anderen Schulen gegeben. Wenn zwei Schüler aneinandergeraten sind, wurde dieser Streit im Sportunterricht unter Aufsicht von Erziehern bei einem Boxkampf öffentlich ausgetragen.

Die Erzieher waren es, die mir in Feldafing nach meinem
Debakel in Berchtesgaden wieder Freude am Lernen vermittelten. Es waren vorwiegend junge, engagierte Pädagogen,
teilweise gerade vom Fronteinsatz zurückgekehrt, ganz anders
als die altgedienten, beamteten Pauker von der Oberschule
Berchtesgaden. Sie haben mich stark schulisch – und auch
ideologisch – motiviert. Sie waren natürlich auf ihre nationalsozialistische Eignung überprüft worden, aber nicht alle
stramme Nazis. Mit der Verschärfung des antichristlichen Kurses ab 1941 ist sogar ein Erzieher aus religiösen Gründen aus
Feldafing weggegangen.

Meine Distanzierung von Feldafing geschah erst nach Ende
des Krieges, als mir klar wurde, daß der Nationalsozialismus
eine zutiefst menschenverachtende Weltanschauung ist, die
auch vor der Verfolgung der eigenen Leute nicht halt macht.
Was ist das für eine Ideologie, die alle anderen (Andersrassischen, -völkischen, -farbigen, -sprechenden, -denkenden) ausgrenzt, einsperrt, verfolgt, verheizt, verwertet, vergast!

Zurück nach Feldafing. Vor den Sommerferien 1941 gab es für meine Klasse ein besonderes Erlebnis. Der Vater hatte uns auf den Obersalzberg eingeladen, und meine Kameraden waren sehr beeindruckt, besonders vom Kehlsteinhaus, von dem man einen herrlichen Panoramablick auf die Alpen hatte. Noch bei den Klassentreffen über 50 Jahre danach haben mir Kameraden stolz ihre Erinnerungsfotos von damals gezeigt. Ich hatte später den Eindruck, daß der Vater uns kurz nach Beginn des Rußlandfeldzugs, als ihm klar war, daß »Endsieg« und Frieden in weite Ferne gerückt waren, noch einmal die heile Welt erleben lassen wollte. Ein zweites Mal war unsere Klasse Anfang 1944 auf dem Obersalzberg, und zwar zur Aufführung des antichristlichen Theaterstücks »Ulrich von Hutten«, das wir zuvor in der SS-Junkerschule Bad Tölz gegeben hatten. Weitere Aufführungen unterblieben, weil angesichts der zunehmend prekären Kriegslage die Partei die Christen unter den Volksgenossen nicht noch mehr verprellen wollte.

Der Vater hat sich in meiner Feldafinger Zeit sehr klug verhalten. Er besuchte mich nur zweimal, und das nur indirekt, als er sich mit ausländischen Parteigenossen in der Nähe aufhielt. Ich erinnere mich, daß ich vor diesen Gästen mit einem Sparringspartner einen Box-Schaukampf machen durfte und dann zum Essen eingeladen wurde. Es machte mir natürlich Spaß, danach im Führerwagen nach Feldafing heimgefahren zu werden. Ein drittes Mal kam der Vater ganz allein nach Feldafing, und wir machten zum ersten- und letztenmal einen langen Spaziergang. Aber da ging es nicht um Politik, sondern um das private Verhältnis eines Vaters zu seinem pubertierenden vierzehnjährigen Sohn.

Für die Zeit nach dem »Endsieg« hatte der Vater für sich wie auch für mich klare berufliche Vorstellungen. Er wollte sich aus dem politischen Leben zurückziehen und in die Landwirtschaft gehen. Nach dem strapaziösen Leben mit Hitler (er erzählte mir einmal, daß er seit 1937 keine Nacht länger als fünf Stunden geschlafen habe) meinte er wohl, er habe genug für die Partei getan. Und ich sollte später einmal ein Gut in Mecklenburg übernehmen, was mir sehr recht gewesen wäre.

Feldafing war ja nicht als Nachwuchsschule für Parteiführer geplant. Feldafing war im Gegensatz zu den Ordensburgen – das hat mir der Vater in den Gesprächen immer wieder erklärt – gedacht als Ausbildungsstätte von gläubigen Nationalsozialisten für alle akademischen Berufe. Wir sollten die gesamte Intelligenzia wie ein Sauerteig durchdringen – mit dem Nationalsozialismus als der tragenden Religion unseres Lebens.

Typisch für den Feldafinger Geist war der Wunsch unserer Erzieher, wir sollten bei den Freiwilligen-Meldungen Heer und Marine bevorzugen, um diese beiden Waffengattungen stärker nationalsozialistisch beeinflussen zu können. Unsere beiden Truppführer, also die Assistenten unserer Erzieher, meldeten sich deshalb folgerichtig zum Heer und zur Marine. Nach dem Attentat auf Hitler vom 20. Juli 1944, als die NSFOs (NS-Führungsoffiziere) bereits eingeführt waren und sich die Marine dem widersetzte, wollte die Partei durch uns diese Defizite elegant ausgleichen, was sich dann aber von selbst erledigte.

Die ersten Zweifel am »Endsieg« kamen mir in den Sommerferien 1944, als ich der Fahrerkolonne des Führers zugeteilt wurde und dort als Vierzehnjähriger meinen Führerschein machen durfte. Die Rohstoffe waren so knapp geworden, daß sogar diese Eliteeinheit keine Ersatzräder mehr hatte. Ich habe in diesen sechs Ferienwochen 64mal Reifen flicken müssen und mir dabei so meine ersten defätistischen Gedanken gemacht. Noch klarer wurde für uns dann in Feldafing die Sache, als ich zum »Julfest« (so hieß bei uns damals Weihnachten) von den Eltern einen Weltempfänger geschenkt bekam. In der Stube haben wir dann alle Feindsender abgehört, die wir erreichen konnten. Als uns der Erzieher einmal dabei überraschte, legte er nur den Zeigefinger auf den Mund und verließ lautlos das Zimmer.

Heute frage ich mich natürlich oft, warum ich die Situation

so spät erkannte. Denn daß nach dem Fall von Stalingrad im Februar 1943 die Welt anders war, hätten wir auf dem Obersalzberg schon daran erkennen können, daß es in jenem Jahr kein Geburtstagsfest für den Führer gab und 1944 kein Neujahrsfest.

Mit dem Schuljahr 1944/45, also in der 5. Klasse, änderte sich unser Lehrplan rigoros. Wir wurden als Volkssturm in der Panzerbekämpfung ausgebildet, und die vormilitärische Ausbildung war längst zur militärischen geworden. Vormittags gab es nur noch unregelmäßigen und gestrafften Schulunterricht, dafür infanteristische und panzerbrechende Übungen. Unsere Ausbilder waren Frontkämpfer, die schwer verwundet worden waren.

Nach den Weihnachtsferien hatten wir kaum noch Unterricht, mußten dafür rund um Feldafing Panzergräben und Schützenlöcher ausheben. Am 20. April 1945 – Führers Geburtstag – wurden wir dann in Richtung Südfront in Marsch gesetzt. Wir waren drei Tage im Zug unterwegs – immer wieder blockiert durch Tiefflieger –, bis wir in Matrei am Brenner ankamen. Im Hotel »Post« in Steinach nahm unsere unfreiwillige Frontreise ein Ende, da alle Bahngleise zerstört waren. Ein Großteil unserer Erzieher hatte sich schon zu den Familien abgesetzt, nur drei, darunter Goerlitz, haben sich bis zuletzt um uns gekümmert.

Am 30. April 1945 endete das Abenteuer für die Buben der Reichsschule Feldafing glimpflicher als erwartet. Als Angehörige eines »Kinderlandverschickungslagers 39« wurden wir mit Geld, Lebensmittelkarten und guten Wünschen nach Haus geschickt, vielen gelang die Heimkehr auch.

Auch mein Sonderweg stand unter einem günstigen Stern. Ich war – so sehe ich es heute – ganz in Gottes Hand. Der Vater hatte mir einen Adjutanten mit Wagen geschickt, der mich zu meiner Mutter und den Geschwistern nach Wolkenstein in Südtirol bringen sollte. Dann hörten wir, daß sie wegen der Partisanen ins Salzburger Land fliehen würden und machten uns dorthin auf den Weg. Auf dem Obersalzberg, meiner eigentlichen Heimat, herrschte ein unbeschreibliches Chaos. Bei der Salzburger Gauleitung bekam ich unter dem neuen Namen »Bärmann« einen Marschbefehl zur Landwirtschaftsschule von St. Johann im Pongau.

Hier war ich verhältnismäßig sicher. Doch dann sah ich am 3. Mai zufällig einen der mir so vertrauten schweren »Führerwagen« vom Obersalzberg vorbeifahren und schloß mich dieser besonders gefährdeten Einheit an. Auf abenteuerlichen Wegen erreichten wir schließlich auf der Flucht ins bayerische Ramsau im Pinzgau den Hirschbühelpaß. Da alle Brücken zerstört waren, mußten wir zu Fuß weiter und landeten im tiefsten Hintertal beim Bergbauern Querleitner. Während die SS-Leute weitermarschierten und schließlich im berüchtigten Lager Moosburg ihre Odyssee beendeten, blieb ich, stark geschwächt und krank, beim Querleitner-Bauern. Der wurde mein neuer Vater und brachte mich zum Glauben zurück. Aber das ist eine andere Geschichte...

Auf ein Thema muß ich jedoch zurückkommen, weil es für uns alle in der Reichsschule Feldafing bestimmend war: der Vater und seine Einstellung zum Christentum. Er war es ja, der uns dazu ausersehen hatte, den Nationalsozialismus, so wie er ihn sah, unters Volk zu bringen – als neue Religion, die die alte christliche ersetzte. Seine verhängnisvolle Rolle im Kampf gegen das Christentum ist mir erst viel später klar geworden.

Meine Eltern waren schon 1934 aus der evangelischen Kirche ausgetreten und erzogen uns konsequent ohne christlichen Einfluß. Mir war deshalb bereits in Feldafing klar, daß sich Nationalsozialismus und Kirche ausschlossen. In der 1. Klasse hatten wir zwar noch eine Art Religionsunterricht, aber der beschränkte sich auf germanische Götter- und Heldensagen. Danach gab es statt Religion nur noch »Nationalpolitischen Unterricht« (Parteiprogramm, Hitlers »Mein Kampf« und Rosenbergs »Der Mythus des 20. Jahrhunderts«). Auch wir in Feldafing sollten Gläubige werden, wenn auch in einem anderen Sinn. So etwa wie der Vater einer war, der mir einmal auf meine Frage, was Nationalsozialismus sei, lakonisch geantwortet hatte: »Nationalsozialismus ist der Wille des Führers!«

Mein Verhältnis zum Vater ist schnell erzählt: Er war ein guter, aber strenger Vater. Solange wir noch in Pullach wohnten, war er für mich auch immer präsent. Er ging wie jeder andere Vater morgens weg und kam abends heim. Was er untertags im »Braunen Haus« machte, darüber wurde abends nie geredet. Erst als wir auf den Obersalzberg zogen, als er immer mehr zusätzliche Funktionen und immer mehr Macht hatte, änderte sich der Rhythmus. Und später erst erfuhr ich, daß er dort verantwortlich war für die Aussiedlung der Bauern durch Lockung, Drohung und Gewalt, damit das große Führerghetto entstehen konnte.

Auch daß der Vater die treibende Kraft im Kampf gegen das Christentum war, ist mir erst später bewußt geworden. In einem vertraulichen Rundschreiben hatte er 1941 formuliert: »Nationalsozialistische und christliche Auffassungen sind unvereinbar. Die christlichen Kirchen bauen auf der Unwissenheit der Menschen auf und sind bemüht, die Unwissenheit möglichst weiter Teile der Bevölkerung zu erhalten, denn nur so können die christlichen Kirchen ihre Macht bewahren. Demgegenüber beruht der Nationalsozialismus auf wissenschaftlichen Fundamenten.«

In dem Dokument des Vaters steht auch der schreckliche Satz: »Wir müssen den Geistlichen die Herzen des Volkes entwinden.« Folgerichtig wurden wir ab 1941 in Feldafing massiv gedrängt, aus der Kirche auszutreten. Mir ist nur ein Fall bekannt, daß ein Kamerad sich dieser Aufforderung widersetzte und lieber die Schule verließ, als seinen Glauben zu verraten.

Ich selbst hatte nach dem Vorbild meiner Eltern längst Abschied vom Christentum genommen. Bei der Aufführung des Stückes »Ulrich von Hutten« trug ich deshalb im Vorspiel voll Überzeugung den unglaublichen Satz vor: »Wir dürfen über den Kampf gegen den bolschewistischen Weltfeind den Kampf gegen den Reichsfeind Nummer 1, die christlichen Kirchen, nicht vergessen!«

Mit dieser Einstellung landete ich im Mai 1945 beim Bergbauern Querleitner, bei dem ich ein Christentum der einfachsten und schlichtesten Art kennenlernte, das es mir erst ermöglicht hat, überhaupt weiterzuleben. Ich war ja auf dem Obersalzberg und in Feldafing in der heilen nationalsozialistischen Idealwelt aufgewachsen. Nun las ich täglich in den »Salzburger Nachrichten«, die der Querleitner erstaunlicherweise abonniert hatte, die schrecklichsten Dinge über den Vater: im Nürnberger Prozeß angeklagt nach allen vier Punkten und schließlich »in absentia« verurteilt zum Tod durch den Strang! Wenn ich da nicht im Hause Querleitner eine neue Geborgenheit in der Gemeinschaft der Christen und die Führung durch die nahe Liebe Gottes erfahren hätte, wäre ich

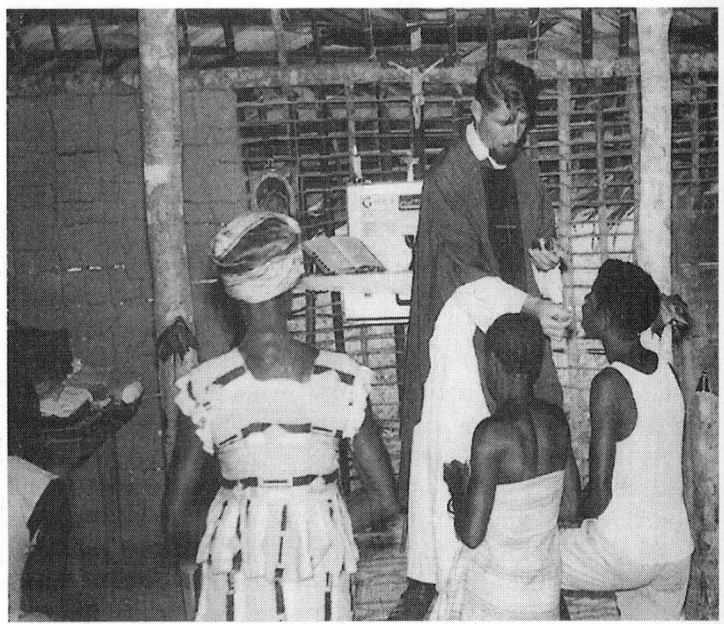

Pater Bormann erteilt die Kommunion (Kongo 1963)

wohl zerbrochen. Aber das praktizierte Christentum dieser Bergbauernfamilie ohne große Sprüche hat mich gerettet und mir meinen Weg in die Zukunft gewiesen.

So wie ich damals in Feldafing den Vater gefragt hatte: »Was ist Nationalsozialismus?«, so fragte ich nun den Querleitner: »Was ist Christentum?« Und der sagte in seiner trockenen Art: »Mei, Bua, da gehscht zu die Patres von Maria Kirchental. Die könne dir des besser ausdeutschen!« Das taten sie dann auch. Der Querleitner aber lebte es mir täglich vor. Als ich ihm eines Tages beim Heuen auf dem Berg gestand, wer ich eigentlich bin, sagte er nur: »Is scho recht, Bua. Aber die Weiberleit' sag'n mir nix. Die kenna nia des Mei halten.« – So begann mein Weg zurück zu Gott.

Unser erstes Feldafinger Klassentreffen fand erst 50 Jahre nach der Trennung in Steinach statt – am Himmelfahrtstag 1995 in Würzburg. Denn erst nach der Wende konnten die Kameraden dazustoßen, die in der DDR gelebt hatten (und die waren in unserer Klasse überproportional vertreten). Ein Jahr später trafen wir uns in Bernried am Starnberger See, also im Dunstkreis von Feldafing, und 1997 in Leipzig. Erst bei diesen Treffen erfuhr ich, wie es unseren »Ostlern« nach dem Krieg ergangen war. Acht waren jahrelang in Rußland verschleppt gewesen, einer hatte acht Jahre im berüchtigten Gefängnis Bautzen verbracht. Aber auch einen unserer »Westler« hatte es hart getroffen. Er war nach der Kapitulation von US-Soldaten gefangen genommen und dann an die Briten überstellt worden, die ihn zu zwei Jahren Zwangsarbeit verurteilt hatten.

Wenn ich ein Fazit meiner Feldafinger Zeit aus heutiger Sicht geben soll, fällt mir folgendes ein: Ich bin dankbar, daß ich in Feldafing selbständig denken gelernt habe und ein relativ richtiges Gesamt-Weltbild bekam. Und daß wir ethisch nicht verformt worden sind. Von meinen Kameraden haben alle den Nationalsozialismus als das erkannt, was er ist: als unvereinbar mit dem Menschenbild der Deklaration der Menschenrechte. Und keiner von ihnen ist in der DDR ein Funktionär der (anderen) Parteiideologie geworden.

Als ich 1958 im Rahmen meiner Primiz zum erstenmal zu einem Treffen früherer Feldafinger Jahrgänge eingeladen worden war (ich hatte meinen Provinzial gefragt, ob ich hingehen dürfte, und er hatte gesagt: Du mußt sogar, das ist ein Auftrag), da fand ich zu meinem Erstaunen, daß zwar einige noch Suchende und andere Christen geworden waren – aber da war keiner, der noch Nationalsozialist gewesen wäre. Das heißt, wir hatten doch soviel gelernt, um uns selbständig mit der Vergangenheit auseinanderzusetzen, ohne an ihr zu zerbrechen. Und wir hatten gelernt, die richtigen Konsequenzen zu ziehen. Das gibt mir auch die Kraft für meine Arbeit heute.

Ob ich den Weg zum Christentum ohne Feldafing, ohne den Umweg über den Brenner zum Querleitner-Hof, gefunden hätte – wer will das beantworten? So bin ich nun mal geführt worden…

Die »Parkvilla« – ehemals »Ernst-Röhm-Haus« in Feldafing

Tageslauf an der Reichsschule Feldafing
(aus G. Wagner: Die Fahne ist mehr als der Tod)

5.30	Wecken. Anschließend Matratzen-ausklopfen
6.00	Fertigmachen zum Morgenappell
6.15	Morgenappell
6.30	Frühstück
6.45	Raustreten zum Abmarsch zum Unterricht
7.00	Unterrichtsbeginn
12.30	Ende des Unterrichts. Rückmarsch zur Parkvilla
13.15	Mittagessen
14.00–15.30	Mittagsruhe
15.45	Kaffee
16.00–17.30	Schulappell und Begrüßung durch den Schulleiter auf dem Sportplatz
17.30–18.30	Exerzierdienst
19.00	Abendessen
ab 19.30	Freizeit, Waschen, Baden
20.30	Abendrunde
21.00	Licht aus

Ab Anfang 1942 wurde die wehrsportliche Ausbildung der Jugend auf Befehl des »Führers« verstärkt. In der »Schule des Führers« in Feldafing wurde Schießen zum Hauptfach erklärt, der Geländesport auf die Erfahrungen des Ostfeldzugs ausgerichtet.

1942: Die sechzehnjährige
Hertha kommt in die Napola
Achern

1998: Hertha von
Bergh hilft Rußlanddeutschen,
Fuß zu fassen

Hertha von Bergh

»Eine deutsche Erziehung:
Vom Pietisten-Internat über die
Klosterschule zur Reichsschule SS«

D*ie Apothekers-Tochter Hertha von Bergh,
1926 in Achern bei Baden-Baden geboren, hat
eine ungewöhnliche Erziehung hinter sich: Nach der Volksschule
besuchte sie die streng pietistisch ausgerichtete Schule der Herrnhuter Brüder in Königsfeld. Danach schickten die Eltern sie in
die Klosterschule der Ursulinerinnen in Freiburg. Als sie mit 16
jede weitere Disziplinierung verweigerte, unternahm ihre Mutter
einen letzten Versuch und meldete die Tochter in der gerade ge-
gründeten Reichsschule SS in der Illenau an, einer von drei »Napolas für Mädels«. Und ausgerechnet dort wurde Hertha von
Bergh zur Vorzeigeschülerin. Dort lernte sie auch, daß es wertes
und unwertes Leben gebe. Aber von Vernichtungslagern und
Kriegsgreueln drang, wie sie sagt, nichts hinter die Mauern der
NS-Eliteschule. Ordnungssinn und Selbstdisziplin bestimmten
von da an das Leben der Hertha von Bergh; das mütterliche musische Erbe – sie entstammt der Berliner Künstlerfamilie Fechner – trat zurück. Wie dieses Phänomen zustandekam, erzählte
sie sachlich und unsentimental im schwäbischen Meßstetten, wo
sie mit ihrem zweiten Mann, einem ehemaligen Bundeswehrgene-
ral, lebt. Ihn hatte sie 1977 geheiratet, ohne zu wissen, daß auch
er in seiner Jugend nationalsozialistisch erzogen worden war – in
der Reichsschule Feldafing.*

Hat mich die Erziehung in der Reichsschule SS in Achern
nachhaltig beeinflußt? Diese Frage habe ich mir seit 1945
immer wieder gestellt. Es ist für mich die entscheidende Frage

meiner Entwicklung geblieben. Es gibt ja heute Soziologen, die behaupten, daß eine Erziehung im nationalsozialistischen Sinn noch Auswirkungen auf Kinder und Kindeskinder habe. Das halte ich für übertrieben. Aber was mich betrifft, so muß ich zugeben, daß ich eine der qualvollsten Situationen meines Lebens nur bestehen konnte, weil ich gewisse Überzeugungen und Parolen des Nationalsozialismus verinnerlicht hatte.

Es fällt mir nicht leicht, darüber zu reden, denn es geht um das Schicksal meiner zweitältesten Tochter. Sie kam 1949 als sogenanntes Blue Baby zur Welt, das heißt, sie hatte ein Loch in der Herzzwischenwand, was damals noch nicht zu operieren war. Außerdem hatte sie eine geschlossene Schädelfontanelle und drei gespaltene Halswirbel.

Der Professor, der mein Kind untersuchte, sagte mir ganz offen, daß es höchstens drei Monate überleben würde, und gab mir den Rat, keine medizinischen Experimente zuzulassen. Meine Verzweiflung war grenzenlos. Ich war 22 Jahre alt, lebte in sehr beengten Verhältnissen und hatte ein todkrankes Kind zur Welt gebracht. Aber ich hatte auch eine gesunde, einjährige Tochter. Der, so beschloß ich, wollte ich meine ganze, ungeteilte Kraft und Liebe geben. Das sagte ich auch der Ärztin der Kinderklinik, in der ich meine Tochter zunächst ließ. Ich sagte, ich könne meine Kraft nicht an zwei Stellen verbrauchen.

Nach einem Vierteljahr habe ich mein krankes Kind dann doch zu mir genommen. Kurz danach starb es an den Folgen einer Erkältung. Meine Eltern hatten an diesem Abend auf die Kinder aufgepaßt und meinen Mann und mich ins Kino geschickt. Als ich der Ärztin den Tod meines Kindes mitteilte, sagte sie mir haßerfüllt ins Gesicht: »Jetzt haben Sie ja, was Sie wollten.«

Noch Jahrzehnte danach habe ich mich gefragt, ob die Ärztin vielleicht recht hatte. Natürlich wollte ich nicht den Tod meines Kindes. Aber ich gebe zu, daß ich unendlich erleichtert war, so als ob ich aus einem Alptraum erwacht wäre. Und ich glaube noch heute, daß es nicht richtig ist, jedes Leben um jeden Preis mit Hilfe des technischen Fortschritts zu erhalten.

Diese Einstellung habe ich in der Reichsschule SS vermittelt bekommen. Natürlich wußte ich 1949 längst, zu welch grausamen Konsequenzen der zynische Nazibegriff vom »lebensunwerten Leben« geführt hatte. Aber ich hielt damals mein krankes Kind auch nicht für »leben*unwert*«, sondern für »lebens*unfähig*«, das heißt unfähig, jemals sein Leben zu bewältigen. Und ich war und bin der festen Überzeugung, daß der liebe Gott in dieser Hinsicht gnädiger ist als die Menschen mit ihren oft unmenschlichen technischen Möglichkeiten. Jedenfalls habe ich den Tod meiner Tochter damals ohne Schuldgefühle akzeptiert, und das war sicherlich auf meine Erziehung in der Reichsschule SS zurückzuführen. Den Schmerz und die Trauer, mit denen ich heute an meine Tochter zurückdenke, kann mir dennoch niemand abnehmen.

Ich hatte eine sehr schöne, unkomplizierte Jugend in einem liberalen Elternhaus. Nach der Volksschule bin ich in Achern ins Realgymnasium gegangen. Als sich Anfang 1939 der Zweite Weltkrieg ankündigte – wir wohnten ja ganz nah am Westwall und ahnten die Entwicklung etwas früher –, beschloß meine Mutter, mich nach Königsfeld auf die Schule der Herrnhuter Brüder zu schicken. Dort traf ich auf eine fürchterlich enge, durch und durch pietistische Atmosphäre, von der ich mich abgestoßen fühlte. Mein Elternhaus war zwar evangelisch, aber ohne jegliche Enge und Dogmatik. In meinem überwiegend katholischen Heimatort hatte uns häufig der katholische Pfarrer besucht. Ich war in den katholischen Kindergarten gegangen und hatte mich, weil ich dann mein schönstes Kleid anziehen durfte, leidenschaftlich gern an der Fronleichnamsprozession beteiligt.

In meiner Familie mütterlicherseits – den Fechners (Maler und Schriftsteller) – gab es drei jüdische Tanten, die im Dritten Reich emigrieren mußten. Mein Onkel, der Bildhauer Peter Fechner, weigerte sich, sich von seiner jüdischen Frau scheiden zu lassen und ging mit ihr nach Shanghai. Zwei Cousins von mir wiederum waren stark in den NS-Apparat involviert: einer war Staatsanwalt beim Volksgerichtshof, der andere ein »hohes Tier« in der Reichsjugendführung. Für mich war es deshalb schon als Kind völlig normal, daß bei uns die politischen Extreme aufeinandertrafen.

Erst in meiner Realschulzeit bekam ich einen kleinen Vorgeschmack auf die Rassenpolitik der neuen Machthaber, als sich der Vater meiner Freundin bei meinem Vater verabschiedete, weil er ins Ausland zog. Ich fragte meinen Vater, was denn los sei und hörte von ihm: »Weißt du, der Dr. Weinsheimer ist Jude, und er fühlt sich bei uns nicht mehr wohl.« Über die Hintergründe ist auch in meinem Elternhaus nie konkret gesprochen worden. In der katholischen Klosterschule in Freiburg, die ich danach besuchte, hatten wir ein jüdisches Mädchen, Ursula Freudenberg, das den »Gelben Stern« tragen mußte. Sie wurde von den Lehrerinnen und von uns ganz normal behandelt. Wir hatten ein ganz unverkrampftes Verhältnis zu ihr, aber das war wohl nur in einer konfessionell ausgerichteten Schule möglich, wo die stillschweigende Übereinkunft herrschte, daß Juden nichts Minderwertiges sind.

In der Herrnhuter Schule in Königsfeld bin ich bis zur Konfirmation geblieben. Dann war für mich das Maß an Gängelei voll, und ich streikte. Meine Eltern schickten mich deshalb nach Freiburg in eine Klosterschule der Ursulinerinnen, wo ich die Mittlere Reife machte. Aber auch dort gefiel es mir nicht so recht, und ich beschloß, überhaupt erst mal mit der Schule auszusetzen. Meine Mutter war verständig genug, mir Trotzkopf nachzugeben und sagte: »Gut, jetzt mach mal erst ein Jahr lang Pause von der Schule, und dann werden wir weitersehen!«

Ein glücklicher Zufall wollte es, daß um diese Zeit, 1942, in Achern die Reichsschule SS als eine der drei »Napolas für Mädels« gegründet wurde. Sie fand ihren Platz in den weitläufigen Anlagen der ehemaligen Pflegeanstalt Illenau, die seit einiger Zeit leerstanden. Ein weiterer Glücksumstand war, daß meine Mutter die Leiterin dieser NS-Eliteschule kannte und ihr von ihren Sorgen mit der schulunwilligen Tochter erzählte.

Eine von drei Napolas für Mädels: Die Illenau in Achern

Die Leiterin, eine exzellente Pädagogin, meinte, sie würde mir die Schule schon wieder schmackhaft machen. Was ihr dann auch gelungen ist.

Ich habe erst später gemerkt, daß ich für diese Lehrerin mit meiner schulischen Vergangenheit – erst pietistisches Internat, dann Klosterschule – ein besonders reizvolles Objekt war, um die Überlegenheit des neuen politischen Erziehungsgedankens auszuprobieren. Das Resultat war für mich und meine Eltern sehr erfreulich: Aus einer eher schlechten bis mittelmäßigen Schülerin ist eine sehr gute geworden. Aus Freude am Schulsystem und der ganzen Art, wie in der Illenau gelehrt wurde.

Dabei hat mich der politische Charakter dieser Schule nicht gestört. Man war es damals ja vom BDM, also dem »Bund Deutscher Mädel«, gewohnt, daß die Dinge allesamt politisch ausgerichtet waren. Unsere Schule stand, wie alle Napolas, unter der obersten Leitung von SS-Obergruppenführer August Heißmeyer und seiner Partnerin, der Frauenführerin Gertrud Scholtz-Klink, der wir im übrigen, als sie ein Kind bekam, Babysachen strickten. Daß die SS ihre Finger im Spiel hatte, merkte man bei uns nur am Besteck, auf dem »Reichsschule SS« stand. Ansonsten trugen wir die übliche BDM-Uniform ohne irgendeinen Zusatz.

Die Zusammensetzung der Schule war in jeder Weise unüblich. Wir waren etwa 75 Mädchen, die in Züge, wie die Klassen in den Napolas hießen, aufgeteilt waren. Auf dem Riesengelände gab es auch noch etwa 25 Jungen, die mit uns aber kaum Kontakt hatten. Die meisten Mädchen kamen aus Südtirol und stammten von Eltern, die vor dem Krieg in der Frage der Staatsangehörigkeit für Deutschland votiert hatten. Aber ein Teil der Mädchen kam auch aus Colmar-Berg, wo im Großherzoglichen Schloß von Luxemburg eine andere »Napola für Mädels« gegründet worden war. Einige Mädchen waren Volksdeutsche aus den inzwischen besetzten Ostgebieten. Wir waren ein wahres Völkergemisch, das im Sinne der neuen Zeit erzogen werden sollte. Die Südtiroler Mädchen trugen ihre Trachten, den Tälern entsprechend, aus denen sie kamen. Und wir waren von diesem schönen Gewand so begeistert, daß wir uns ihnen gleich anpaßten und wann immer es ging statt der BDM-Uniform die Tracht trugen.

An der Schule herrschte ein sehr angenehmer und legerer Umgangston. Ich fühlte mich vom ersten Augenblick an wohl. Diese Form der freiwilligen Disziplinierung behagte mir sehr, und ich habe das Gefühl, daß ich ihr bis heute viel verdanke. In der Illenau war es zum Beispiel üblich, daß die Erzieherin bei Klassenarbeiten den Raum verließ, weil sie sicher sein konnte, daß nicht abgeschrieben wurde.

Welch ein Gegensatz zum Internat in Königsfeld! Dort durften wir weder beim Essen sprechen noch nach dem Abendsegen auf dem Weg in den Schlafsaal und schon gar nicht im Bett. Wer dagegen verstieß, mußte Bibelstellen auswendig lernen und durfte erst danach ins Bett. Die Erziehung dort war so strikt, daß mir das Leben in der Illenau geradezu liberal vorkam. Dort konnte man sogar mal eine Hausaufgabe vergessen haben, ohne deswegen bestraft zu werden. Man hat uns dort nicht als unmündige Schülerinnen behandelt, sondern vielleicht schon ein wenig nach unserer späteren Aufgabenstellung im Reich.

Ich habe heute schon das Gefühl, daß die pietistische Schulausbildung in Königsfeld nicht schlecht war; sie war nur ein wenig antiquiert. Dort hieß es: »Kontrolle über alles«, hier in Achern überzeugender: »Abschreiben ist eurer nicht würdig«. Kein Wunder, daß mir das besser gefiel.

In der Illenau schliefen die Mädchen zu fünft oder zu siebt in großen Räumen. Ich hatte eine Ausnahmegenehmigung und durfte abends nach Hause fahren. Wir siezten die Erzieherinnen und wurden von ihnen geduzt und mit Vornamen angeredet. Der Tagesablauf war natürlich streng reglementiert. Vom Wecken in der Früh über das Frühstück bis zum vormittäglichen Unterricht. Am Nachmittag machte man gemeinsam Hausaufgaben und hatte dann Freizeit, in der man sogar in die Stadt gehen konnte. Der wehrpolitische Unterricht wie bei den Jungen fiel bei uns weg, Geländespiele oder »Schnitzeljagden« waren aber üblich.

Da viele der Südtiroler Mädchen sehr religiös aufgewachsen waren, durften sie am Sonntag in die Kirche gehen und machten auch eifrig Gebrauch davon. Ich glaube aber, daß sie mit fortschreitender Kriegsdauer dann doch etwas nachlässiger wurden. Man hat ja an unserer Schule nicht viel Wert auf Religiosität gelegt, um es mal so auszudrücken.

Unter uns Mädchen bildeten sich bald echte Freundschaften, die auch nach dem Krieg anhielten. Ich hatte eine Freundin aus dem Pustertal, der ich noch lange schrieb. Eine andere – Lotte – hat später einen englischen Offizier geheiratet und lebt in seiner Heimat. Sie gehört übrigens zu den wenigen Klassenkameradinnen, die heute unsere Zeit in der Reichsschule SS sehr kritisch sehen und sie komplett ablehnen.

Ich weiß, daß es gerade für mich, die die Enge der beiden Internatsschulen zuvor so bedrückend empfunden hatte, eigenartig klingt, daß ich mich in der Illenau wohl gefühlt habe. Aber ich schätze, daß jeder wußte, wo seine Grenzen sind und auch, wo seine Rechte liegen. Ob die Mädchen nun von reichen oder armen Eltern stammten, spielte bei uns keine Rolle. Die Eltern armer Mädchen zahlten kein Schulgeld, meine Eltern natürlich schon.

Unsere Erziehung bestand aus zwei Strängen. Einmal war sie darauf ausgerichtet, aus uns gute Mütter und Hausfrauen zu machen, deshalb lag der Schwerpunkt auf rein femininen Tätigkeiten. Zum anderen wurden wir auf berufliche Leistung im Sinne des Nationalsozialismus getrimmt.

Ich selbst wollte Humangenetik studieren. Daraus ist dann schließlich nichts geworden, weil wir als Angehörige der Reichsschule SS nach dem Krieg nicht studieren durften. Außerdem hatten wir in unserem Zug in den letzten Kriegsmonaten kaum noch einen geordneten Lehrbetrieb und hätten das Abitur nachmachen müssen. Es ging ja alles drunter und drüber. Als die Front Anfang 1945 im Westen immer näher kam, wurden wir jeden Morgen an den Westwall gekarrt und mußten Panzer- und Splittergräben ausheben. Mein Freund meinte nach der Kapitulation, ich solle die Dinge lieber ruhen lassen, weil man bei der französischen Besatzungsmacht nur schlafende Hunde wecken würde. So kam es, daß ich meinen Lieblingswunsch, zu studieren, sausen lassen mußte und statt dessen bald darauf geheiratet habe.

Die Illenau war zu Kriegsende vollgestopft mit »Displaced Persons«, die in den Wirren der ersten Nachkriegswochen dort hausten und von der Besatzungsmacht unterstützt wurden. Die Südtiroler Mädchen sind, soviel ich weiß, alle rechtzeitig in ihre Heimat zurückgekehrt. Es gab jedoch auch Kameradinnen aus der Umgebung, die als ehemalige Illenauer sehr schlimme Erfahrungen mit den neuen Machthabern gemacht haben. Ich wiederum hatte Glück, denn in unser ausgebombtes Haus wurde ein Franzose eingewiesen, der uns schützte und der mich an die Krankenstation vermittelte, die inzwischen in der Illenau aufgemacht worden war. So habe ich diese schreckliche Zeit verhältnismäßig gut überstanden.

Aber auch wenn wir den Krieg gewonnen hätten, wäre mein Berufswunsch – das Studium der Humangenetik – wohl nicht aufgegangen. Unsere Schule war ja, wenn auch modifiziert, genauso wie die Napolas für Jungen darauf ausgerichtet, für den parteipolitischen Führungsnachwuchs zu sorgen. So waren die einzelnen Fächer natürlich doch politisch im NS-Sinn geprägt. Eine Deutschstunde war eben nationalpolitisch ausgerichtet. Und von uns erwartete man, daß wir später in den eroberten Gebieten, im Baltikum und im Warthegau, siedlungspolitische Aufgaben übernehmen würden. Das Reichssiedlungsamt der SS hatte sehr konkrete Vorstellungen darüber, was wir tun sollten. Also entweder ganz Frau und Mutter werden oder aber im Warthegau etwa in den zu errichtenden Stützpunkten die neuangesiedelten Menschen leiten und formen, im Sinne des Nationalsozialismus natürlich.

Meine Lieblingsfächer damals waren Deutsch, Geschichte und Biologie; mit Physik, Mathematik und Latein hatte ich so meine Probleme. Der Wert unserer fachlichen Ausbildung lag wohl darin, daß wir den ganzen Tag zusammenlebten und das Wissen sehr kompakt auf uns niederprasselte.

Unter den Erzieherinnen gab es natürlich wie überall verschiedene Typen und Temperamente. Aber ich erinnere mich nicht, daß sie besonders scharf gewesen wären. Prügel waren verpönt, wer nicht spurte, dem versuchte man durch Überzeugung klarzumachen, was man von ihm erwartete. Man hat uns deutlich gesagt, daß wir unsere genetischen und sonstigen Gaben, für die wir nichts könnten, in Leistung umzusetzen hätten. Wenn einer das Angebot, das uns der Staat mit dieser Schule machte, nicht annahm, dann war er einfach unwürdig. Es gehörte sich nicht, daß man in dieser Schule als Faulpelz saß. Das bekamen wir sehr deutlich zu spüren.

Wenn unsere Südtiroler Kameradinnen nach den Ferien aus ihrer Heimat wieder in die Schule zurückkehrten, waren wir manchmal ein bißchen neidisch auf die tollen Fahrräder ohne Freilauf, die sie aus Italien mitgebracht hatten. Für den Ort waren wir ein belebendes Element, organisierten nicht nur Kaffeekränzchen für die ärmeren »Volksgenossen«, wie es damals hieß, sondern beteiligten uns im Sommer auch an den Ernteeinsätzen. Und als hochnäsig galten wir schon gar nicht, dafür waren gerade die Südtirolerinnen und die volksdeutschen Mädchen viel zu nett und leutselig.

Mit den Jungen in der Illenau hatten wir kaum Berührungspunkte. Wir waren ja mit unseren 16, 17 Jahren viel älter als die »Jungmannen«. Gut, wir hatten täglich unsere gemeinsamen Fahnenappelle, und wir flachsten wohl miteinander. Aber die Jungen hatten eine viel zielgerichtetere wehrpolitische Ausbildung als wir.

Wir Mädchen schwärmten natürlich auch für irgendwelche »Heldengestalten«. Einige von uns für Filmschauspieler wie Albert Matterstock, doch unser Vorbild war »der kämpfende Soldat«, speziell der SS in der Leibstandarte Adolf Hitler. Witze über Parteigrößen haben wir uns schon mal erlaubt, aber seltsamerweise nie über den »Führer«. Wir hatten auch Patenschaften mit Fronteinheiten, und wenn uns SS-Offiziere besuchten, die uns von ihrem Frontkampf berichteten, mag wohl bei manchem Mädchen der Wunsch aufgetaucht sein, einen solchen forschen SS-Offizier einmal zu heiraten.

Es kam sehr auf das Elternhaus an, wie stark man sich an der Schwärmerei für das damalige Regime beteiligte. Von den Südtirolerinnen sind die einen nach der Rückkehr in die Heimat ganz italienisch geworden, die anderen haben sich bewußt auch weiterhin als Deutsche in Südtirol empfunden. Und wenn ich heute an die Kameradinnen denke, fallen mir einige ein, die diese Zeit in der Illenau komplett verdrängt haben und sich davon auch distanzieren. Aber ich halte es für läppisch zu sagen, es war alles schlecht, und jetzt bin ich Engländerin, wie es meine ehemalige Freundin Lotte tut, die einen englischen Offizier geheiratet hat.

Bei den Treffen der Ehemaligen in Norddeutschland bin ich

eigentlich nie dabei. Man hat mir aber erzählt, daß kürzlich meine Freundin Ilse aus der ehemaligen DDR da war. Sie berichtete, daß sie wegen der Reichsschule SS in der DDR keinerlei Schwierigkeiten bekam. Sie hat sich übergangslos vom NS- ins kommunistische System einfügen können.

Sprachprobleme gab es bei uns trotz der Vielzahl der Völkerstämme nicht. Denn auch die Volksdeutschen sprachen damals, wenn auch nicht dialektfrei, ein einwandfreies Deutsch. Der Sinn der nationalsozialistischen Erziehung ergab sich durch den Unterricht fast von selbst. In Deutsch und Biologie wurden die nationalen und rassischen Tendenzen klug verpackt im Lehrstoff dargeboten. Aber da meine Mutter in der Frauenschaft war, mein Vater in der SA, wie es halt so üblich war, erschien mir bei aller Toleranz, die ich von daheim mitbekommen hatte, diese Erziehung als völlig normal und logisch. Hinzu kam, daß meine Noten immer besser wurden, und das sahen natürlich meine Eltern gern. Ich lief in der Reichsschule wie in einem Pulk mit, wurde mitgezogen und bekam das Selbstvertrauen zu sagen: »Das erwartet man von dir, und das kannst du auch!« Ich war zudem älter und reifer geworden gegenüber der Zeit in der Klosterschule, es war außerdem Krieg, und ich wußte, daß man keine Mätzchen machen durfte. Und ich hatte eine Schulleiterin, die den Ehrgeiz hatte, mich aus den Fängen meiner konfessionellen Fehlerziehung herauszuholen.

Unsere schulische Ausbildung war intensiver und kompakter als anderswo. Die Erzieherinnen hatten uns den ganzen Tag um sich und erkannten unsere Stärken und Schwächen schneller als in anderen Schulen. Insofern waren wir privilegiert und fühlten uns auch so. Aber sonst hatten wir keinerlei Sonderrechte. Im Gegenteil. Wir haben ja nicht nur Ernteeinsätze gemacht, sondern wurden auch in Munitionsfabriken geschickt, aber da hat sich keines der Mädchen gedrückt, obwohl auch mir im Januar 1945 klar war, daß der Krieg verloren war. Auch am Westwall buddelten wir bis zuletzt noch eifrig an Schützengräben herum. Dann wurde die Schule eines Tages geschlossen, und die Erzieherinnen sagten: »Mädle, geht heim!« Wir nahmen tränenreichen Abschied.

Die Erziehung im Dritten Reich war meine Kindheit. Sie hat mich geprägt, was Disziplin, Einsatzbereitschaft und kritisches Denken anbetrifft. Ich bin ohne Komplikationen aus der damaligen in die jetzige Zeit hineingeglitten, ohne dem Alten zu sehr anzuhängen oder es zu verdrängen. Gottlob bin ich damals nie in eine Situation gekommen, die mich mitschuldig gemacht hätte. Und durch meine gute schulische Ausbildung glaube ich schon, die Zusammenhänge der damaligen Zeit – im Guten wie im Bösen – zu erkennen.

Was im Dritten Reich geschah, kann sich meiner Meinung nach nicht wiederholen, und das ist gut so. Aber schlecht ist, wenn man das Gute von damals einfach unter den Teppich kehrt, und schlecht ist auch, daß die Jugend sich heute nicht mehr in das Klima der damaligen Zeit hineindenken kann. Sie wissen nicht, wie es damals dazu kam und was die Leute zu dieser Einsatzbereitschaft brachte, die allgemein vorhanden war. Erst wenn man die Dinge kritisch gegeneinander abwägt, kommt man zu den richtigen Erkenntnissen. Eine neue Denkweise ist ja nur haltbar, wenn sie nicht aufoktroyiert wird, sondern wenn man sie in einem Gärungsprozeß als gut erkannt hat.

Die Bewältigung des Lebens hängt, so glaube ich, nicht nur vom Geld ab, sondern auch von der inneren Standfestigkeit, die eine gute Erziehung vermittelt. Wenn ich einem Kind 15 Jahre lang seine Probleme aus dem Weg räume, kann ich nicht erwarten, daß es mit 16 diese Probleme auf einmal allein löst. Ich rechne der Erziehung in der Illenau hoch an, daß ich, fast im preußischen Sinn, gelernt habe, meine Pflicht zu tun, mich anzupassen und Leistung zu bringen.

Ein gütiges Schicksal wollte es, daß ich von den Greueln des Regimes nichts mitbekam. Wir hatten zwar in unserem kleinen Ort einen Spediteur, der als faul und unordentlich galt. Von dem hat man gesagt, daß er ins Konzentrationslager gekommen sei. Aber das sagte uns wenig. Natürlich war man in unserer Schule darauf aus, uns die Unterschiede und den Wert und Unwert der einzelnen Rassen näherzubringen. Und ich glaube sogar, wenn ich es recht bedenke, daß diese Erziehung bis heute in mir nachwirkt.

Meine drei Töchter sind völlig unbeeinflußt von meiner Erziehung im Dritten Reich aufgewachsen. Ich habe mit ihnen ganz offen über meine Vergangenheit gesprochen, wenn sie fragten: »Mutti, wie war das damals eigentlich?« Und ich wäre auch gar nicht in Versuchung gekommen, ihnen NS-Erziehungsideale unkritisch weiterzugeben. Dazu waren sie viel zu selbstbewußt und haben sich ein eigenes Weltbild erarbeitet. In den vielen Diskussionen, die ich nach dem Krieg mit meinen Töchtern über das Dritte Reich und meine Erziehung führte, habe ich nie Vorwürfe von ihnen gehört. Aber ich war auch liberal genug, um sie ihre eigenen Erfahrungen machen zu lassen. Meine mittlere Tochter etwa kümmert sich um diese Zeit überhaupt nicht, sie ist völlig unpolitisch. Und unser Enkel will, zum Leidwesen meines Mannes, der ja Berufsoffizier war, partout nicht in die Bundeswehr.

Als alle meine Töchter aus dem Haus waren und Berufe und Männer gefunden hatten, hat mir der Zufall einen neuen Lebenssinn gegeben. Vor sieben Jahren tauchte bei uns in Meßstetten kurz vor Weihnachten der erste Rußlanddeutsche auf. Er war Witwer mit vier Kindern. Als ich ihm Weihnachtsgeschenke mitbrachte, sangen sie mir das Lied »Alle meine Entlein« vor und zeigten mir das deutsche Gesangbuch der Großmutter. Heute betreue ich schon sechs Familien und bin glücklich, daß alle Arbeit gefunden haben. Wir konnten ihnen nicht nur mit Geld helfen, sondern auch, indem wir sie auf Behördengängen begleiteten. Denn obwohl sie die deutsche Sprache beherrschten, wußten sie nicht, wie bei uns die Alltagsprobleme bewältigt werden. Sie kamen aus einem autoritären Staatssystem, das ihnen alle Handlungen und Entscheidungen abgenommen hat. Und ich weiß ja aus den Erfahrungen meiner Jugend, wie schwierig es ist, sich einem absoluten System zu entziehen und später mit den Anforderungen absoluter persönlicher Freiheit fertig zu werden.

Besuch aus der Heimat: Frau Dutzler bei ihrem Sohn in der Ordensburg Sonthofen

Begann wieder mit dem Segelfliegen: Hans Dutzler im oberöster-
reichischen Schwanenstadt

Hans Dutzler

»Der preußische Drill auf der Ordensburg war für uns Österreicher manchmal recht hart«

D*er Müllerssohn und Hitlerjunge Hans Dutzler war zwölf Jahre alt, als er 1941 als einer der sechs Besten des Gaues Oberdonau von seiner Heimat Schwanenstadt in Oberösterreich auf die Ordensburg Sonthofen im Allgäu geschickt wurde. Dort und ab 1943 im mährischen Iglau gehörte er der Adolf-Hitler-Schule Chiemsee an, die vorwiegend aus Österreichern bestand. In den letzten Kriegswochen landeten die sechzehnjährigen Adolf-Hitler-Schüler über Wasserburg am Inn in der SS-Junkerschule Bad Tölz, wo sie einer Kampfgruppe der Waffen-SS angegliedert wurden. Nach sechsmaliger Gefangennahme durch die Amerikaner war Hans Dutzler am 18. Mai 1945 wieder daheim im idyllischen Schwanenstadt zwischen Mondsee und Linz.*

Den preußischen Drill auf der Ordensburg mit 1300 Kameraden hat der Oberösterreicher als hart, aber nicht als störend empfunden. »Meine Kinder, die täglich nach Wels und Vöcklabruck in die Oberschule fahren mußten, hatten mehr Streß als ich auf der Ordensburg«, meint Dutzler heute. Hakeleien mit den »reichsdeutschen« Kameraden wurden beim Geländespiel oder Boxkampf ausgetragen. Wenn man Dutzlers Schilderung glaubt, war's bis zuletzt geradezu idyllisch (die Auserlesenen wurden von weiblichem Servierpersonal bedient!).

Nur einen Nachteil sieht Dutzler heute in seiner Ordensburg-Zeit: Er durfte nach dem Krieg nicht studieren. So übernahm er von seinem Vater die Mühle und ließ seine Kinder studieren. Hans Dutzler lebt mit seiner Frau Helga auch nach dem Verkauf der Mühle in Schwanenstadt und hat im vorigen Jahr sei-

nen Lieblingssport aus der Ordensburg wieder aufgenommen –
das Segelfliegen.

Die Adolf-Hitler-Schulen waren durch einen unheimlich strengen Auslesemechanismus gekennzeichnet. Bei mir war es so,
daß im Ausleselager des HJ-Bezirks Vöcklabruck etwa hundert Pimpfe geprüft wurden und nur einige weiterkamen ins
Gau-Ausleselager Micheldorf. Dort waren wir schließlich 36,
von jedem HJ-Bezirk also nur zwei oder drei. Von diesen 36
wurden lediglich sechs ausgewählt für Sonthofen, und von diesen haben schließlich nur vier nach Jahresfrist die Schule überstanden.

In einem Artikel unseres Lokalblatts, der »Volksstimme«
vom 21. Juni 1941, den ich mir bis heute aufgehoben habe,
werden wir Oberdonauer Jungen der Adolf-Hitler-Schule so
vorgestellt: »Der malefizblonde Sohn eines Schmiedes aus
Krummau, der Sohn eines Bergarbeiters aus Alt-Aussee mit
dem schmalen, klugen, rassigen Langschädel und Hans Dutzler, aus Schwanenstadt, ein Müllerssohn.« Und in dem etwas
schwülstigen Ton jener Zeit endet der Artikel mit der Feststel-
lung: »Sie beweisen uns, daß die Partei nicht zu Unrecht so
viel Sorgfalt und Mühe darauf verwendet, diesen Führernachwuchs auf Herz und Nieren zu prüfen. Denn diesen Jungen
wird einst ein schönes und herrliches Erbe anvertraut sein.«

Wie man auch heute dazu stehen mag: Meine Eltern waren
damals sehr stolz, daß ihr Ältester mit zwölf Jahren in die
»Schule der Auserlesenen« nach Sonthofen kam. Die Frage,
wer einst die väterliche Mühle übernehmen würde, spielte
keine Rolle, da ich sechs Geschwister hatte und nach mir noch
zwei Brüder geboren wurden. Meine Eltern waren sowieso
schon seit dem »Anschluß« in der Partei. Ich selbst bin zwar
religiös aufgewachsen und 1940 in Schwanenstadt noch ge-
firmt worden, doch war diese Bindung nicht so stark, daß ich
in der NS-Schule Probleme bekommen hätte.

Nach dem einwöchigen Ausleseverfahren, in dem wir schulisch und sportlich auf Herz und Nieren geprüft worden waren, sind wir als österreichische Vertreter der Adolf-Hitler-Schule Chiemsee in die Ordensburg Sonthofen gekommen. Wir waren übrigens der letzte Jahrgang, in dem die Österreicher in ihren Zügen unter sich waren. Später hat man dieses Prinzip durchbrochen und die Pimpfe aus Nord und Süd bunt durcheinandergewürfelt, damit kein Lokalpatriotismus aufkommen konnte. Aber die Tatsache, daß ich immer »Landsleute« um mich hatte in diesem Riesenghetto von 1300 Zöglingen, hat mir die Anfangszeit in Sonthofen sehr erleichtert.

Dennoch war es für mich natürlich verwirrend genug. Alles war so ganz anders, als ich es von daheim gewohnt war. Aber es war auch wieder nicht so verwirrend, wie man es bei 1300 Schülern und Lehr- und Hauspersonal hätte annehmen können. Sonthofen war ja nur als Übergang gedacht, bis die einzelnen Schulen aus den verschiedenen Gauen ihre Ordensburgen gefunden hätten. Denn Hitler hatte bestimmt, daß wir nur in Neubauten mit nationalsozialistischer Architektur erzogen werden sollten. So geschah es denn auch, daß wir Weihnachten 1943 nach Iglau in Mähren übersiedelten, wo eine große Jugendherberge errichtet worden war. Aber gute zwei Jahre lang bin ich in dem gewaltigen Gebäudekomplex von Sonthofen aufgewachsen.

Wir sechs aus dem Oberdonauer Gau landeten im Bau B und wurden auf Viererstuben verteilt. Wir nahmen unsere verschiedenen Kleider in Empfang – außer der HJ-Uniform hatten wir ja auch eine Art Zivilkleidung einheitlicher Ausführung. Etwa die kurze Samthose mit grauem ärmellosem Pullover für den Sommer, einen blauen Pullover mit Überfallhose für den Winter.

Besonderen Eindruck machte auf uns die riesige Speisehalle mit dem herrlichen Panoramablick, wo an langen Tischen alle 1300 Jungen auf einmal verköstigt wurden. Zum Frühstück, zur Jause und zu allen anderen Mahlzeiten sind wir über die breiten Stufen im Gleichschritt in den Saal marschiert, wo jeder Zug seinen Tisch hatte und jeder Pimpf seinen Platz.

Der streng reglementierte Tagesablauf hat sehr dazu beigetragen, daß wir uns bald eingewöhnten. Wir wurden um sechs Uhr geweckt, dann war Stubenabnahme, um halb sieben Frühstück, und um sieben begann bereits die erste Unterrichtsstunde. Den ganzen Vormittag über hatte man die klassischen Fächer, von Chemie bis Mathematik, und bekam auch eine Jahresbeurteilung in schulischen Fächern, charakterlicher Bewährung und körperlichen Fähigkeiten. Die Beurteilung der geistigen Leistungen umfaßte Deutsch, Geschichte, Erdkunde, NSDAP, Biologie, Mathematik, Physik, Chemie, Latein.

Die Erzieher, die mit ihren Frauen in der Ordensburg lebten, waren wie auf jeder anderen Schule ganz verschiedenen Typs. Sie waren meist väterlich; wenn man Probleme hatte, konnte man mit ihnen reden. Es gab wie überall auch Erzieher, mit denen man nicht so gut auskam. Die Aufsicht bei Klassenarbeiten übernahm ein Pimpf vom Dienst, der dem Schulleiter gegenüber verantwortlich war.

Nach dem Mittagessen hatten wir Lernstunden, in denen wir unsere Hausaufgaben machten, dann kam der Sport in allen Variationen, von der reinen Turnstunde bis zu Geländeübungen, Radtouren, Segelfliegen oder auch Schießunterricht. Im Winter machten wir unter Anleitung des berühmten Anderl Heckmaier Skitouren. Wir konnten uns auch mal gruppenweise am Wochenende abmelden zum Zelten oder zu einer Bergwanderung. Man mußte nur dem UvD am Morgen Bescheid geben und bekam dann auch sofort seine Marschverpflegung für den Tag. Allein konnte man natürlich nie etwas unternehmen, dafür war man eben Teil eines Ganzen. Aber wir hatten durchaus unsere kleinen Freiheiten.

Vielleicht ist es jetzt an der Zeit, einige Widersprüche aufzuklären. Unser Schulführer Dr. Klüver schreibt, daß auf den Adolf-Hitler-Schulen Frauen keine Rolle spielten. Ich habe das ganz anders in Erinnerung. Unser »Englischlehrer« war eine Frau, und das Bedienungspersonal im Speisesaal und in der Küche bestand ebenfalls aus Frauen von Sonthofen und Umgebung. Wir wurden ja bei aller Härte und Disziplin der

Ausbildung doch auch wie kleine Könige behandelt. Klüver spricht auch von Kampfgesprächen, in denen zu einem bestimmten Thema zwei Kontrahenten kontrovers diskutierten, um unsere Rhetorik zu verbessern. An diese Gespräche kann ich mich nicht mehr erinnern. Nur noch an Nacherzählungen griechischer oder germanischer Heldensagen, wie es damals an allen Oberschulen üblich war.

Ein weiterer umstrittener Punkt ist das Berufsziel der Adolf-Hitler-Schüler. Man hört allgemein, wir sollten einmal den Parteinachwuchs stellen, und ich habe mir auch einen Artikel aus der »Volksstimme« vom März 1943 aufgehoben, in dem über unsere Schule gesagt wird, sie solle »ein glaubensstarkes, verantwortungsbewußtes politisches Führertum heranbilden«. Und später heißt es: »Der weitaus größte Teil der Adolf-Hitler-Schüler des ältesten Jahrgangs hat sich für die politische Führerlaufbahn entschieden, mit dem Ziel, im Osten aufzubauen.« Ich dagegen habe zu meiner Zeit in der Ordensburg Sonthofen und später in Iglau diese Forderung der Partei nie so direkt erfahren. Ich wollte ja auch nicht Parteifunktionär, sondern Maschinenbau-Ingenieur werden. Ob man mir das nach dem »Endsieg« tatsächlich gestattet hätte, weiß ich nicht. Aber ich vergleiche das heute mit dem Priesterseminar, wo man auch gern sieht, wenn der Zögling Priester wird, ihn aber dazu nicht zwingen kann.

Über unsere Benotung habe ich schon gesprochen. Sie war immerhin so maßgebend, daß man bei ungenügender Leistung die Schule verlassen mußte, was ja auch einigen meiner Kameraden passiert ist. Über das Leistungsniveau in den Adolf-Hitler-Schulen gibt wohl die Tatsache Aufschluß, daß ich nach dem Krieg in unserer Schwanenstädter Schule plötzlich einer der Besten war und nur Einser im Zeugnis hatte. Trotz dieser guten Noten durfte ich aber nicht studieren, weil in Oberösterreich und nur dort die Adolf-Hitler-Schüler vom Studium ausgeschlossen waren. (Meine Kameraden aus anderen Gauen und Bezirken haben alle studiert und teilweise beträchtliche Karrieren als Universitätsprofessoren, Staatssekretäre und Hofräte gemacht. Einer ist sogar Chef des Außenministeriums in Wien geworden.) Das finde ich heute noch ungerecht, auch wenn ich mit dem väterlichen Erbe als Müller recht glücklich geworden bin.

Am meisten hat mir in Sonthofen das Gemeinschaftsgefühl zugesagt. Wir haben wie Pech und Schwefel zusammengehalten. Dieser preußische Drill und die Disziplin waren für uns manchmal schon recht hart, besonders für uns Österreicher. Aber die Strafen – wie Strafexerzieren und der militärische Drill bei Verfehlungen – waren äußerst selten und ließen sich in der Gemeinschaft gerade unter Landsleuten leichter ertragen. Dieses bewußte Durcheinanderwürfeln der Norddeutschen mit den Bayern und Österreichern wurde ja erst einen Jahrgang nach uns praktiziert. Ich hatte das Glück, mit den fünf Kameraden des Auslesejahrgangs Oberdonau bis zuletzt zusammenbleiben zu können. Da entwickelte sich eine Freundschaft, die bis heute Bestand hat.

Das starre Reglement ist durch die Erfordernisse der Praxis sowieso immer wieder durchbrochen worden. Nicht alle Erzieher waren HJ-Führer. In Iglau etwa rekrutierte sich ein Teil unserer Lehrer aus den Erziehern des dortigen Gymnasiums. Und für Abwechslung vom täglichen Trott sorgten abends oft Veranstaltungen mit Künstlern aus München. In den Ferien – dreimal im Jahr – wurden wir bewußt angehalten, zu den Eltern nach Hause zu fahren. Ich durfte einmal sogar den Landeinsatz bei einem Bauern in Schwanenstadt abdienen. Und häufig hat mich auch meine Mutter in Sonthofen besucht. Also für Abwechslung war durchaus gesorgt.

Auch unser Verhältnis zum anderen Geschlecht war ziemlich unverkrampft. Wir hatten ja Tanzunterricht, und manche erste, unschuldige Liebe entwickelte sich daraus, auch wenn uns wenig Zeit dafür blieb. Im Biologie-Unterricht wurden wir eingehend über die Geschlechtskrankheiten aufgeklärt. Nach der Ideologie des Dritten Reiches wurde uns die Frau als etwas dargestellt, mit dem man nicht leichtfertig spielt. Verfehlungen gegen dieses Prinzip sind mir nicht untergekommen, ich habe auch nie von einem Vorfall homosexueller Liebe gehört, was man bei so vielen Jungen und so engem Kontakt eigentlich hätte vermuten können. Wir hatten lediglich einmal einen Bettnässer in unserem Zug, der dann die Schule verlassen mußte, nachdem man durch Monate hindurch eine Therapie versucht hatte.

Zwei Unterrichtsfächer gab es bei uns, die aus dem üblichen Rahmen fielen. Das war einmal die NSDAP-Geschichte und das Fach »Blick in die Welt«. Da lasen wir zum Beispiel englische Zeitungen und sollten uns damit einen Überblick verschaffen über die aktuelle politische Lage in der Welt. Zu diesen politischen Fächern kam natürlich ein rassenideologisch ausgerichteter Biologie-Unterricht, in dem die Mendelschen Gesetze eine große Rolle spielten. Unser Biologielehrer hatte eine Marotte, die er zu unserer Belustigung immer wieder vor uns ausbreitete: Er hatte das Nervensystem der Flagellaten (Geißeltierchen) entdeckt, und darin kenne ich mich heute noch in allen Einzelheiten bis zum Überdruß aus.

Über antisemitische Aktivitäten weiß ich wenig zu berichten. Von den Konzentrationslagern, der sogenannten Judenfrage und systematischen Vernichtung der Juden habe ich erst später erfahren. Das war bei uns in Sonthofen kein Thema, so seltsam das heute klingt. Sie dürfen aber nicht vergessen, daß wir ja in unserem Sonthofener Internatsidyll vom Krieg selbst und den fürchterlichen Auswirkungen auf die Zivilbevölkerung wenig mitbekamen. Damit wurden wir eigentlich nur dann konfrontiert, wenn wir in den Ferien daheim waren. Aber auch in Schwanenstadt sind die Kriegsjahre gottlob ruhig und glimpflich verlaufen.

An meine Zeit in Sonthofen und Iglau denke ich auch heute noch gern und mit positivem Vorzeichen zurück. Ich habe dort viel gelernt. Ob ich sie nicht missen möchte, kann ich nicht sagen, denn mir fehlt der Vergleich. Ohne Zweifel wäre ohne diese Periode mein Leben anders verlaufen, ich hätte studiert und mir damit einen Jugendtraum erfüllt. Denn auch nach dem »Endsieg« wollte ich ja studieren und einen technischen

Beruf ergreifen. Natürlich wäre damit auch eine Parteifunktion einhergegangen. Aber so oder so wäre ich primär Ingenieur geworden und erst in zweiter Linie ein politischer Funktionär. Doch so ist es halt anders gekommen.

In den letzten Kriegswochen 1945 bin ich von der Anstaltsleitung in Iglau nach Schwanenstadt geschickt worden, um ein Ausweichquartier für unsere Schule ausfindig zu machen. Dort erreichte mich dann der Befehl, nach Wasserburg am Inn zu fahren, wohin meine Kameraden ausquartiert worden waren. Ich kam am 14. April an und blieb eine Woche. Mit LKWs und Bahn gelangten wir schließlich in die SS-Junkerschule Bad Tölz. Wir wurden dort bewaffnet und in unseren HJ-Uniformen einer Kampfgruppe der Waffen-SS unterstellt, mit der wir über Lenggries nach Hinterriß marschierten. Dort erlebten wir bei einem Tieffliegerangriff unsere Feuertaufe, bei der einer meiner Kameraden fiel. Am 6. Mai 1945 kapitulierten wir, und zwei Wochen später war ich endlich wieder daheim.

Besonders gern denke ich an unsere Zeit in Iglau von 1943 bis 1945 zurück. Iglau war eine sehr lebhafte Kleinstadt mit etwa 30 000 Einwohnern und einem regen Kulturleben. Am dortigen Stadttheater haben wir sogar »Minna von Barnhelm« aufgeführt, mit mir als »Wirt«, die Frauenrollen hatten Iglauer Töchter übernommen. Unsere Adolf-Hitler-Schule war genauso modern eingerichtet wie in Sonthofen, nur war eben alles sehr viel kleiner und übersichtlicher (für 130 statt 1300 Schüler) und auch gemütlicher. Mit den Töchtern Iglaus hatten wir bei Tanzstunden und Kaffeehausbesuchen guten, wenn auch nicht immer innigen Kontakt. Wir waren jung und genossen unbeschwert vom kriegerischen Geschehen die Zeit, auch wenn alles um uns herum immer düsterer wurde. Ich habe in aller Ruhe Klavier- und Klarinettenunterricht genommen, und wir hatten bis zuletzt weibliches Küchen- und Servierpersonal, das uns bediente. Ich weiß noch, daß unsere tschechische Köchin in Tränen ausbrach, wenn sie uns mal nicht ausreichend verköstigen konnte.

Wir haben unsere Stellung dem Personal gegenüber nie ausgenutzt, auch wenn allgemein und offiziell die Frauen in den Adolf-Hitler-Schulen keine große Rolle spielten. Ich erinnere mich noch an einen Besuch der NS-Frauenführerin Gertrud Scholtz-Klink in Sonthofen. Wir waren im »Schönen Hof« angetreten, und der Leiter begrüßte den hohen Gast. Als Frau Scholtz-Klink sich aber anschickte, die Front abzuschreiten, ließ uns der Leiter kurzerhand wegtreten. Nach damaligem Verständnis konnte eben eine Frau nicht die Front abschreiten. Die Scholtz-Klink hat sehr verblüfft geschaut.

Zweifel am »Endsieg« kamen uns verhältnismäßig spät. Erst um die Weihnachtszeit 1944 und nach dem Scheitern der Ardennen-Offensive wurde uns klar, daß wir wohl nie das »schöne und herrliche Erbe« antreten würden, das uns in dem Artikel über unser Ausleseverfahren verheißen worden war. Wir diskutierten jetzt offen abends in der Stube die verfahrene Situation und waren sehr traurig. Aber dann ging es sowieso nur noch um die Rettung der eigenen Haut, bei der wir mehr Glück als Verstand hatten. Denn wir wechselten mehrfach ungewollt die Fronten, wurden von den Amis sechsmal gefangen und wieder freigelassen, weil sie uns für Pfadfinder hielten oder weil sie Mitleid mit uns abgerissenen Sechzehnjährigen hatten.

Als wir von Kitzbühel mit dem Kohlenzug nach Werfen fuhren, das noch von Deutschen besetzt war, waren wir plötzlich von Feldgendarmerie umstellt. Bei den »Kettenhunden« wollten wir nun wirklich nicht bleiben und nutzten ein Handgemenge zwischen ihnen und Landsern zur Flucht. Im Tunnel vom Paß Lueg hatte die SS zwei Loks aufeinanderprallen lassen. Während amerikanische Pioniere mit Schweißbrennern den Weg freimachten, kletterten wir sechs über die Lokteile hinweg ins Freie, in die Freiheit.

Von Konzentrationslagern erfuhr ich erstmals in den Ferien, weil zwei Schwanenstädter, der Postenkommandant und ein Doktor, für mehrere Wochen nach Dachau kamen. Darüber wurde natürlich viel geredet. Aber da der Postenkommandant später ein treuer Diener auch der neuen Herren wurde, war das bald kein Thema mehr. Und von Mauthausen oder gar Auschwitz habe ich erst nach 1945 erfahren.

. Immer wieder bin ich später gefragt worden, wie wir Österreicher denn mit dieser preußischen Disziplin zurechtkamen. Auch das war eigentlich kein großes Thema. Das konstante Heimweh war sowieso gemildert durch die Tatsache, daß wir bis zuletzt unter uns waren (nur die Niederösterreicher wurden aus arithmetischen Gründen mit den Bayern zusammengelegt). Natürlich haben wir uns mit den Berlinern oder Norddeutschen befehdet oder gehänselt. Aber das wurde dann bei einem Geländespiel oder einem Boxkampf geregelt – und die Aggression in geordnete Bahnen gelenkt. Auch unter unseren Erziehern gab es ja einige Österreicher, so daß das »Reich« nicht unbedingt Ausland für uns war. Und vergessen darf man dabei auch nicht, wie euphorisch damals ein paar Jahre zuvor von allen der »Anschluß« gefeiert worden war.

»Die Schule der Auserlesenen«
Aus: »Volksstimme« vom 12. 3. 1943, Linz

»Es kann keine größere Auszeichnung für einen Pimpfen geben, als auf die Adolf-Hitler-Schule berufen zu werden. Und auch seine Eltern dürfen mit Recht stolz sein, wenn ihr Sohn zu den wenigen Auserlesenen gehört. Denn der Bestimmung der Adolf-Hitler-Schule gemäß, ein glaubensstarkes, verantwortungsbewußtes politisches Führertum heranzubilden, das immer gering sein wird und muß, kann sie nur solche Jungen aufnehmen und auf Kosten der Partei erziehen und ausbilden, die schon als Zwölfjährige weit überdurchschnittliche charakterliche, geistige und körperliche Veranlagung zeigen. Hierbei läßt die Auslese Herkunft, Stand und Beruf der Eltern – nicht aber Erbgesundheit und Erbtüchtigkeit der Sippe – außer acht und gewährleistet damit das Heranwachsen eines Führernachwuchses, der aus allen Schichten des deutschen Volkes stammt... Den erzieherischen Auftrag von Elternhaus, Schule und Hitlerjugend übernimmt nun jedoch die Adolf-Hitler-Schule bei Eintritt des jungen Zöglings. Sie läßt dem Jungen in sechsjähriger, jetzt im Kriege auf fünf Jahre herabgesetzter Lehrzeit eine nach nationalsozialistischen Grundsätzen ausgerichtete umfassende Erziehung zuteil werden. Dem Adolf-Hitler-Schüler wird ein umfassendes Wissen vermittelt, von dem er durch eigenes Erarbeiten verständnisvoll Besitz ergreift.

Die Adolf-Hitler-Schüler sollen sich ihr Leben nach eigenen Gesetzen gestalten. Sie wissen, daß ein Gemeinschaftsleben ohne Kameradschaft und Disziplin, ohne Gehorchen und Befehlen undenkbar ist. Das Prinzip der Selbstführung, nach dem die gesamte Hitlerjugend aufgebaut ist, findet auch auf den Adolf-Hitler-Schulen seine Anwendung. Der Geführte soll langsam selbst zum Führenden werden, der Junge, der gelernt hat, zu gehorchen, soll auch selbst Befehle geben können. Die Zeit der Bewährung wird für den Adolf-Hitler-Schüler nie zu Ende sein. Das Leben wird gerade von ihm auf Grund seiner Erziehung und Auslese höchste Bewährung und selbstlosen Einsatz fordern. Der weitaus größte Teil der Adolf-Hitler-Schüler des ältesten Jahrgangs hat sich für die politische Führerlaufbahn entschieden mit dem Ziel, im Osten aufzubauen...«

Sommerferien 1944: Adolf-Hitler-Schüler Harald Scholtz mit seinen Eltern in Görlitz

Anerkannter Historiker: Prof. Scholtz gilt als *der* Spezialist für die NS-Ausleseschulen

Harald Scholtz

»Ordensburgen sollten Manager der Macht heranziehen«

Bei der Beurteilung der Adolf-Hitler-Schulen kommt Prof. Dr. Harald Scholtz, 1930 in Görlitz geboren, eine besondere Bedeutung zu: Der Historiker am Institut für Erziehungswissenschaften der Freien Universität Berlin (1971–1995) hat nicht nur das Standardwerk über NS-Ausleseschulen geschrieben, sondern er kennt die Materie auch aus erster Hand, war er doch von 1942 bis zur Kapitulation selbst Adolf-Hitler-Schüler in drei Ordensburgen (Vogelsang in der Eifel, Finstingen in Lothringen und Erlenbad bei Achern).

Mit elf Jahren wurde Scholtz im »Deutschen Jungvolk« Jungenschaftsführer und gehörte in einer »Jungbann-Führerschule« zu den zwölf Besten des Gaus Niederschlesien, die in die Ordensburg abkommandiert wurden. Scholtz studierte nach dem Abitur Geschichte in Berlin, Tübingen, Göttingen und Edinburgh. Er hat zwei Söhne und eine Tochter und lebt mit seiner Frau Luise in Berlin.

Was die erzieherische und auch ideologische Effizienz der Adolf-Hitler-Schulen angeht, ist Harald Scholtz sehr kritisch: »Die Ausbildung in diesen Eliteschulen war alles andere als perfekt«, erzählte er mir in einem ausführlichen Gespräch, »sie waren nicht in der Lage, eine essentielle politische Ausbildung auf die Beine zu stellen.«

Auch dem schulischen Standard der Adolf-Hitler-Schulen stellt Harald Scholtz ein schlechtes Zeugnis aus. Die Körpererziehung als Mittel zur Mentalitätsprägung sei überbetont worden. Man habe sich bemüht, die exklusiven Sportarten wie Segeln, Reiten, Motorsport zu forcieren, um sie nicht länger den

Napolas zu überlassen. Dagegen sei der Unterricht in Mathematik, Fremdsprachen, Chemie viel zu kurz gekommen.

Selbst organisatorisch habe vieles im argen gelegen. Beispiel: die Ordensburg Sonthofen. Obwohl sich alle Baumaßnahmen auf sie konzentrierten und ihr 1941 zehn Gauschulen mit insgesamt 1300 Schülern angehörten, konnte dort nicht einmal die Schwimmhalle fertiggestellt werden.

In der sportlichen Ausbildung wurden die Führungsaufgaben besonders betont. Die Rolle des politischen Führers war die des »Kämpfers« mit hohen soldatischen Leistungen. Im Lehrplan »Die Leibeserziehung an den Adolf-Hitler-Schulen« hieß es so deutlich wie schwülstig: »Das Ziel der Leibeserziehung ist das Bekenntnis zum Kampf als Ausdruck des elementaren Lebenswillens des Einzelnen wie der Gemeinschaft; sie weckt die Freude an der Schönheit des gesunden, harmonisch durchgebildeten Körpers und seiner natürlichen Bewegung und strebt somit zur vollkommenen Harmonie von Körper, Geist und Seele – sie ist lebendige Weltanschauung.«

Das lapidare Fazit des Historikers Harald Scholtz: »Durch die überdimensionierte Bedeutung der Körpererziehung erfüllten die Adolf-Hitler-Schulen die Erwartungen, die das Regime in sie setzte: einsatzbereite, leistungsbewußte, aber in Konflikten weisungsabhängige Manager der Macht heranzuziehen!«

Wie der Adolf-Hitler-Schüler Harald Scholtz damals diese Zeit erlebte, schildert er auf den folgenden Seiten selbst.

Bereits die Zehnjährigen wußten recht gut, daß die »große Zeit«, in die sie sich hineingeboren sahen, ihren Aktivitäten verlockende Betätigungsfelder bereitstellte. Ich erinnere mich dessen so genau, weil ich in diesem Alter einen guten Freund verlor, der als Nachkömmling aus einer Zollbeamtenfamilie nach dem Tod des Vaters den Weg nach Schulpforta fand, in eine Napola. Brennend gern wäre ich ihm gefolgt, denn Filme wie »Kadetten« oder auch »Kopf hoch, Johannes« sprachen damals die Fantasie der Jungen auch in der Provinz an. Meinen ersten deutlichen Berufswunsch hatte Willy Birgel mit »Reitet für Deutschland« stimuliert: Ich wollte Rittmeister werden. Doch meine Mutter verwies darauf, daß es ein größerer Vorzug sei, auf eine Adolf-Hitler-Schule zu kommen, nicht ahnend, daß sie ihrem Sohn damit den späteren Weg in eine solche Ausleseschule freigab.

Dieser Weg aber begann ohne Kenntnis des Zieles. Zwar hatte uns die Tätigkeit meines Vaters in der »Deutschen Arbeitsfront« zur Qualifikation der kaufmännisch tätigen Jugend die Broschüre »Der Weg zur Ordensburg« vom Leiter der Arbeitsfront, Dr. Robert Ley, zur Kenntnis gebracht, und mein ästhetischer Sinn war angesprochen von dem Foto der Ordensburg Vogelsang, doch war klar, daß sich niemand um die den Ordensburgen von Ley vorgeschaltete Ausbildung bewerben konnte. Mochte der Wunsch fortwirken, er wurde zugedeckt von den Anforderungen des Tages. Unser Fähnleinführer setzte kurz vor seiner Einberufung zum Kriegsdienst seinen Ehrgeiz darein, uns durch Exerzieren auf dem Schulhof der Görlitzer »Schlageter-Oberschule«, der ich angehörte, und durch Geländespiele zum besten Fähnlein des Jungbanns zu machen. Bei einem dieser Geländespiele fiel ich durch trotziges Aufbegehren gegen meine Gefangennahme auf und wurde schon als Elfjähriger »befördert«. Zusätzlich mögen Leistungen beim Reichssportwettkampf die Einsetzung als Jungenschaftsführer und die Versetzung zur Jungbann-Führerschule während der Schulferien veranlaßt haben, jedenfalls schloß sich an diese ein Ausleselehrgang im schlesischen Braunau an. Danach wurde es ernst: Wir hatten die Eltern davon zu informieren, daß zwölf von uns in der nächsten »Auslese« für eine Internatsschule ausgewählt würden, deren Besuch für uns gänzlich kostenlos sein sollte. Das Einverständnis der Eltern war einzuholen, und von ihnen war ein Ariernachweis zu liefern. Damit geriet ich in Verlegenheit, wußte doch meine Mutter so gut wie nichts von ihren Eltern. Freilich sollte die »Volksgemeinschaft« uneheliche Kinder nicht mehr benachteiligen...

Dem Handschlag mit dem auslesenden HJ-Führer, der sich zu meiner Verwunderung als Schulführer zu erkennen gab, folgte nicht die Aufnahme des Zwölfjährigen in die Adolf-Hitler-Schule Niederschlesien, sondern die erste große Reise meines Lebens, ins Hochlandlager nahe Bad Tölz. Dort nun die Überraschung, daß die Hälfte der Ausgelesenen unseres Gaues in eben jene Ordensburg Vogelsang kam, die ich auf dem Foto so bewundert hatte. Wir wurden der Schule »Westmark« zugeteilt und untergebracht auf dem stets zugigen Nordhang der Eifel, hoch über der Urfttalsperre und 900 Kilometer vom Elternhaus entfernt.

Sieben Grüppchen aus den entferntesten Teilen des Reiches, dazu ein Flame, bildeten die »Jahrgang« genannte Schulklasse. Fremdheit zwischen den Mentalitäten schärfte die Sinne für die großen Unterschiede in dieser Gruppe, die als den »Besten« zugehörig schwerlich wahrgenommen werden konnte. Wenige hatten bereits eine Oberschule besucht, einige waren ausschließlich in bestimmten Sportarten Könner, viele waren vom Idealbild der »nordischen Rasse« weit entfernt. Das Unterrichtsangebot ignorierte, daß einige schon zwei Jahre im Englischen unterrichtet worden waren. Alle begannen mit Latein als erster Fremdsprache (denn keiner kam aus einem humanistischen Gymnasium). Man paßte sich der im Lied dieser Schulen ausgedrückten Ideologie an: »Und keiner fragt, woher wir kamen, bei uns gilt nur der Kerl allein.« Doch Gespräche ließen die unterschiedlichen Prägungen durch die Herkunft erkennbar werden: die republikanische aus dem nahen Saarland, die protestantische aus Thüringen, die kühle Sichtweise des preußischen Offiziers…

Meiner Erinnerung hat sich eine Enttäuschung besonders eingeprägt: die des Hinweggehens über die von mir als schicksalhaft empfundene Goebbels-Rede zur Verkündung des totalen Krieges. Obwohl Nachtruhe war, blieb der Gemeinschaftsempfang eingeschaltet. Als die Rede endete, gab es unter den dreißig Adolf-Hitler-Schülern nur einen, der aus seinem Bett sprang und sich mitreißen ließ, die Nationalhymne mitzusingen. Eine ähnliche Erinnerung vom Juni 1944 fügt sich an, da ging es um die Invasion in der Normandie. Unser damaliger Scharerzieher, ein junger, kriegsversehrter Hauptmann, teilte uns die Nachricht nach seinem Kommando »Stillgestanden!« mit. Er wollte keine unangemessenen Reaktionen der Schüler auf das Wiederaufleben einer zweiten Front riskieren. Das Schicksal kam und wurde nicht kommentiert: »Stillgestanden!«

Irritierend war nicht allein, daß das erwartete »Gemeinschaftserlebnis« ausblieb, sondern mehr noch das höchst unterschiedliche Niveau unserer Erzieher im Unterricht, welche wir als »Stammerzieher« und damit der »Reichsjugendführung« zugehörig zu unterscheiden gelernt hatten von den »Gasterziehern«, dienstverpflichteten Lehrern, denen wir gleichwohl das in der HJ übliche Du in der Anrede entgegenbrachten. Beide Kategorien von Erziehern waren sich freilich in dem Bemühen einig, ihr Privatleben von Kontakten mit den Schülern trotz der Internatssituation zu isolieren; wir sollten auf uns allein gestellt bleiben. Nur der Werkunterricht ließ eine persönliche Beziehung zwischen Meister und Lehrling aufkommen. So war es für mich denn auch nicht verwunderlich, daß nach dem Krieg etliche Schulkameraden Berufen zustrebten, in denen sie durch diesen Unterricht Verhaltenssicherheit gewonnen hatten.

Ein vertrauensvolles persönliches Verhältnis kam eher zu den um einige Jahre älteren Schülern zustande, die den Jüngeren gegenüber Führungsfunktionen auf Zeit wahrnahmen. Wenn sie ihre Aufgabe nicht darin sahen, Drill und Unterwerfungsrituale einzuüben, wirkten sie als Vorbilder und konnten zu Leistungen anregen, die praktisch in jeder Hinsicht gefordert waren. Sinnfällig machten das die jährlich in Sonthofen stattfindenden Leistungswochen der Schulen.* Wer seine

---

* Ausführlicher dazu: Körpererziehung als Mittel der Mentalitätsprägung an den Adolf-Hitler-Schulen in: Sozial- und Zeitgeschichte des Sports, 3. Jg. Heft 1/1989; sowie mein Buch »NS-Ausleseschulen«, Göttingen 1973, S. 226 f.

Schule dort vertreten durfte, sollte nicht nur gut in den Unterrichtsfächern sein, sportlich vielseitig trainiert, musikalisch begabt und die Fähigkeit haben, mindestens ein Instrument zu spielen, sondern sollte auch an Schach und am Theaterspielen interessiert sein.

An den Älteren wurde freilich auch evident, wie die Schulzeit immer weiter schrumpfte. Führungsaufgaben bei Jungen in den Orten der Umgebung zu übernehmen, gehörte noch zum Ausbildungskonzept, aber das »Abkommandieren« zu Führungsaufgaben in den Lagern der sogenannten Kinderlandverschickung unterbrach die bestehenden Sozialbeziehungen und die Unterrichtung rigoros, nur zum Schein bestand beides während des vielmonatigen, jahrgangsweisen Einsatzes als Wehrmachtshelfer fort. Erst daran anschließend fand eine Abschlußprüfung statt. Auch das Abhalten des HJ-Dienstes in der Umgebung war nicht auf Dauer angelegt, erlebten wir in den zweieinhalb Jahren meiner Schulzeit doch einen dreimaligen Wechsel des Schulstandorts.

Das Kriegsgeschehen stellte sich uns als Bewährungsprobe im Universalmaßstab dar. Die Luftangriffe auf den Kölner Raum nahmen wir aus der Distanz der Eifel nur in ihrem schaurig-schönen Widerschein wahr. Durch das Abhören von »Feindsendern« muß uns wohl der offiziell verpönte Jazz in die Glieder gefahren sein, und obwohl wir von den drakonischen Maßnahmen gegen die »Swing-Jugend« wußten, ließen wir uns davon nicht abbringen. Im nachhinein hat mir die Kenntnis eines Liedes der »Edelweiß-Piraten« Rätsel aufgegeben, waren es doch »Stenze«, denen wir die abendlichen Überfälle auf Kameraden zuschrieben, die ihren HJ-Dienst abgehalten hatten. Eine Erklärung dafür sehe ich in der unbewußten Sympathie, die wir für nonkonformistische Überzeugungstäter aufbrachten. Schließlich war das offizielle Idol der Hitlerjugend jener Herbert Norkus, der in der heroisierten Kampfzeit für seine Überzeugung sein Leben gelassen hatte.

Die Privilegien des »Ausleseschülers« waren durch die Desillusionierung über die Gültigkeit so mancher nationalsozialistischen Ideale erkauft worden; »Unrecht schweigend zu ertragen« galt als von Hitler legitimiertes Erziehungsziel. Aber der Brutalität von Gewaltherrschaft wurde ich erst gegen Kriegsende ansichtig. Noch im September 1944 hatte ich in Lothringen gemeinsam mit marokkanischen Kriegsgefangenen einen Panzergraben ausgehoben, ohne Repressionen ihnen gegenüber wahrzunehmen. Doch als mir im April 1945 am Hohentwiel ein scharf bewachter Zug ausgemergelter Gestalten begegnete, die sich, ausgehungert, auf einen Korb mit Broten stürzten, habe ich mit Schrecken, aber auch nur stiller Empörung reagiert. Durch die offensichtlich unmenschliche Behandlung von KZ-Insassen war ich schon vorbereitet auf das Zusammentreffen mit gerade befreiten Dachauer Häftlingen in einer Scheune kurz vor dem 8. Mai 1945. Nach deren Anblick und Berichten konnte ich nicht mehr als Feindpropaganda abtun, was in den Bildberichten über Bergen-Belsen gleich nach Kriegsende bekannt gemacht wurde.

Das hatte nicht »mein« Staat getan, mit dem ich mich identifiziert hatte. Ihm konnte ich jetzt keine Träne nachweinen, wie ich es von meinem Vorbild Hitler in seinem Buch über das Ende des ersten großen Krieges gelesen hatte. Auszuhalten war nun die – gebremste – Brutalität der Gegenseite: das Ausrauben durch »Fremdarbeiter«, die Lässigkeit, mit der ein Amerikaner eine kleine Pistole an meine Schläfe setzte, die Drohung des Russen am damaligen Grenzfluß Mulde, mich zu erschießen, weil er noch mein Fahrtenmesser unter der Kleidung im Tornister gefunden hatte. Doch der von den Sowjets plakatierte Ausspruch Stalins schien eine Perspektive zu eröffnen: »Die Hitler kommen und gehen. Das deutsche Volk, der deutsche Staat bleibt bestehen.«

Hochdekoriert und unbeirrt: Max Klüver verteidigt bis heute den
pädagogischen Wert der Adolf-Hitler-Schulen

Max Klüver

»Ordensburgen erzogen eine Führungsschicht, die nicht herrschte, sondern diente«

G*anz anderer Ansicht als Harald Scholtz ist (natürlich) Dr. Max Klüver, der als ehemaliger Schulführer der Adolf-Hitler-Schule in Sonthofen und Leiter der Erzieher-Akademie (von 1937 bis 1941) wesentlichen Anteil am Aufbau der Ordensburgen hatte. Der HJ-Hauptbannführer, Jahrgang 1909, erlebte das Ende des Krieges als Oberstleutnant und Ritterkreuzträger. Klüver wurde als »Mitläufer« eingestuft (»Das war ich nie: Ich wußte, was ich tat«) und kehrte in den Lehrberuf zurück. Gemeinsam mit seiner Frau Gertrude, einer ehemaligen BDM-Führerin, baute er Hamburgs größtes Fremdspracheninstitut auf. Mit einigen seiner fünf Kinder, die der 68er Generation angehören, gab es oft hitzige Debatten, wie Frau Gertrude anmerkt. Klüver, der heute mit seiner Frau in Plön lebt, schrieb Bücher mit so bezeichnenden Titeln wie »Die Kriegstreiber. Englands Politik gegen Deutschland 1937–1939« und »Den Sieg verspielt. Mußte Deutschland den Zweiten Weltkrieg verlieren?« Er wird nicht müde, Propaganda für »seine« Adolf-Hitler-Schulen zu machen und verteidigt auf einem Tonband* vehement ihren Sinn und Zweck. Lassen wir daraus einige Kernsätze von Max Klüvers Weltanschauung und Pädagogik-Verständnis auf uns wirken.*

---

* »Die Adolf-Hitler-Schulen«, Heitz & Höffkes, Essen

Was war nach Ihrer Meinung das Wesen der Adolf-Hitler-Schulen?

»Es entsprach dem Führungsprinzip der Hitlerjugend: Jugend soll durch Jugend geführt werden. Dieses Prinzip wurde im täglichen Dienstablauf weitgehend verwirklicht. Das bedingt, daß die Erzieher in den Hintergrund traten... Hitler hatte angeordnet, daß die Schulen nur in Gebäuden untergebracht werden, die von der nationalsozialistischen Architektur geprägt worden waren.

Um keinen Territorial-Patriotismus aufkommen zu lassen, wurden ab 1942 die ausgelesenen Schüler (von der Ordensburg Sonthofen) auf alle Schulen verteilt.« *Auf den Einwand, vielfach sei der Eindruck entstanden, auf den Adolf-Hitler-Schulen sei die geistige Erziehung zugunsten der Leibeserziehung vernachlässigt worden, reagiert Klüver scharf:* »Ein Vorwurf des Anti-Intellektualismus und einer damit verbundenen Minderbemitteltheit ist völlig unberechtigt. Zwar wollten die Schulen nicht einen bestimmten intellektuellen Typus eines Stubenhockers erziehen, aber einen intelligenten Menschen. Die Waffen des Intellekts werden dieser Generation gegeben, und zwar die härtesten und schärfsten, hatte von Schirach einmal gesagt, und das gilt in besonderer Weise für die Adolf-Hitler-Schulen.«

Hat es nicht auch Wissenslücken und Anlaufprobleme gegeben?

»Das ist durchaus möglich. Aber einmal hat eine Entrümpelung des Lehrstoffes gegenüber den staatlichen Lehrplänen Befreiung von unnötigem Ballast gegeben. Nicht Anhäufung von Wissen war letzter Sinn der schulischen Arbeit, sondern Entwicklung der geistigen Selbständigkeit, der Urteilskraft, der Fähigkeit zur Analyse und zur systematischen Arbeit. Dann konnte durchaus auf ein Jahr mehr oder weniger an Wissensvermittlung verzichtet werden... Das alte Pauker-Pennäler-Verhältnis mußte überwunden werden. An seine Stelle trat ein gefolgschaftliches Miteinander, für ein von beiden Teilen verbindlich anerkanntes Ziel: ein Höchstmaß an

Leistungen zu vollbringen, um den Anspruch, einer künftigen Elite anzugehören, die dadurch zu Führungsaufgaben befähigt war, zu rechtfertigen.«

Worin drückte sich das neue Lehrer-Schüler-Verhältnis aus?

»Es war das in der HJ übliche kameradschaftliche Du, das Lehrer und Schüler verband. Der Einwand, daß das zu plumper Vertraulichkeit führen würde, traf für die AHS nicht zu. Die Persönlichkeit des Erziehers garantierte für die notwendige Autorität. Auch ließ die Verbindung von Dienstgrad und Du in der Anrede ein kumpelhaftes Verhältnis nicht zu.

In der Mathematik, Physik und Chemie wurden die Ziele eines neusprachlichen Gymnasiums erreicht. Über dem Niveau lag der Biologie-Unterricht, soweit er die Probleme der Rassen- und Vererbungslehre betraf. Dabei muß betont werden, daß eine häufig in der Partei anzutreffende veräußerlichte Rassendoktrin von Anfang an keine Rolle gespielt hat. Der Antisemitismus Streicherscher Prägung wurde völlig abgelehnt.«

In welchem Ausmaß fand eine musische Erziehung statt?

»Der Gründer Baldur von Schirach war ein mehr musischer als politischer Mensch, und deshalb nahm die musische Erziehung einen größeren Raum ein als Bestandteil der geforderten harmonischen Ausbildung von Körper, Seele und Geist. Erziehung zur Kreativität mußte mit der Bildung eines politischen, soldatischen Typs vereinigt werden.«

Ein hohes Ziel, ist es denn erreicht worden?

»Da ich mehr den politisch-soldatischen als den musischen Typ darstelle, habe ich dieser Frage besondere Beachtung geschenkt. Die Stellung der Kunsterziehung auf den Schulen zum Begriff Entartete Kunst war durchaus differenziert und hatte nicht immer die Zustimmung höherer Stellen. Es wurde bei uns auch Kritik an der offiziellen NS-Kunstpolitik geübt. Von der Offenheit zeugt ein Schülervortrag 1943 über französische Realisten und Impressionisten. Trotz Rosenbergs Verdikt ging die musische Erziehung oft an die Grenzen des von der Partei noch Zulässigen. An Musikabenden kamen auch

Werke moderner Komponisten wie Hindemith und Blacher zur Aufführung.

Die Leibeserziehung hat an den Adolf-Hitler-Schulen zweifellos einen hervorragenden Platz eingenommen. Für einen dritten Jahrgang waren 8 bis 10 Wochenstunden für Leibeserziehung und 29 bis 31 für geistige und musische Fächer vorgesehen. Das ist wahrlich nicht zuviel. Auch das Verhältnis von Wehrerziehung und Leibesübung ist oft falsch dargestellt worden. Nicht zuletzt durch die Denkschrift von Dr. Ley, in der es heißt, daß die Leibeserziehung an die vormilitärische Ausbildung zweckgebunden ist. So hat man dann auch behauptet, es habe vormilitärischen Drill gegeben. Das stimmt nicht. Geländesport ging bei uns nicht über das bei der HJ übliche Maß hinaus. Bei uns hieß es, die Wehrertüchtigung ist auf die Führerausbildung auszurichten. Fahrten, Lager, sportliches Schießen und Geländeausbildung standen auf dem Plan. Die Schießübungen waren sehr harmlos im Vergleich zu den englischen Public Schools, wo die Schüler dem Officer Training Corps angehörten.«

Gab es nicht die Gefahr eines elitären Überlegenheitsgefühls gegenüber den anderen Schulen?

»Diese Gefahr ist erkannt worden. Es war das Leitmotiv, daß die Aufgaben einer Führungsschicht nicht herrschen, sondern dienen waren. Dienst an der Verwirklichung der Idee. Die Erziehung war hart; in manchen Übungen wurden die Schüler an die Grenzen ihrer Leistungsfähigkeit herangeführt. Das dämmte das Aufkommen von Hochmut, und die Isolierung im Internatsdienst wurde durch Teilnahme am örtlichen HJ-Dienst durchbrochen. Die Arbeit in der Landwirtschaft und im Bergwerk verhinderte eine Isolierung vom Volke.

Die Schüler kamen aus allen Schichten des Volkes. Der Besuch war kostenlos, auch die Heimreisen zur Familie (dreimal im Jahr) wurden gestellt. Versuche einiger Gauleitungen, die Auslese auf einzelne Schichten, wie die Landarbeiter, zu beschränken, oder Söhne von Parteifunktionären zu bevorzugen, wurden abgeblockt. Solche Versuche gab es natürlich. Aber wenn sie ungeeignet waren, konnte man sie aus der Schule entfernen.«

Elite-Erziehung kann zum Dünkel führen. Hat man die Gefahr erkannt?

»Die hohen Leistungsanforderungen verhinderten das Entstehen von Übermut und Arroganz. Teamarbeit im Unterricht und Betonung des Mannschaftssports, der Wechsel von Befehl und Gehorsam zeigte den Schülern immer wieder, daß sie Teil eines Ganzen waren. Das Wort ›mehr sein als scheinen‹ gehörte zu den Leitgrundsätzen. Auch das Fehlen einer Schuluniform – die Schüler trugen die Uniform der Hitlerjugend – wirkte sich positiv aus.«

Was zeichnete diese Elite aus?

»Die besondere Einsatzbereitschaft zum Dienst am Ganzen und eine ausgeprägte Ehrauffassung. Man stand zu dem, was man getan hatte und meldete sich, wenn nach dem Täter gefragt wurde.«

Traf der Vorwurf, eine Internatserziehung entfremde die Schüler dem Elternhaus, auf die AHS zu?

»Wir legten größten Wert auf die Verbindung zum Elternhaus. Elterntage wurden veranstaltet. Ein Pimpf, der seine Heimat vergißt, wird wurzellos.«

Wurden die Schüler in einem engen Parteirahmen erzogen?

»Nein. Es gab sogar einmal eine Panne, daß der Prüfer Dr. Ley nach einem bestimmten Punkt im Parteiprogramm fragte und sich herausstellte, daß es nicht im Unterricht gelehrt worden war. Von Stund an gehörte es natürlich zum Lehrstoff der Schule.«

Was sagen Sie zu dem Vorwurf, es handle sich bei den AHS um die Bildung einer manipulierten Elite?

»Es ist durchaus zur Bildung eines kritischen Bewußtseins gekommen, verstärkt durch kritische Erzieher. Auch boten Teile der Parteifunktionäre Anlaß zur Kritik. Man hatte sich auch von der üblichen Rassenlehre gelöst. Das Rassische beruht in unseren Erziehungsgedanken nicht auf einer Körperform oder einer Gruppe, sondern auf dem Prinzip der Lei-

stung, hieß es in einem Elternbrief der AHS Tilsit. Die Reichskristallnacht, der Radau-Antisemitismus von Teilen der Partei,
wurde abgelehnt. Kritik wurde von den AHS-Schülern gefordert und gebracht.«

Welche Bedeutung spielten Frauen in den AHS?

»Institutionell hatte die Frau keinen Platz an den AHS.
Direkt hatten auch Erzieherfrauen keinen Einfluß auf die
Schüler. Wohl aber indirekt; es war dem Zufall überlassen, ob
der Erzieher auch bei der Auswahl seiner Ehefrau der richtige
Typ war.«

Welches Fazit können Sie ziehen?

»Das kann ich am besten mit dem Brief eines ehemaligen
Schülers von 1978 tun. Er schrieb mir: ›Die Adolf-Hitler-Schulen zeichnete eine große Selbständigkeit des schulischen Lebens und eine bedeutende Souveränität der Erzieher aus. Souveränität gegenüber der Parteihierarchie und gängigen Vorur-
teilen im Lande.‹«

Jungmann Mainhardt
Graf Nayhauß 1942 als
Sechzehnjähriger in der
Napola Berlin-Spandau

Erfolgreicher Publizist:
Graf Nayhauß-Cormons
beobachtet von Berlin aus
die politische Lage

Mainhardt Graf Nayhauß-Cormons

»Vom Mord der Nazis an meinem Vater erfuhr ich erst nach dem Krieg«

D*er Lebensweg von Mainhardt Graf Nayhauß-Cormons weist verblüffende Ähnlichkeiten mit dem seines Freundes Rüdiger von Wechmar auf: Beide entstammen einem alten Adelsgeschlecht, beide besuchten die »klassische« Napola Spandau, beide wurden erfolgreiche Journalisten, und beide verloren durch die Nazis ihre engsten Verwandten – Nayhauß' Vater wurde kurz nach der Machtergreifung von der Gestapo bestialisch ermordet. Aber anders als von Wechmar erfuhr Nayhauß die bittere Wahrheit erst nach Kriegsende.*

Mainhardt Graf Nayhauß-Cormons, geboren am 1. Juli 1926 in Berlin, kam 1937 in die Napola Berlin-Spandau und machte dort 1944 sein Notabitur. Seine Klasse (Zug) wurde nach der Grundausbildung bei der Marineflak in Kiel eingesetzt. Danach wurde er bei den Panzergrenadieren Soldat und zweimal verwundet. Die Kapitulation erlebte er im Lazarett in Salzwedel. Seine journalistische Karriere führte ihn zu allen großen Magazinen und Illustrierten, wie »Spiegel«, »Stern«, »Quick« und »Jasmin«, deren politischer Korrespondent in Bonn er war. Bei den Springer-Blättern »Welt« und »Welt am Sonntag« war er jahrelang Kolumnist, heute schreibt er viermal wöchentlich für »Bild« eine politische Kolumne.

Nayhauß verfaßte mehrere Bücher, darunter eine Biographie »Helmut Schmidt – Mensch und Macher« und »Bonn vertraulich«. Er ist seit 1966 verheiratet und hat zwei Töchter: Tatjana (30) und Tamara (26). Mainhardt Graf Nayhauß lebt mit seiner Frau Sabine in Bonn und Berlin.

Eigentlich bin ich es leid, in puncto Napola die Dinge zu-
rechtrücken zu müssen. Aber es geht hier nicht nur um meine
Geschichte, sondern um das Vermächtnis meines Vaters.
Er wurde, 58jährig, am 20. Juli 1933 (!) in Gestapo-Haft
in Oppeln ermordet. Seine Leiche wurde drei Wochen später, gefesselt und mit einem schweren Stein beschwert, in
einem See aufgefunden. Stanislaus Graf von Nayhauß-Cormons war ein unbeugsamer Mann, der vor und nach der
Machtergreifung die kriminellen Machenschaften einzelner
Parteigenossen aufdeckte. So war er den Nazis unbequem geworden, und sie hatten ihn in Breslau in Schutzhaft genommen und an die Gestapo Oppeln überstellt. Dort verlor sich
seine Spur...*

Daß meine Mutter mich dann vier Jahre später trotzdem aus
freien Stücken in einer Napola anmeldete, mag für viele be-
fremdlich wirken. Aber sie erfüllte damit nur den Wunsch
meines Vaters, der noch vor seinem gewaltsamen Tod verfügt
hatte, daß sowohl ich wie mein vier Jahre jüngerer Bruder auf
eine Napola kommen sollten. Dieser Wunsch wird verständlich, wenn man die Einstellung meines Vaters kennt. Er war
monarchiegläubig und dem preußischen Soldatentum verhaftet. Wie seine Vorfahren war er Kavallerie-Offizier, hatte die
Kadettenanstalten in Potsdam und Lichterfelde besucht und
wünschte sich deshalb die gleiche Ausbildung für seine Söhne.
Auch bei meiner Mutter, Tochter eines aktiven Majors, war
diese Grundeinstellung vorhanden. So kam ich im April 1937
in die Napola Spandau. Zuvor hatte sie mit mir die Napola
Potsdam besucht, aber deren düsterer Kasernenbau gefiel uns
beiden nicht. In Spandau dagegen fand sie noch Erzieher aus
der Zeit der Kadettenanstalt und der Stabila vor, die ihr den

---

* Meine Mutter ließ nicht locker. Sogar in einem Brief an den Reichskanzler
Adolf Hitler forderte sie Aufklärung – ohne Erfolg. Erst über drei Jahre später
gewährten die Nazis der Witwe und ihren beiden Kindern eine Rente von monatlich 350 Reichsmark. Begründung: Der Mord sei ein »Betriebsunfall« unter-
geordneter Behörden gewesen!

Eindruck vermittelten, daß ich in guten Händen sei und nicht in einer Nazi-Schule.

Mit diesem Gefühl hatte sie sicher nicht unrecht. Die meisten Erzieher, die ich in Spandau kennenlernen sollte, standen dem Nationalsozialismus positiv, aber nicht begeistert gegenüber. Wie übrigens die Mehrheit des deutschen Volkes auch. In alten Wochenschauen wird deutlich, daß ganze Städte den Arm fanatisch zum »Deutschen Gruß« reckten, wenn der sogenannte Führer des Weges kam. Ich glaube, daß viele unserer Erzieher reine Mitläufer waren, keine Nationalsozialisten, sondern eher Deutschnationale, wie mein Vater auch.

Das änderte sich mit Ausbruch des Krieges, als viele dieser Erzieher einberufen und durch neue, jüngere ersetzt wurden. Diese neue Generation von Erziehern hatte schon mehr mit dem Nationalsozialismus am Hut und versuchte auch, dies an uns weiterzugeben.

Doch zurück zur Chronologie meiner Spandauer Zeit. Nachdem mich meine Mutter dort angemeldet hatte, mußte ich eine einwöchige Aufnahmeprüfung machen, die das Internatsleben vorwegnahm. Das heißt, wir wurden nicht nur in den schulischen Fächern geprüft, sondern auch auf unseren Gemeinschaftssinn getestet. Wir lebten also eine Woche lang in Stuben mit zehn, zwölf anderen zusammen und schliefen in einem großen Schlafsaal. Besonderen Wert legte man auf den sportlichen Test, einschließlich einer Mutprobe: Nichtschwimmer mußten vom Dreimeterbrett ins Wasser springen (wo ältere Jungmänner sie wieder herauszogen), Schwimmer mußten vom zweiten Stock in ein Sprungtuch hechten.

Als ich nach den Osterferien 1937 in Spandau anfing, bestand unser 1. Zug aus 50 Jungmannen, beim Notabitur fünf Jahre später waren es nur noch 18. Die übrigen waren »auf der Strecke geblieben«, weil sie aus schulischen oder sportlichen Gründen nicht versetzt worden waren. Grundsätzlich mußte man bei Nichtversetzung die Schule verlassen. Aber es gab Ausnahmen, zum Beispiel, wenn man ein Supersportler war und bei den Gebietsmeisterschaften brillierte (ich war damals sehr stolz, als vierzehnjähriger Handball-Jugendmeister von Berlin und Erster im Kunstspringen zu sein).

Die sportliche Ausbildung wurde in Spandau großgeschrieben. Wir hatten nicht nur täglich Sportunterricht, sondern trieben in unserer Freizeit freiwillig jede Art von Sport: Handball, Geräteturnen, Schwimmen in unserem großen Hallenbad. Die Schule besaß mehrere Handball- und Tennisplätze, eine Schießhalle, einen Reitstall und einen Fuhrpark mit Motorrädern und Geländewagen. Zu unseren Sporterziehern gehörte der Europameister im Boxen, Fritz Rolauf, und der Olympia-Goldgewinner im Speerwerfen, Gerhard Stöck. Insofern also stimmt der Begriff »Eliteschule«. Ich fühlte mich wie im Paradies und hatte auch keinerlei Heimweh.

Im Gegensatz zu heutigen Internatsschülern wurden wir allerdings sehr streng gehalten. Um in die Stadt (Spandau) zu gehen, mußte man sich abmelden. Wir landeten meist in einer Gaststätte vis-à-vis, wo wir Billard spielten und für zehn Pfennig Apfelwein tranken. Wenn wir nach Berlin fahren wollten, mußten wir einen Urlaubsschein beantragen. Routine-Urlaub gab es jedes zweite Wochenende, aber nur für die Berliner. Die Hälfte unseres Zuges kam aus Ostpreußen und der Mark Brandenburg und konnte nur in den Ferien nach Hause fahren.

Die politische Indoktrinierung war in Spandau nicht größer als außerhalb unserer Anstalt in der Hitlerjugend oder im Jungvolk. Einmal in der Woche hatten wir einen politischen Heimabend, in dem politische Themen diskutiert wurden oder wir Hitlers Lebenslauf aufsagen mußten.

Ich habe mich in Spandau von Beginn an wohl gefühlt. Dies fiel mir um so leichter, als ich über die Umstände des Todes meines Vaters nichts wußte. Als mein Vater von der Gestapo ermordet worden war, hatte meine Mutter beschlossen, mir und meinem Bruder nichts zu sagen. Sie wollte nicht, daß wir in Spandau oder auch schon vorher zu »outcasts« in der Gesellschaft würden. Die Wahrheit hat sie uns erst eröffnet, als der Krieg zu Ende war.

Ich habe oft darüber nachgedacht, ob meine Mutter richtig gehandelt hat. Wahrscheinlich wäre unser Lebensweg anders verlaufen. Vielleicht hätten wir uns sogar gewehrt, auf eine Napola mit all den Uniformen und Emblemen des Nationalsozialismus zu kommen. Und ich wäre sicher nicht schon 1936 ins Jungvolk eingetreten, das mich mit seinen Wanderschaften und Lagerfeuern damals ungeheuer faszinierte. Aber ich will über Mutters Entscheidung nicht rechten; ihre Gründe, uns damit nicht zu belasten, waren durchdacht. Als Sieben- bzw. Vierjähriger fragt man nicht viel, die Nachricht von Vaters Tod hatte uns wie ein Keulenschlag getroffen. Und als ich älter wurde und mir manches doch seltsam vorkam, habe ich das wohl auch unbewußt verdrängt.

Unser Tagesablauf war je nach Altersstufe (Hundertschaft) sehr verschieden. In der Unterstufe schliefen wir alle zusammen in einem riesigen Schlafsaal von der Größe einer Turnhalle. Später schliefen wir nur noch klassenweise zusammen, also jeweils ein Zug. In der Oberstufe waren dann nur noch je zwei Jungmannen zusammengelegt. Die Vormittage waren mit Unterricht ausgefüllt, an den Nachmittagen war erst einmal die Arbeitsstunde angesetzt, in der die Schularbeiten gemacht werden mußten. Dann gab es wie beim Militär Putz- und Flickstunden mit anschließendem Schuh- und Spindappell. Einmal in der Woche stand Ausmarsch auf dem Plan mit einem Geländespiel im Spandauer Forst. (Solange man zu den Kleineren gehörte, haßte man diese Geländespiele, weil man grundsätzlich von den Größeren Prügel bezog.) Abends gab es eine ziemlich karg bemessene Freizeit.

Ich war dennoch von diesem Internatsleben begeistert. Als meine Mutter mich damals zu der Aufnahmeprüfung nach Spandau brachte und sich von mir verabschieden wollte, fand sie ihren »Maini« in seiner neuen Stube mit einem Besen beim Saubermachen vor, der ihr lapidar verkündete: »Mutti, ich habe jetzt keine Zeit, du siehst doch, ich bin beschäftigt!« Also, ich bin gern auf die Napola gekommen und bin auch gern dort geblieben. Und so empfanden es die meisten Kameraden.

Uns ging es ja auch blendend. Ich hatte zehn Paar Schuhe, dazu kamen die verschiedenen Uniformen, Trainingsanzüge, alles vom Staat gestellt, und das für einen geringen Erziehungsbeitrag meiner Mutter von 75 Reichsmark, zusätzlich 5 Reichsmark Taschengeld. Für meinen Bruder Engelbert, der erst 1941 nach Spandau kam, mußte meine Mutter noch weniger zahlen. Dies alles spielte natürlich bei der Frage, wie ich mich damals in Spandau fühlte, eine wesentliche Rolle.

Abwechslung und Anreiz waren im Sommer die Manöverübungen oder die Ernteeinsätze im Warthegau, später, als wir 14 Jahre waren, die Segelflugkurse im Oderbruch. Außerdem hatte die Schule einen Bootshafen an der Havel, wo wir segeln und rudern lernten und am Wochenende uns sogar Boote entleihen durften. Kein Wunder, daß wir glücklich und stolz waren, dieser Eliteschule anzugehören. Das ging so weit, daß ich mich am Ende der Ferien freute, wieder in die Anstalt zu den Kameraden zurückkehren zu können.

Ausnahmen gab es natürlich. Ich erinnere mich, daß wir einen Mitschüler hinausgeekelt haben. Herzlos, wie Kinder sein können, haben wir ihn terrorisiert, indem wir ihn nachts im Bett überfielen und mit nassen Handtüchern traktierten. Der Hintergrund: Sein Vater war General und versorgte ihn zu Kriegsbeginn mit »Freßpaketen«, die der Schüler mit uns nicht teilen wollte. Das wurde von uns gnadenlos bestraft. Der Junge gab bald auf und verließ die Anstalt.

Noch ein Kamerad hat vorzeitig die Anstalt verlassen: Kurt Beier, ein Bessarabien-Deutscher, dem wir gleich den Spitznamen »Panje« verpaßten. Er entpuppte sich als glänzender Schüler, der in fast allen Fächern eine Eins hatte, und als ein Superkamerad. Zu unserem Leidwesen erklärte er eines Tages, dieser Internatsbetrieb, der viel Ähnlichkeit mit dem Kommiß habe, liege ihm nicht, und er würde hier auch zu wenig lernen. »Panje« verließ uns freiwillig; er wurde später Arzt und ging nach Amerika. Bis zu seinem Tod hatte ich Verbindung mit ihm.

Von unseren Erziehern ist mir am stärksten unser langjähriger Klassenlehrer Werner Kuhls in Erinnerung geblieben, ein stämmiger Westfale, der selbst noch aus der Stabila-Zeit stammte und in der Kadettenanstalt Potsdam Schüler gewesen war. Er behandelte uns mehr als Kumpel und verringerte die autoritäre Distanz zwischen Erzieher und Jungmann; wir mochten ihn sehr. Kuhls war schon beim Spanischen Bürgerkrieg in der »Legion Condor« dabei gewesen. Und er erzählte uns auch von seinem denkwürdigen Besuch in einem Konzentrationslager. Er war mit anderen Erziehern unserer Schule zu einer Besichtigung des KZ Oranienburg eingeladen worden, das man ja von Spandau aus mit der S-Bahn erreichen konnte. Von KZs wußten wir nur das, was die offizielle Lesart war, nämlich daß dort arbeitsscheues Gesindel und Kriminelle lebten, sowie Kommunisten, die unsere Erzfeinde waren.

Als wir Kuhls fragten, was er denn in Oranienburg gesehen habe, meinte er: »Ach, nichts Besonderes. Wir sahen Häftlinge, die im Kreis herumgingen und Holzschuhe auf den Verschleiß testeten.« Ich glaube nicht einmal, daß Kuhls uns angelogen hat. Wahrscheinlich hat man auch ihm etwas weisgemacht. Und auch wir haben bis 1945 nie erfahren, was dort ganz in unserer Nähe eigentlich geschah.

Ein anderer Erziehertyp war unser Hundertschaftsführer Hannes Eggers, ein gefürchteter Schleifer. Wenn er mich etwa begrüßte mit seinem lauten »Hoho, der Jungmann Nayhauß«, dann war ein fürchterliches Donnerwetter mit Spindappell fällig. Er machte mit uns Nachtübungen mit Feldgepäck, ließ uns einen kleinen Berg am Rande unserer Schule hinauf sackhüpfen – immer am Rande des Vertretbaren. Eggers war gewiß kein Sadist, er handelte eben nach dem damals üblichen Prinzip: »Gelobt sei, was hart macht.«

Auch Ausländer gehörten zu unseren Erziehern. Wir hatten einen Engländer und einen Amerikaner für den Englisch-Unterricht und einen Holländer für Sport. Der Engländer, Mr. Newhouse, entpuppte sich später als britischer Agent und verschwand kurz vor Kriegsbeginn, während der Amerikaner

noch mit uns die ersten Luftangriffe der Briten im Luftschutz-
bunker durchlitt.

Unser Anstaltsleiter, ein zackiger Typ und von uns »Hucke-
bein« genannt, gehörte schon nicht mehr zur traditionsreichen
Stabila-Generation. Um die Typologie unserer Erzieher abzu-
runden: Es gab gelegentlich welche, die uns gegenüber sogar
eine spöttische Bemerkung über den Nationalsozialismus und
die Parteibonzen (die »Goldfasane«) riskierten.

Hatte ich denn eigentlich keine unangenehmen Erlebnisse
in Spandau? Doch, aber die bewegten sich mehr im Rahmen
der üblichen Internatstriezerei. Wenn wir winters als Jüngere
nach dem Abendessen wieder ins Heimgebäude wollten, mußten wir einen großen Schulhof überqueren. Dort standen dann
die Älteren, fielen über uns her, seiften uns ein und bombar-
dierten uns mit vereisten Schneebällen. Wie es eben unter
Heranwachsenden so üblich ist und mehr Lausbubencharakter
hat. Diese Zügellosigkeiten wurden geduldet, auch wenn es
eine klare hierarchische Abstufung (Jungmann-Gruppenfüh-
rer, Zugführer, Hundertschaftsführer) gab, die ein strenges
Reglement garantierte. Der Führer der dritten Hundertschaft,
also der Oberstufe, hatte dieselbe Autorität wie ein Erzieher.
Wir Jungmannen waren zum Beispiel gehalten, vor einem
Hundertschaftsführer die Türe aufzuhalten. Und wehe, wenn
man das vergaß.

Zweifel am Regime hatten wir nicht, wohl aber doch eine
kritische Einstellung zu verschiedenen Vorgängen im Regime,
dem oft gehörten Spruch gemäß: »Wenn das der Führer
wüßte!« Wir dünkten uns natürlich besser als die allgemeine
HJ, die wir bei allen sportlichen Vergleichskämpfen besiegten,
wir mokierten uns über wichtigtuerische Parteifunktionäre,
wir nahmen sogar die anderen Eliteschultypen, Feldafing und
die Ordensburgen, nicht für voll. Aber das war keine begründete Kritik am Regime, sondern unsere elitäre Grundhaltung.

Meine Zeit in Spandau hat mich sicher verändert. Ich habe
dort viel gelernt, weniger im schulischen als im sportlichen Bereich. Die Liebe zum Sport ist mir bis heute geblieben; ich bin

begeisterter Motorrad- und Skifahrer, leiste mir ein Motor- und ein Segelboot. Spandau hat mich auch generell geprägt, was Zielstrebigkeit, Selbstverantwortung, Pflichtbewußtsein betrifft. Das klingt nach Sekundärtugenden, aber so ist es nun einmal.

Zu dieser Form der Erziehung will ich etwas grundsätzlich anmerken. Es geht natürlich nichts über die Erziehung in einem intakten Elternhaus. Unter intakt verstehe ich auch, daß beide Elternteile noch leben, ganz zu schweigen, daß sie sich auch vertragen und daß keine Not und Armut herrscht. Aber wenn – wie bei mir – diese Voraussetzungen nicht mehr gegeben sind, weil der Vater nicht mehr lebt, der in der Pubertät des Sohnes eine so wichtige Rolle spielt, dann war die Erziehung in der Napola für mich die zweitbeste Lösung. Sie hat mir später auch in der freien Marktwirtschaft geholfen, mich durchzusetzen. Und auch deshalb erachte ich diese Zeit nicht für verloren.

Ich glaube auch, daß meine Erziehung dort auf die eigenen Kinder abgefärbt hat. Ich war bemüht, zusammen mit meiner Frau, ihnen die schon erwähnten »Sekundärtugenden« vorzuleben, die sie auch mit Abstrichen übernommen haben. Beide Töchter sind beruflich sehr zielstrebig und selbstsicher. Tatjana hat geheiratet und ist Innenarchitektin in Bonn, Tamara Fernsehjournalistin in München.*

Meine Frau und meine Töchter verfolgen heute das, was mit mir damals geschah, mit positiv-spöttischer Belustigung. Wenn ich dann manchmal meine Geschichten um die Kameraden mit ihren Spitznamen wie »Stute«, »Baby«, »Besen« oder »Nullus« von mir gebe, verdreht meine Frau die Augen. Aber sie haben dieselben Typen von damals als meist sehr erfolgrei-

---

* Tamara Nayhauß bestätigt, daß sie vom Vater Pünktlichkeit und Verläßlichkeit übernommen habe. »Aber er ist auch sehr autoritär gewesen«, meint sie. »Wenn ich etwas falsch machte, wurde nicht diskutiert, sondern bestraft. Ich durfte dann das Auto eine Zeitlang nicht benutzen.« Und sie fügt lachend hinzu: »Das grenzte schon an Erpressung.«

che und seriöse Männer kennengelernt, und manche sind auch Freunde der ganzen Familie geworden.

In meinem Abiturzeugnis stand als Berufswunsch »Diplomat oder Journalist« vermerkt. Das deckte sich auch mit den Vorstellungen der Erzieher, die uns immer gewarnt hatten, alle Offiziere zu werden. Wir sollten ja möglichst breitgefächert viele Berufe und Gesellschaftsschichten mit unserem Gedankengut durchdringen. Diplomat konnte ich nach dem Krieg nicht werden, da mir das Studium fehlte und ich für Mutter und den jüngeren Bruder zu sorgen hatte, dem ich ein Studium ermöglichen konnte.

So wie ich Spandau erlebt habe, sehe ich den pädagogischen Wert dieser Einrichtung als positiv und wertvoll an. Dies gilt natürlich nur für die sogenannten klassischen Napolas, die – wie Spandau, Benzberg, Potsdam, Plön, Oranienstein – aus den Kadettenanstalten und Stabilas hervorgegangen sind. Und das gilt auch für die humanistische Napola Schulpforta. Nicht gilt es für die später entstandenen Anstalten, die im Verlauf des Krieges wie Pilze aus dem Boden schossen. Dort war die Erziehung doch sehr stark parteipolitisch indoktriniert.

Seilschaften im Sinn des englischen »Old Boys Club«-Gedankens unter den ehemaligen Eliteschülern gab es nicht. Aber natürlich gab es bei gemeinsamer beruflicher Interessenslage ein besseres und leichteres Zusammenspiel, wenn es sich um zwei »Ehemalige« handelte. Ich erinnere mich an den ehemaligen »Spiegel«-Korrespondenten Werner Volkmar, einen alten »Spandauer«, der dann in Bonn Lobbyist für die Mineralölindustrie wurde. Wenn der eine Meldung lanciert haben wollte, hat man ihm natürlich geholfen. Aber der stellvertretende Generalinspekteur der Bundeswehr, Hans Poeppel, auch ein »Spandauer«, wäre nie auf den Gedanken gekommen, »alten Kameraden« Pöstchen im Verteidigungsministerium zuzuschustern.

Wann eigentlich geriet unsere Ideologie ins Wanken? Ein klares Datum gab es da nicht. Wir glaubten an den »Endsieg« bis zuletzt, hofften noch in den letzten Kriegswochen auf die versprochenen Wunderwaffen. Wir waren Teil der allgemeinen Euphorie, bejubelten die Sondermeldungen über Siege an der Front und versenkte Schiffe durch unsere U-Boote, sammelten nach den Bombenangriffen der Alliierten eifrig Granat- und Bombensplitter und tauschten sie mit anderen Hitlerjungen.

Daß nicht alles mit rechten Dingen zuging, merkte ich am Tag nach der »Reichskristallnacht«. Ich kam von einem kurzen Urlaub bei meiner Mutter auf dem Weg zurück nach Spandau mit der S-Bahn an der abgebrannten Synagoge von Charlottenburg vorbei. Als ich den noch schwelenden Rauch sah, gab es mir einen kleinen Knacks. Aber dann hatte mich die festgefügte Routine der Anstalt Spandau wieder voll im Griff.

Einen größeren Riß erhielt mein Weltbild im Februar 1943, als unser Zug nach der Grundausbildung zur Marineflak in die Nähe von Kiel abkommandiert wurde. Wir waren praktisch jede Nacht in Alarmbereitschaft, da fast alle Luftangriffe der Alliierten nach Berlin und Süddeutschland über eine Kieler Schleife liefen. So verbrachten wir viele Nächte in den Bunkern neben den Flakgeschützen zusammen mit den eigentlichen Marinesoldaten. Dabei kam es ein paarmal zum Wortwechsel zwischen diesen Landsern aus dem Ruhrpott und uns. Sie hänselten uns, weil wir Napola-Schüler waren, und gaben uns eiskalt zu verstehen, daß sie Kommunisten seien. Das schockierte uns deshalb, weil diese jungen Soldaten so gar nicht dem Schreckensbild des Kommunismus entsprachen, das man uns in den politischen Heimabenden in Spandau vermittelt hatte.

Der Knacks in unserer Weltanschauung vertiefte sich, als wir merkten, wie in unserer Batterie die russischen Kriegsgefangenen laut Befehl behandelt wurden. Sie mußten als Hiwis in Gefechtsituation uns die Munition zureichen, wurden nach dem Alarm wieder eingesperrt und erhielten kaum etwas zu essen. Sie taten uns Napola-Schülern sehr leid und bekamen heimlich von uns Brot zugesteckt, wann immer das ohne Gefahr möglich war. Daß so mit anderen Menschen, wenn auch ehemaligen Gegnern, umgesprungen wurde, hat uns sehr irritiert.

Die Kapitulation habe ich als Soldat in Salzwedel in der Altmark erlebt, wohin ich mich als zweimal Verwundeter in das dortige Lazarett als Heimschläfer selbst entlassen hatte. Dort überraschte uns der Einmarsch der Amerikaner, dann der Briten und schließlich der Russen. Ich empfand die Kapitulation als Schmach, in dem bitteren Gefühl, daß nun all die Leiden und Anstrengungen vergebens gewesen sind. Diese Schmach wurde dann aber überdeckt durch den schrecklichen Moment, als unsere Mutter meinen Bruder und mich über die Umstände des Todes meines Vaters aufklärte. Das war eine Sache, für die ich lange brauchte, um sie innerlich zu verarbeiten...

Engelbert von Nayhauß

»Vierzehnjährige auf Panzerjagd
Tagebuch meiner Zeit auf der Napola 1944/45«

Auch Graf Nayhauß' vier Jahre jüngerer Bru-der Engelbert kam in die Napola Spandau und blieb dort von 1941 bis 1944. Im Februar wurden die Spandauer nach Köslin in Pommern verlegt. Hier schildert Engelbert von Nayhauß in nüchternen Aufzeichnungen seine Odyssee durch Ostdeutschland auf der Flucht vor den heranrückenden Russen.

Engelbert von Nayhauß machte 1950 sein Abitur in Berlin und studierte Volkswirtschaft. Er arbeitete als Verkaufsleiter bei der Ruhrkohle in Essen.

Auf dem Gelände der Napola Spandau befand sich nach der Kapitulation das britische Militärlazarett für Berlin, und heute ist dort eine Polizei-Sportschule untergebracht.

Jungmann Engelbert von
Nayhauß als Vierzehnjähriger im
Dezember 1944

16. 2. 1944 Nach schweren Luftangriffen Befehl, die Anstalt nach Köslin in eine ehemalige Fliegerschule in der Danziger Straße 86 gegenüber der Napola Köslin zu verlegen.

Dienststelle Heißmeyer* wird in der Napola Spandau untergebracht.

21. 2. 1944 Abfahrt nach Köslin vom Güterbahnhof Pankow in 4 Güter- und 4 Personenwaggons der Reichsbahn mit sämtlichem Mobiliar, auch das der Erzieherwohnungen. Die Fahrt dauerte 17 Stunden, ohne Heizung, Toiletten, Licht. Vor Kälte konnten wir kaum schlafen, wenn, dann nur auf dem Fußboden und im Gepäcknetz. Verpflegung: 1 Feldflasche Muckefuck, 10 Stullen, 1 Tafel Schokolade, 20 Bonbons, 5 Äpfel.

3.–20. 4. 1944 Osterferien.

21. 4.–31. 5. 1944 3. Zug (Quarta), meine Klasse, auf dem Bauernhof Vineta bei Kolberg, Post Schülerbrink, direkt an der Ostsee hinter einer Düne gelegen. Arbeiten: Acker bestellen, Gras und Klee säen, Viehpflege, Kartoffelmiete ausgraben etc. 2 Jungmannen teilen sich 1 Stuhl und 1 Schrank. Das Leben auf dem Hof gefällt uns sehr.

2.–9. 7. 1944 Zeltlager der Napola auf der Nehrung.

11.–20. 7. 1944 Westpreußenfahrt des 3. Zuges nach Elbing (Ankunft 4 Uhr nachts).

Übernachtung zum Teil in Zelten, Scheune, Wirtshaussaal.

21. 7. 1944 Beginn der Sommerferien (Versetzung in den 4. Zug).

12. 8. 1944 Rückruf aus den Ferien auf Anordnung des Reichsverteidigungskommissars von Pommern zum Soforteinsatz.

14. 8. 1944 Ernteeinsatz: Flachs rupfen, Rüben und Kartoffeln ausbuddeln (Anmarsch eine Stunde, 11 Stunden Arbeit täglich); Pommernwall schippen.

6. 10. 1944 Wiederbeginn des Unterrichts.

---

* SS-Obergruppenführer August Heißmeyer, Leiter der Napolas (gest. 1995)

15. 12. 1944 Beginn der Winterferien.

ab 23. 1. 1945 »Bahnhofsdienst«: Betreuung von Flüchtlingen auf dem Kösliner Bahnhof, meist von 16 bis 24 Uhr.

1. 2. 1945 3. Zug wird nach Naumburg geschickt (Zug 1 und 2 schon weg), nur noch 4. bis 5. Zug in Köslin.

9. 2. 1945 Russen 40 Kilometer vor Köslin.

11. 2. 1945 11 nicht marschfähige Jungmannen werden zusammen mit Erzieherfrauen und Kindern im Anstaltsbus evakuiert. Anstaltslazarett wird Krankenhaus für Flüchtlinge. Turnhalle und Schlafräume der Napola Köslin werden mit Flüchtlingen belegt. Gute Verpflegung, um dem Russen nichts zu überlassen.

26. 2. 1945 Seit 2 Tagen wird nur noch in Kleidern geschlafen. Artilleriefeuer zu hören.

Ein Panzervernichtungstrupp, in der Anstalt gelegen, pro Mann mit einer Panzerfaust ausgerüstet, wird zur Panzerjagd losgeschickt: 14- bis 16jährige!

28. 2. 1945 Russe nur noch 8 Kilometer entfernt.

Flucht auf Fahrrädern und mit völlig überfülltem Anstaltsbus über Kolberg nach Swinemünde.

Laufend Kontrollen.

(24 Stunden später wird Köslin beschossen.)

1.–3. 3. 1945 Swinemünde: Unterkunft in der Flakschule 7. Fahrradkolonne trifft erst am 3. 3. ein.

4.–12. 3. 1945 Napola Plön.

13. 3.–15. 4. 1945 Burg/Schleswig-Holstein (Osterferien fallen aus). Resümee des Hundertschaftsführers Weber nach der Flucht:

»Es ist erfreulich, mit welcher Klarheit und Selbstverständlichkeit die Kameradschaft besonders bei den Jungmannen ausgeprägt war und wie sich hier die gewordene und begriffene Gemeinschaft im Kampf gegen Not und Gefahr bewährt hat.

Das ist das Erfreuliche, daß all die Dinge, die wohl geeignet wären, den Menschen zu zerrütten, an diesen Jungen nichts haben ändern können. Als wenn sie von einer alltäglichen

Übung kommen, bewegen sie sich im Raum. Essen zu abend, bauen ihr Nachtlager und schlafen.«

16. 4. 1945 Beginn der russischen Großoffensive auf Berlin. Jungmannen, deren Eltern sich in noch feindfreien Gebieten befinden, werden nach Hause geschickt. So auch ich nach Berlin (meine Heimatadresse) in einer Gruppe unter Leitung eines Erziehers.

Abfahrt nachts von Burg im offenen LKW nach Lübeck. Sehr kalt.

17. 4. 1945 Lübeck – Hagenow Land – Schwerin im Zug. Übernachtung in der Bahnhofshalle Schwerin. Fliegerbeschuß: 2 Verwundete (Soldaten).

18. 4. 1945 Weiter im Zug Richtung Berlin vorbei an einigen rauchenden, zerschossenen Zügen.

Englische Tiefflieger, die aber unseren Zug nicht angreifen, sondern einen entfernteren, lohnenderen Ölzug.

Ich steige bereits in Löwenberg aus, um Unterschlupf bei Bekannten zu finden; die Gruppe fährt weiter nach Berlin! (Meine Mutter war nämlich nicht in Berlin, sondern in Salzwedel. Unsere Wohnung in Berlin war ausgebombt, und es war ungewiß, ob meine Patentante, zu der ich wollte, noch in Berlin war).

19.–23. 4. 1945 Löwenberg.

24. 4. 1945 Flucht der gesamten Gemeinde Löwenberg nach Vielitz (PKW)

24.–29. 4. 1945 Vielitz (Unterkunft: Dachboden Bauernhaus).

30. 4. 1945 Fliehe allein weiter mit den zurückgehenden deutschen Truppen auf einem LKW, dann zu Fuß und Kutsche über Neuruppin nach Wusterhausen (Übernachtung in einer Scheune, zusammen mit zur Front rückendem Volkssturm).

1. 5. 1945 Von Wusterhausen zu Fuß, LKW (auf dem Kotflügel), PKW, Kutsche über Havelberg nach Sandau. Ein Oberleutnant will mich unbedingt als Melder anheuern. Laufend russisches Artilleriefeuer zu hören.

Übernachtung in einer Scheune.

2. 5. 1945 Im Morgengrauen zusammen mit einem Landser auf am Vorabend selbst gebautem Floß Überquerung der Elbe, unbemerkt von amerikanischen Posten, die niemand an Land lassen. Auch die 2. Postenkette können wir noch unbemerkt passieren, werden dann aber doch aufgegriffen und getrennt zum Verhör gebracht. Nach mehreren Verhören werde ich schließlich zum US-Divisions- oder Armeestab nach Seehausen gebracht. Zwischendurch werde ich im Beisein amerikanischer Soldaten von Polen gefilzt, und brauchbare Sachen werden mir abgenommen (Schuhe, Rechenschieber, Fahrtenmesser etc.). Man meinte, ich wäre ein Wehrwolf und wollte nicht glauben, daß ich zu meiner Mutter nach Salzwedel wollte.

In Seehausen gab schließlich der zuständige General, nachdem auch er mich noch einmal vernommen hatte, einem Captain James J. O. Donnel jun. aus Louisiana den Befehl, mich im Jeep nach Salzwedel zu fahren und zu prüfen, ob meine Angaben stimmten.

So geschah es, und früher als erwartet war ich daheim.

Jungmann Harald Ofner
1944 in der Winteruniform
der Napola Traiskirchen

Steile Karriere: Dr. Ofner
war vier Jahre lang
Österreichs Justizminister

Harald Ofner

»Wir hätten jeden Befehl
bedingungslos befolgt«

D*er ehemalige österreichische Justizminister und Gefolgsmann des umstrittenen Populisten Jörg Haider macht in seinem Interview aus seinen rechten Positionen kein Hehl. Aber genauso offen stellt der Schüler der Napola Traiskirchen (1942–1945) nach unserem Gespräch die bange Frage: »Was wäre wohl noch alles passiert, wenn es damals weitergegangen wäre?« Rechtsanwalt Dr. Harald Ofner, 1932 in Wien geboren, weiß, was alles passieren kann, wenn jeder Befehl bedingungslos befolgt wird.*

Nach dem Krieg mußte Ofner das Gymnasium verlassen. (»Der Direktor meinte, er habe schon einen Napola-Schüler. Die seien gefährliche Burschen, und einer sei genug.«) Bei Siemens lernte er Starkstromtechnik und holte in Abendkursen 1953 die Matura mit Auszeichnung nach. Da das Bundesheer erst zwei Jahre später aufgebaut wurde, konnte er nicht Offizier werden, sondern studierte Jura und promovierte 1958.

Schon mit 18 Jahren ging Harald Ofner in die Politik und schloß sich dem VDU (Verband der Unabhängigen) an, einem Vorläufer der FPÖ (Freiheitliche Partei Österreichs). Seine politische Karriere kam in Schwung: 1975 Vizebürgermeister von Mödling bei Wien, 1976 Landesobmann der FPÖ von Niederösterreich, 1983 bis 1987 Justizminister unter dem SPÖ-Kanzler Sinowatz. Seit 1979 ist Ofner Abgeordneter der FPÖ im Nationalrat. Bei der Wahl zum Bundespräsidenten im April 1998 war Ofner als Kandidat seiner Partei vorgesehen, doch Haider verzichtete aus taktischen Gründen schließlich auf einen eigenen.

Dr. Harald Ofner ist seit 1958 mit seiner Frau Friedl verheiratet, hat einen Sohn und zwei Töchter, führt eine gutgehende

Strafrechtspraxis in Wien-Ottakring und wohnt in Mödling. In seinem breiten, sympathischen Wiener Tonfall schilderte er mir Episoden seiner Napola-Zeit, die nur mühsam kaschieren, in welcher seelischen Not sich der junge Ofner offensichtlich in Traiskirchen befand.

Ich bin in recht bescheidenen Verhältnissen im 7. Bezirk in Wien aufgewachsen, mein Vater war an der Front. Da tauchte eines Tages im Jahr 1942 bei uns in der Volksschule eine kleine Kommission der NPEA Traiskirchen auf, beobachtete uns im Unterricht, auch beim Turnen, und machte mir über den Klassenlehrer den Vorschlag, mich für diese Eliteschule zu bewerben. Ich sprach dann mit meiner Mutter darüber, sie reagierte gar nicht begeistert. Sie hatte nämlich in einem Zeitungsartikel gelesen, daß die Schüler in »solchen Anstalten« ihre Kindheit verlieren würden. Also wurde das Angebot erst mal beiseite geschoben.

Ich habe aber dann erfahren, daß man in Traiskirchen Sportarten betreiben könne, die für einen normalen Buben unerreichbar waren, etwa Reiten. Als ich meiner Mutter davon vorschwärmte, meinte sie: »Dann geh halt doch in diese Schule!« und meldete mich zur Prüfung in Traiskirchen an. Die Prüfung zog sich über eine ganze Woche hin und fand in dem strengen, kasernenartigen Gebäudekomplex statt, der früher einmal eine k. und k. Artillerie-Kadettenschule gewesen war, dann zwischen den Kriegen als ziviles Internat diente, nach 1945 von den Russen belegt war und später Flüchtlinge aufnahm. Ich habe in Erinnerung, daß wir vor allem körperlichen Tests unterzogen wurden. Als meine Mutter mich nach der Prüfungswoche in Traiskirchen abholte, war ich so erschöpft, daß sie mir noch nicht zehnjährigem Buben in den Waggon der Badner Bahn helfen mußte. Ich war einfach nicht mehr in der Lage, die Füße auf das Trittbrett zu heben!

Eine Episode ist mir in Erinnerung geblieben: Die Prüflinge, die bestanden hatten (es waren etwa 120, nach einem

Jahr hatte sich die Zahl halbiert, weil viele wegblieben oder man sie nach Hause schickte), wurden in das Zimmer des Anstaltsleiters gerufen. Dort saßen zwei hohe Funktionäre und begutachteten jeden Prüfling, ob er auch optisch und vom Gesamteindruck her den Erwartungen entsprach. Sie fragten auch nach dem Berufswunsch. Alle sagten: »Offizier«, »Arzt«, »Rechtsanwalt« oder ähnliches. Als die Reihe an mich kam, sagte ich zur allgemeinen Verblüffung: »Schneidermeister.« Denn meine Mutter war Schneiderin, und ich habe sie geliebt. Die Reaktion war absolute Stille. Später habe ich bei mir gedacht: »Da hab' ich das Dritte Reich dazu gebracht, für fünf Sekunden den Atem anzuhalten!«

Höhepunkt der Prüfungswoche war übrigens der Sprung vom Fünfmeterturm ins Wasser. Auch in späteren Jahren war es für uns Ältere immer eine Art Volksbelustigung, dabei zu sein, wenn die Prüflinge da oben antraten und manche nur auf Befehl mit geschlossenen Augen die entscheidenden Schritte nach vorn machten und sprangen – oder im letzten Moment doch wieder schlotternd stehen blieben. Für mich war es kein Problem, obwohl ich Nichtschwimmer war. Man zog uns an langen Stangen sicher aus dem Wasser.

Im September 1942 begann mein Schuljahr in der NPEA Traiskirchen, einem damals beschaulichen kleinen Ort etwa 20 Kilometer südlich von Wien. Ich bezog Quartier im 3. Stock des Hauptgebäudes in einem der großen Schlafsäle mit Dutzenden von Kameraden. Die Kameradschaft, das merkte ich bald, war nach außen unbedingt, nach innen von einer rigiden Hackordnung bestimmt. Die Stärkeren gaben den Ton an, die Schwächeren gehorchten. Und ich war ein Schwächerer. Das ist eigentlich die ganze Zeit in Traiskirchen so geblieben. Erst nach dem Krieg gehörte ich zu den Stärkeren und den Besten. Ich habe also in Traiskirchen eingesteckt und gehorcht. Damals wurde ja – wie auch in anderen Schulen – vieles unter den Buben mit der Faust ausgetragen, was heute vor Gericht enden würde.

Unsere Erzieher trugen teilweise eine braune Uniform mit

Tellerkappe, teilweise Zivil, manche Lehrer wohnten in Wien und kamen täglich mit der Bahn in die Anstalt. In Traiskirchen gab es zwei Hundertschaften zu je vier Zügen der oberen bzw. unteren Klassen. Die betreffenden Erzieher wurden assistiert von Jungmann-Zugführern und Jungmann-Hundertschaftsführern, nach Leistung und Autorität ausgesuchten Kameraden.

Ich habe den Eindruck, daß sich unser Unterricht kaum von dem eines Realgymnasiums unterschied, was die geistigen Fächer betraf, doch wurden die körperlich ausgerichteten Sparten überbetont. In den Zeugnissen hielten sich beide Sparten mit je etwa zehn bis zwölf Fächern die Waage. Es gab Noten für jede einzelne Sportart, von der Leichtathletik über Geräteturnen, Skilaufen, Schwimmen, Schießen, bei den Älteren Boxen, Reiten, Fechten, bis hin zu den Mannschaftsspielen. Die ständig präsente Härte empfanden wir als militärisch, und sie war sicher auch so gedacht. Wir haben sie mit einer Art Masochismus ertragen. Wir hätten die Schule jederzeit ohne große Schwierigkeiten verlassen können. Aber wir handelten nach der Devise: »Ich halte das alles aus!« und auch: »Was uns nur geschehen kann, ist schon geschehen!« Natürlich gab es unter den Erziehern und auch unter den älteren Kameraden Menschen mit sadistischem Anflug. Aber für uns hatte das keinen erkennbaren politischen Hintergrund. Es gab eben nette und weniger nette Menschen – kein Gedanke daran, daß da unterschiedliche politische Einstellungen und Auffassungen dahinterstehen könnten.

Ich habe den Druck von den stärkeren zu den schwächeren Kameraden als beschwerlicher empfunden als den Druck, den ich von der erzieherischen Seite her bekam. Wir waren ja Kinder und ich zudem noch ein Spätentwickler. Ich habe eigentlich immer Heimweh gehabt, wie die meisten anderen auch. Das führte zu einem geradezu grotesken Freizeitverhalten. Wenn wir etwa einen kürzeren oder längeren Urlaub antreten durften und unseren Schein für den nächsten Tag in der Tasche hatten, wäre es normal gewesen, schlafen zu gehen und am nächsten Morgen heimzufahren. Was aber haben wir gemacht? Wir haben gepackt und uns dann im Gemeinschaftsraum angezogen auf die Sessel geknotzt, und um Mitternacht sind wir stolz an der Wache vorbei zur Haltestelle der Badner Bahn gezogen. Dort haben wir weitere sechs Stunden vor uns hingedöst, bis der erste Zug uns endlich nach Wien gebracht hat. Verrückt, aber wahr.

In den letzten Kriegsmonaten, als meine Mutter und mein Bruder schon in das Sudetenland evakuiert waren, bin ich manchmal nachts nach dem Zapfenstreich über die Mauer geklettert, vier Kilometer zur Bahnstation nach Pfaffstätten gespurtet und in einem überfüllten Zug nach Wien zu meinen Großeltern gefahren. Im Morgengrauen brachte mich meine Großmutter zur Bahn, und ich war nach neuerlichem Übersteigen der Mauer rechtzeitig zum Morgenappell wieder in der Anstalt. So bekämpften wir unser Heimweh. Aber irgendwie gehörte dieses verrückte Verhalten auch dazu, daß man das alles aushielt.

Es war ein Prinzip aller dieser Anstalten, daß kein Zögling aus der unmittelbaren Umgebung stammen durfte. Die NPEA Traiskirchen lag im Reichsgau Niederdonau, und deshalb durften – unter anderen – wir aus dem Reichsgau Wien sie besuchen. Wir hatten auch volksdeutsche Kameraden, etwa aus Siebenbürgen, aus dem Banat, und vereinzelt auch Reichsdeutsche. Aber daraus ergaben sich keine Probleme. Wir haben den Drill nicht etwa als preußisch empfunden – ich bezweifle, daß es einen spezifisch solchen gibt, und auch, daß die österreichische Variante angenehmer wäre. Wir nahmen den Drill als eine militärische Komponente hin. Wir hatten einige reichsdeutsche Erzieher, die wir teils geliebt, über die wir uns teilweise auch lustig gemacht haben – wegen ihrer Starrheit und Steifheit.

Wir hatten in Traiskirchen eigentlich nicht so sehr das Gefühl, einer politischen Anstalt anzugehören und auf eine politische Laufbahn vorbereitet zu werden, als vielmehr auf einen militärischen Einsatz. Wir bewegten uns ja auch nur in Uniform: in einer Art Arbeitsuniform, dem »Drillich« mit kurzer und langer Hose; normal in einer etwas schlampert wirkenden »Berguniform« in braun-oliv – auch mit kurzer Hose und langer »Überfallhose«; für seltene festliche Anlässe in einer der dem Jungvolk entsprechenden Uniform, anders für den Sommer als für den Winter, mit Edelweiß auf dem rechten Kragenspiegel des Hemdes und der Aufschrift »NPEA« auf den Schulterklappen; »Waffenrock« mit Hoheitsadler auf dem linken Ärmel.

Meine erste zivile lange Hose bekam ich, als ich schon über 18 war und bereits meine Frau kannte. Ich bin also in Uniform aufgewachsen, und diese Uniform wieder war Teil des Elite-Gefühls, das uns beseelte.

Wir blickten auf die Pimpfe vom Jungvolk und die Burschen der Hitlerjugend recht blasiert von oben herab. Bei den sportlichen Wettkämpfen belegten wir eh die vorderen Plätze. So müssen in Amerika die Marines auf die Nationalgardisten herunterschauen. Wir haben uns bewußt abgehoben von den Altersgenossen, die zu allem Überfluß auch noch den Mittelmaß verkündenden Namen »Jungvolk« trugen.

Ich hatte nicht den Eindruck, daß der Unterricht »unter Dach« im Vergleich zum Unterricht auf dem Sportplatz das Interesse der Anstaltsleitung besonders geweckt hätte. Es war zwar wichtig, daß die Buben in die Schule gingen und gut abschnitten, aber besondere Aufmerksamkeit hat man dem nicht zugewendet. Wir mußten in Traiskirchen auch nicht etwa »Mein Kampf« lesen. (Ich habe Hitlers Buch bis heute nicht gelesen.) Dagegen wurden uns von der Leitung militärische Wendepunkte und Ereignisse in allen Einzelheiten nahegebracht. Unser Anstaltsleiter, ein Obersturmführer der SS namens Karl Schön, hielt dann nach dem Frühstück im großen Speisesaal eine detaillierte Ansprache wie in einer Generalstabs-Besprechung. Ich erinnere mich, daß er uns am Tag nach der Invasion der Alliierten in der Normandie einen ungeschminkten Lagebericht gab und auf die möglichen tiefgreifenden Folgen für den Ausgang des Krieges hinwies. So waren wir über den Ernst der Lage voll informiert, und das Ende des

Krieges hat uns zwar betroffen gemacht, aber nicht eigentlich überrascht.

Die militärische Ausbildung hat sich in den letzten Kriegsmonaten verdichtet. Man wollte, so hatte ich den Eindruck, ausprobieren, wie weit man uns Jüngere auf einen Einsatz vorbereiten könne. Wir mußten verstärkt mit Gepäck marschieren, machten Übungen mit dem Kleinkalibergewehr. Aber das hat damit geendet, daß man wohl feststellte:»Mit denen kann man noch nichts anfangen!« Hinzu kam, daß ja die Älteren, also die Kameraden ab 15, bereits in Filialen der Anstalt im slowenischen Partisanengebiet im südlichen Kärnten ausgelagert waren und dort auch militärisch eingesetzt wurden.

Zu Ostern 1945 kam die Front bedrohlich näher. In der Nacht von Karfreitag auf Karsamstag – oder schon in der Nacht vorher – hörten wir Kanonendonner und erfuhren, daß die Garnison von Wiener Neustadt bereits kämpfe. Wir Jüngeren wurden in Autobusse verfrachtet und nach Türnitz, dann nach Hubertendorf, in die schon verlassene NPEA für Mädchen gebracht. Einige Tage später ging es weiter westwärts in das leere Kloster Lambach bei Wels in Oberösterreich. Dort machte mich meine Mutter ausfindig.

An einem der letzten Apriltage wurde ich zum Anstaltsleiter gerufen, der mir befahl:»Putz mir meine Stiefel!« Während ich sie ihm putzte (das war nichts Ehrenrühriges), schrieb er im Zweifinger-System meinen Marschbefehl in das 300 Kilometer entfernte Sudetenland.

Kurioserweise hatte ich während der allerletzten Tage in Lambach noch größere Schwierigkeiten: Ich hatte in all dem Wirbel meine Bergmütze verloren und mußte mit dem »Schifferl« vorliebnehmen! Was für eine Katastrophe: Alles ist hin, und dieser Jungmann verliert auch noch seine Bergmütze! So war man damals eben eingestellt. Aber auch mit »Schifferl« und einer aus meinem Atlas herausgerissenen Landkarte erreichte ich nach einigen Tagen das Ausweichquartier meiner Mutter, die mich unter Tränen in die Arme schloß.

Das Kriegsende hat mich stark getroffen. Wir hatten

schließlich damit gerechnet, nach all den Vorbereitungen auf das militärische Handwerk, Soldaten zu werden, wenn auch nicht auf Dauer. Schneidermeister wollte ich bestimmt nicht mehr werden, aber Berufssoldat wohl auch nicht. Wir haben uns wenig Gedanken darüber gemacht, was aus uns werden sollte. Wir wußten nur, daß unsere »Lebensdauer« begrenzt war. Wir erlebten es ja bei unseren älteren Kameraden – kaum waren sie an der Front, schon waren sie tot. Ich habe lange darunter gelitten, daß ich zum Kriegsgeschehen nichts mehr hatte beitragen können, aber das war rein emotional empfunden. Ich habe schon auch unsere Grenzen erkannt.

Ob mich die Erziehung in Traiskirchen nachhaltig verändert hat, habe ich mich später oft gefragt. Ich glaube, daß man für eine solche Ausbildung eine gewisse konstitutionelle Voraussetzung – körperlich, geistig und seelisch – mitbringen mußte, denn sonst hätte man sie nicht durchgestanden: Entweder man geht ein, oder man hört auf. Das heißt, die Persönlichkeit wird nicht verändert, sondern bereits vorhandene Voraussetzungen werden verstärkt. Es kann kaum jemand mehr mitgemacht haben als ein Napola-Schüler, dennoch sind meine Erinnerungen an die Zeit in der Anstalt positiv. Das Gefordertsein, obwohl man der Qual doch selbst hätte ein Ende bereiten können – das hat uns bis zuletzt geprägt. Ich weiß noch, daß in der letzten Kriegsphase ein Mitschüler aus Tulln abends verschwunden ist. Am nächsten Tag kam sein Vater und holte seine Sachen ab. Wir waren alle fassungslos, daß einer von uns das Handtuch wirft. Dabei hat der Vater wohl mit Recht gedacht: »Den Buam hol' ich mir, bevor ihm noch was passiert!«

Was meine Kinder betrifft, so hat meine Erziehung in Traiskirchen sie sicher nicht sehr beeinflußt. Denn wie ich schon gesagt habe, verstärkte sie meines Erachtens nur gewisse Tendenzen, die schon vorgegeben waren. Für meine Töchter war das kein Thema, und der Sohn betrachtet meine Napola-Zeit heute halb belustigt, halb stolz. Er war beim Bundesheer und spricht darüber mit mir sozusagen von Mann zu Mann.

Solange ich in der Mühle von Traiskirchen war, schien mir

der Beruf des Offiziers nicht wirklich erstrebenswert, aber letztendlich wäre alles darauf hinausgelaufen. Dann nach dem Krieg, mit einem gewissen Abstand, wäre ich gern Offizier geworden, aber damals hatte Österreich ja noch nicht wieder ein Heer. Da waren alle Überlegungen illusorisch, und ich habe mich lieber zunächst einem soliden Handwerk zugewendet.

In der Rückschau ist mir die starke politische Zielsetzung der Napola schon bewußt geworden, im allgemeinen Routinebetrieb der damaligen Zeit haben wir sie nicht wahrgenommen. Da herrscht eine andere Erinnerung vor. Die etwa, daß wir im Winter, barfuß und nur mit Turnhose bekleidet, bei eisiger Kälte stundenlang im Schnee auf den Turnfeldern herumgerobbt sind, blaugefroren, und geglaubt haben, wir müßten sterben. Natürlich starb keiner, keiner war erkältet, und jeder dachte danach nur: »Toll, daß wir das geschafft haben!«

So gut wir in Traiskirchen über die militärische Situation informiert waren, so wenig wußten wir über die Lage etwa der Juden. Sie war kein Thema. Ich kann mich allerdings erinnern, daß ich einmal in der Badner Bahn einer jüdischen Familie begegnete, die den Stern am Mantel trug. Das war mir unheimlich, ich war verunsichert. Das Spannungsfeld hatte sich eben auch auf uns Uninformierte übertragen. Irgendeine Ahnung, was sich da wirklich abspielte und in welch erschreckendem Ausmaß, hatte man nicht. Man wußte, daß da was läuft, aber doch nicht, daß etwa Leute umgebracht wurden. Die Arisierungen in Wien, das ja einen hohen jüdischen Anteil hatte, bekam man natürlich irgendwie mit. Eine antisemitische Ausrichtung etwa unseres Biologie-Unterrichts im Sinne des NS-Rassegedankens ist mir hingegen nicht erinnerlich.

Der Tagesablauf war wohl in allen Napolas ziemlich gleich: Frühes Wecken mit Hornsignal, dann Morgensport, je nach Geschmack des Zugführers gestaltet, dann kamen die Flaggenparade, wiederum mit Trompetensignal, und das Frühstück im großen Speisesaal. Anschließend begann die Schule nach dem allgemeinen Plan für die Realgymnasien. Dann gab's Mittagessen, und es begann der Unterricht im Freien, der sich im

Gelände, auf dem Sportplatz oder im Schwimmbad abspielte. Nach dem Abendessen fanden oft Heimabende statt, bei denen gesungen, gespielt oder gebastelt wurde. Zapfenstreich, wieder geblasen, war relativ früh.

Es gab die Problematik der Bettnässer. Psychologen würden das wohl als eine Flucht in die Kindlichkeit, um der harten Wirklichkeit zu entgehen, erklären. Die Strafe für Bettnässer bestand darin, daß man sie bloßstellte und dem Spott der Kameraden aussetzte.

Man hatte auch offenbar Angst vor der Homosexualität – die alte Kadettenanstaltsproblematik – und förderte durch Tanzstunden den Kontakt mit dem anderen Geschlecht. Zu homosexuellen Handlungen ist es bei uns nicht gekommen, lediglich in Andeutungen, als Bedürfnis, einmal einen fremden Körper zu berühren.

Die Hackordnung war bestimmt durch den Druck der Älteren auf die Jüngeren (»Du Furz!« war ein stehender Ausdruck) und auch der gleichaltrigen Jungmannen untereinander. Es setzte auch Watsch'n, wenn einer nicht spurte. Und kaum gab es Schwächere, hat man selbst ausgeteilt.

Der Erfolg der Napola-Schüler auch im späteren Leben erklärt sich für mich ganz einfach daraus, daß sie nach körperlichen und geistigen Fähigkeiten ausgesucht waren. Und sie haben in der Schule gelernt, sich durchzubeißen und nicht aufzugeben.

An den 20. Juli 1944 habe ich keine Erinnerung mehr. Aber sicher haben wir empört auf das Attentat reagiert und die Tat als Verrat empfunden. Wir handelten im streng auf Befehl ausgerichteten Gehorsamsdenken und kannten keine Zweifel. In unseren Stuben hingen an den Wänden auch keine Parteigrößen, sondern soldatische Szenen. Und über Konzentrationslager gab es nur eine dumpfe Ahnung. Man darf nicht vergessen, daß es in Österreich schon vor den Nationalsozialisten eine »schwarze Diktatur« und Lager gegeben hat, in denen Sozialdemokraten und Nationalsozialisten gemeinsam eingesperrt waren. Deshalb war Dachau für uns ein Anhaltelager für politische Gegner, wie wir es ähnlich auch schon bei uns gekannt hatten. Von der Ermordung von Juden habe ich wie wohl die meisten erst nach dem Krieg erfahren.

Es sind furchtbare Verbrechen geschehen, von denen ich wünschte, sie wären nicht passiert. Aber Mord ist Mord, von wem er auch begangen wird, und Opfer bleiben Opfer, egal von wem sie etwa umgebracht oder vertrieben worden sind. Da darf nicht mit zweierlei Maß gemessen werden! Ich habe die Kapitulation bei meiner Mutter im Kreis Leitmeritz erlebt, ich habe die Jagd der Russen auf die Frauen mit ansehen müssen und werde deren Schreie nie vergessen. Auch das hat mich stark geprägt. Und deshalb wende ich mich auch in meiner politischen Arbeit gegen die Klassifizierung: »Gute Opfer – schlechte Opfer«.

Die ganze Zeit über hat uns in Traiskirchen ein Faktum begleitet, das bis heute in meinen Lebensgewohnheiten nachwirkt: Wir hatten Hunger. Wir waren eben jung, und es war Krieg. Das um Brot Betteln war zwar verboten, aber an der Tagesordnung. Wir sind regelmäßig zum Schiebefenster der Küche gegangen, haben dezent geklopft und die »Kuchelmenscher«, meist tschechische Mädchen, um Brotreste gebeten. Die haben wir dann in unseren Überfallhosen versteckt und rasch im Verborgenen gegessen. Jahrzehnte später – als Justizminister – sitze ich einmal bei einer Tagung von Strafvollzugsbeamten beim Essen einem Anstaltspsychologen gegenüber, der mich fragt: »Herr Minister, waren Sie ein Heimkind?« Und zur Erklärung anfügt: »So wie Sie ißt nur ein Heimkind, das fürchtet, alles hergeben zu müssen, wenn es nicht rechtzeitig fertig wird.« Also zumindest bei den Eßgewohnheiten hat mich die Napola nachhaltig geprägt…

Einmal jährlich treffen wir ehemaligen Napola-Schüler aus Traiskirchen uns und tauschen Erinnerungen aus. Zur Soziologie dieser Treffen ist zu sagen, daß meine Kameraden zum Teil nationalen Familien entstammen, aber auch der Anteil mit sozialdemokratischem Hintergrund auffallend hoch ist, die »Schwarzen« hingegen kaum ins Gewicht fallen.

Das erklärt sich zum einen wohl daraus, daß die Napola den Kindern aus ärmeren Schichten die Möglichkeit gab zu reüssieren. Zum anderen brachte der »Anschluß« manche Sozialdemokraten wieder in Positionen zurück, die ihnen die Klerikal-Konservativen genommen hatten.

Es gab keine »Seilschaften« ehemaliger Napola-Schüler nach dem Krieg. Auch wenn der überdurchschnittliche Erfolg vieler von ihnen den Gedanken an so etwas nahelegt. Aber einerseits war ihre berufliche Entwicklung viel zu unterschiedlich, und andererseits lebten und arbeiteten sie zu weit verstreut. Bei unseren Kameradentreffen ist auch nicht zu übersehen, daß wir uns mit der Napola-Zeit erst wirklich intensiv beschäftigen, seit die meisten von uns in Pension sind und mehr Muße und damit mehr Zeit dafür haben.

Eines stimmt mich heute in der Rückschau schon sehr nachdenklich: Wir Buben haben gewußt, wir werden Soldaten und werden alle Befehle, die man uns gibt, befolgen. Alle. Den einen oder anderen vielleicht unter entsetzlichen inneren Kämpfen, aber ohne auch nur den Ansatz zu einer Diskussion...

Weihnachtsurlaub 1944: Jungmann Hellmuth Karasek bei seinen
Eltern und Geschwistern in Brünn

Wortgewandter Publizist:
Hellmuth Karasek ist erfolgreich in der
Presse wie beim Fernsehen tätig.

Hellmuth Karasek

»Die Angst der Bettnässer«

Hellmuth Karasek, 1934 in Brünn geboren, kam als Zehnjähriger in die Napola Loben (Lubliniec) in Oberschlesien und gehörte ihr ein dreiviertel Schuljahr an. Immerhin genügte diese kurze Zeit in der »Schleifanstalt«, um das Muttersöhnchen grundlegend zu verändern, wie Karasek in seinem Tonbandgespräch offen zugibt.

Die Kapitulation erlebte Karasek bei seinen Eltern in Brünn. Als die Russen kamen, feilte er sorgfältig aus dem Koppelschloß seiner Napola-Uniform das Hakenkreuz heraus. Das Koppel mußte als sein einziger Gürtel noch bis 1947 halten. Über diese Zeit sagt er nur lapidar: »Ich habe es überlebt.«

Karasek besuchte bis zum Abitur 1952 das Gymnasium in Bernburg an der Saale und ging noch im selben Jahr in den Westen – nach Tübingen, wo er Germanistik, Geschichte und Anglistik studierte und 1958 promovierte. Seither tanzt Karasek beruflich erfolgreich auf vielen Hochzeiten. Journalistisch begann er 1960 bei der »Stuttgarter Zeitung«, leitete später bei »Zeit« und »Spiegel« die Kulturressorts und ist heute Herausgeber der Zeitung »Der Tagesspiegel« in Berlin. Besonders bekannt wurde Karasek als amüsant-kritisches und wortgewandtes Mitglied der populären ZDF-Sendung »Das Literarische Quartett«.

Auch als Dramatiker (Daniel Doppler) und Buchautor machte sich Karasek einen Namen. Er schrieb mehrere Boulevard-Komödien (»Die Wachtel«, »Hitchcock«, »Innere Sicherheit«) und erfolgreiche Bücher (»Billy Wilder«, »Go West«, »Hand in Handy«, »Das Magazin«). Außerdem ist Karasek Professor am theaterwissenschaftlichen Institut der Universität Hamburg.

Hellmuth Karasek ist seit 1982 mit der Feuilleton-Redakteu-

rin Dr. Armgard Seegers verheiratet, hat drei Söhne und eine
Tochter und lebt in Hamburg und Berlin.

Im Jahre 1944 wurde ich auf meiner Bielitzer Oberschule in
Oberschlesien für eine Aufnahmeprüfung zur Napola Loben
ausgesucht. Mir ist in Erinnerung, daß alle Jungens bei der ob-
ligatorischen Mutprobe wie Lemminge von der hohen Spros-
senleiter sprangen und drei sich das Bein verknacksten oder
brachen. Alle wollten besonders mutig sein, alle von der obersten Sprosse springen, obwohl eigentlich keiner so recht Lust
hatte, von zu Hause weg in die strenge Drillanstalt zu kommen.

Ich kam dann zu Beginn des neuen Schuljahres nach Loben,
auf polnisch Lubliniec genannt. Loben liegt nördlich von Kattowitz und beherbergte in einer ehemaligen polnischen Offiziersschule die unteren Klassen (Züge) der Napola Annaberg,
die auf dem für die Nazis so wichtigen Kampfplatz angesiedelt
war.

An die Schulzeit in Loben zu Ende des Krieges erinnere ich
mich vor allem durch Bilder, wie etwa die Gründung des
Volkssturms, als wir angetreten waren und so martialische Gesänge von uns gaben wie:

> Legt Pflug nun und Spachtel
> legt Zirkel und Feder nun aus der Hand
> es lodert an unserer Grenze
> ein blutig roter Brand
> nehmt Waffen und Wehre
> es geht um unsere Ehre
> nehmt Waffen und Wehre
> es geht um unsere Ehre.

Das hatte einer unserer Lehrer »gedichtet« und ein anderer
mit furchtbar primitiven Fanfarenklängen vertont.

Ich erinnere mich an diese Zeit des Kriegsendes, weil wir

Schüler oft in die Wälder gejagt wurden, um dort Lametta auf-zusammeln, das die amerikanischen und britischen Flugzeuge abgeworfen hatten, um die deutsche Flugabwehr zu irritieren.

Meine Zeit in der Napola war für mich nicht aus politischen Gründen so furchtbar, sondern weil ich ein Muttersöhnchen war. Mir gefielen die »Maskenbälle« nicht, wenn wir uns mit-ten in der Nacht zu Geländespielen dreimal umziehen mußten. Mir gefiel nicht, daß wir unsere Händel mit Boxhandschuhen austragen mußten und uns die Nasen blutig schlugen. Mir ge-fiel nicht, daß es dauernd Appelle gab, bei denen wir Zeuge wurden, wie Leute mit Stockhieben bestraft wurden, weil sie ihr Thermometer in Kaffee getunkt hatten, um in die Kran-kenstation zu gelangen.

Ich habe meiner Mutter immer wieder Briefe geschrieben, in denen ich bettelte, sie möge mich da raus und nach Hause nehmen. Die Briefe gingen natürlich durch die Zensur, und ich wurde jedesmal von meinem Zugführer, einem großen SS-Mann, der immer eine besonders intensive Parfümwolke hin-ter sich herwehen hatte, ermahnt und auch bestraft. Einmal sogar mit Stockhieben.

Von der Unterrichtszeit ist mir in Erinnerung, daß wir zum Beispiel zum Antisemitismus erzogen wurden. Das drückte sich dadurch aus, daß ein kleiner, rundlicher Lehrer, der einen Zwicker ähnlich dem Himmlers trug, uns erklärte, die Juden empfänden Arbeit als Strafe und dafür die Vertreibung aus dem Paradies anführte und das Bibelzitat »Im Schweiße eures Angesichts sollt ihr das Brot essen«.

Ich erinnere mich vor allem an die vielen Schleifereien – daß wir also bei schlechten Zensuren sofort in die Sporthalle oder auf den Sportplatz getrieben wurden, wo wir entweder Liegestütz machen mußten oder in Hockstellung, die Hände vorgestreckt, über den Platz hüpfen mußten. Oder in der Turnhalle an Sprossenleitern hingen, die Beine waagrecht ge-streckt, und der Lehrer mit dem Schlagholz unter uns entlang-fuhr, so daß diejenigen, die die Beine hängen ließen, einen Schlag bekamen.

Die schlimmste Tyrannei ergab sich allerdings durch die Kameradschaft. Ich zum Beispiel war ein recht schlampiges Muttersöhnchen und hatte abends oft meinen Spind nicht ordentlich gebaut, das heißt, die Wäschestücke lagen nicht auf Kante mit den Regalen. Kam dann der Zugführer zur Abendinspektion rein, hat er die Regale mit einem Stiefeltritt einfach umgedreht, und alle meine Sachen – Bücher, Lebensmittel, Hemden – fielen wild durcheinander. Die ganze Stube mußte dann in Habacht-Stellung so lange warten, bis ich meinen Spind wieder ordentlich gebaut hatte. Man kann sich denken, daß all das die Gelüste meiner Kameraden, mich zu verprügeln, angestachelt hat. Dafür, daß ich sie so oft habe warten und stehen lassen, haben mich meine Mitschüler eigentlich recht anständig behandelt.

Ich erinnere mich vor allem an das Aufwachen, den morgendlichen Appell um sechs Uhr, wo wir in der Herbsteskälte zitternd herumstanden und eine dünne Kaffeebrühe zu trinken bekamen und einen Schlag Haferflocken. Ich erinnere mich deshalb so genau, weil das Bettenbauen für mich ein ähnliches Unglück war wie das Schrankbauen. Und wohl auch deshalb, weil jeden Morgen in unserer Stube, wo wir zu sechst und zu siebt lagen, ein wildes Reiben der Bettlaken begann durch Kameraden, die Bettnässer waren (vielleicht auch aus Schreck vor dieser Anstalt) und jetzt versuchten, das Bett trocken zu bekommen. Denn für Bettnässer gab es drakonische Strafen, zum Beispiel das Schlagen mit dem Schlagstock.

Meine Erinnerungen an die Napola sind also weniger politische Erinnerungen als Erinnerungen an eine Kadettenanstalt. Meine politischen Reminiszenzen beziehen sich auf die gesunden und kräftigen Zugführer in SS-Uniform, die wir ein wenig verachteten, weil sie nicht wie unsere Väter an der Front standen, sondern nur Kinder erzogen und als Drückeberger galten. Das Politische, an das ich mich erinnere, betrifft auch die Tatsache, daß wir nur in Gruppen ausgehen durften, um in dieser stark polnisch ausgerichteten Umgebung den Rempeleien und Prügeleien gewachsen zu sein. Uns wurde, obwohl wir ja in der

Mehrzahl erst zehnjährige Pimpfe waren, der Selbstschutz empfohlen. Doch glaube ich nachträglich, daß wir nicht echt gefährdet waren, da die Polen mit zu drastischen Strafen rechnen mußten, wenn sie es gewagt hätten, uns zu überfallen. (Wir waren übrigens sehr stolz auf unsere Uniform und haben zusammen mit der Uniform durchaus ein Elitebewußtsein entwickelt; wir fühlten uns sehr geschmeichelt, wenn wir als »kleine Soldaten« angesprochen wurden – die Uniform sah ja sehr militärisch aus.)

Meine Zeit an der Napola war glücklicherweise kurz, denn ich bin von meiner Mutter im Januar 1945 nicht mehr aus den Weihnachtsferien nach Loben zurückgeschickt worden. Die Russen hatten im Osten eine Offensive gestartet, die unser Gebiet zu überrollen drohte.

Ich habe anschließend von anderen Leuten gehört, daß unter den Schülern, die zurückgefahren waren, eine Art Massaker stattgefunden hat, kann das aber nicht bestätigen und bin der Sache auch nicht nachgegangen. Ich war jedenfalls sehr erleichtert, daß ich nicht in diese Schleifanstalt zurück mußte und habe dafür das Ende des Krieges billigend in Kauf genommen.

Trotz meiner kurzen Zeit in Loben war meine Abrichtung durch die Napola dennoch schon geglückt: Eines Tages habe ich aufgehört, meiner Mutter jammernde Briefe zu schreiben mit dem Tenor: »Hol mich doch hier raus!« Statt dessen bin ich einmal diesem parfümierten Zugführer, der mir als sehr groß und klobig in Erinnerung ist, hinterhergelaufen, habe mich zu ihm gestellt und ihm ohne Aufforderung erklärt, daß ich nun doch hier bleiben wolle und zwar gern. Er hat mich nur kurz angesehen und gesagt, daß ihn das freue.

Ich hatte, bevor ich in die Napola kam, bei einem Jugendfreund meiner Mutter, der eine Musikschule hatte, das Geigenspiel gelernt und bin in der Napola in eine Musikgruppe gekommen. Die Ausbildung dort war allerdings so schlecht, daß ich mein niedriges Niveau mitnichten verbessern konnte, sondern statt dessen die ganze Lust am Musizieren verlor.

Wenn ich mir heute überlege, was meine inneren Gründe gegen diese Anstalt waren, so fallen mir mehrere Sachen ein: Da war einmal meine Unsportlichkeit, dann die Unbequemlichkeit des Schleifens, daß man getriezt und in der Persönlichkeit zerstört wurde. Weiter die militärische Ausbildung, die dauernden Geländespiele. Die schulische Ausbildung hatte offensichtlich kein großes Niveau, denn ich erinnere mich, daß wir im Englischen ein Stück, »Methusalem«, lasen, an dem wir, obwohl es relativ kurz war, ein Vierteljahr herumgeknabbert, immer wieder dieselben Stellen gelesen haben.

Auch noch in lebhafter Erinnerung ist mir diese trostlose Landschaft um Lublinitz, diese flachen Bauten, die, wenn ich es nachträglich bedenke, entfernte Ähnlichkeit mit einem Lager hatten. Andere Erinnerungsfetzen sind das schlechte Essen, die Frauen, die uns betreuten. Da gab es eine flachsblonde Frau, die uns das Nähen beibrachte, damit wir unsere Knöpfe selber annähen konnten, und die uns auch die Bettbezüge und das Drillichzeug und die verschiedenen Uniformen zuteilte. Ich erinnere mich, daß sie ein besonders barsches und burschikoses Wesen hatte, also eine besonders »männliche« Frau war.

Es war eine Welt, die meiner Herkunft eigentlich ganz entgegengesetzt war, denn ich kam aus einer nach damaligen Begriffen eher weichen und verweichlichten Familie, obwohl mein Vater ein großer Sportler war.

Ich erinnere mich noch, daß mich nach den Herbstferien mein Onkel, der Leutnant an der Ostfront auf Heimaturlaub war, nach Loben zurückbrachte, weil er mächtig stolz auf seinen Neffen war. Mir fällt auch ein, daß ich auf der Fahrt in die Weihnachtsferien zu einem Freund in Kattowitz eingeladen war, dessen Vater ein Hotel besaß, das für damalige Verhältnisse luxuriös war. Diese Einladung für eine Nacht haben wir sozusagen als Ausgleich für die karge Napola-Zeit angesehen, indem wir das süße Hotelleben mit Restaurant und Bedienung genossen.

Die nächtlichen »Maskenbälle« oder »Maskeraden« in der

Napola, die gar nicht so selten stattfanden, sahen so aus, daß wir mitten in der Nacht geweckt und aufgefordert wurden, in fünf Minuten in Ausgehuniform im Hof zu stehen. Dann wurden wir weggeschickt, mußten uns umziehen und in Turnkleidung wieder antreten. Das wiederholte sich mehrmals mit jeweils anderer Kleidung. Danach waren natürlich alle unsere Sachen in Unordnung, und wir mußten nach solchen Appellen noch stundenlang den Spind bauen, so daß wir um sechs Uhr früh, wenn wir geweckt wurden, total übernächtigt waren.

Vielleicht lag es am Endzustand des Krieges, aber ich erinnere mich überhaupt nur an drei Lehrer, was mir heute sehr wenig erscheint. Aber ich glaube, unsere Ausbildung war ideologisch verkümmert und eigentlich nur paramilitärisch. Es war eine reine Ausbildung zur sportlichen Kampfmaschine und gleichzeitig eine Zerstörung der Individualität, aus der eine neue aufgebaut werden sollte. Während wir über den Boden robbten, wurde uns doch gleichzeitig das Gefühl vermittelt, daß wir zu einer Elite gehörten, zu einem Führungskader.

Elke Fröhlich

Die drei Typen der national-sozialistischen Ausleseschulen

D*r. Elke Fröhlich ist wissenschaftliche Mit-arbeiterin des Instituts für Zeitgeschichte in München, Herausgeberin und Autorin der Reihe »Bayern in der NS-Zeit« sowie Herausgeberin der Goebbels-Tagebücher.**

Der Begriff »Eliteschule« legt Assoziationen zu renommierten Ausbildungsstätten wie »Salem«, »Eton« oder »Harvard« nahe, kaum jemand verbindet damit »Plön«, »Köslin« oder »Feldafing«, Ausleseschulen, die das NS-System gleich allen anderen politischen Systemen hervorgebracht hat, jedoch mit einem charakteristischen Unterschied: Die Auswahl der »Erlesenen« erfolgte in erster Linie nach erbbiologischen Kriterien. Ein Interesse Hitlers an den Ausleseschulen ist für den Anfang nicht nachzuweisen, er bediente sich ihrer erst, als für ihn erkennbar wurde, daß sie sich für seine Herrschaftserweiterung und -absicherung instrumentalisieren ließen. Dennoch konnten Gründung und Entwicklung einer nationalsozialistischen Ausleseschule nur unter Berufung auf Hitlers Erziehungsvorstellungen und deren strengste prinzipielle Einhaltung Legitimation erhalten und bewahren.

Sein Dogma nationalsozialistischer Pädagogik – im Kern eine Reduktion auf sozialdarwinistische Grundsätze – hatte

---

* Dr. Elke Fröhlich weist darauf hin, daß ihr Beitrag keinen Bezug auf die Protokolle in diesem Buch nimmt und ohne deren Kenntnis entstanden ist. Für die historisch-wissenschaftliche Exploration des damaligen NS-Eliteschultyps seien überdies späte subjektive Erinnerungen von untergeordnetem Quellenwert.

Hitler schon in seiner erstmals 1925 publizierten Schrift »Mein Kampf« niedergelegt. Darin postulierte er, der völkische Staat habe seine »gesamte Erziehungsarbeit in erster Linie nicht auf das Einpumpen bloßen Wissens einzustellen, sondern auf das Heranzüchten kerngesunder Körper. Erst in zweiter Linie kommt dann die Ausbildung der geistigen Fähigkeiten. Hier aber wieder an der Spitze die Entwicklung des Charakters, besonders die Förderung der Willens- und Entschlußkraft, verbunden mit der Erziehung zur Verantwortungsfreudigkeit, und erst als letztes die wissenschaftliche Schulung.«*

In der schulischen Erziehung maß Adolf Hitler statt »eingetrichterten Stoffes« der »körperlichen Ertüchtigung« – besonders dem Boxen – höchste Bedeutung bei, sollte diese doch seiner Ansicht nach stärkstes Selbstvertrauen und absolutes Überlegenheitsgefühl über andere bewirken. Darin und in der betonten Ausbildung von kriegstauglichen Charaktereigenschaften wie Treue – bis in den Tod –, wie vollkommene Opferwilligkeit und bedingungsloser Gehorsam sah Hitler die besten Garanten schulischer Vorbereitung für den Militärdienst. Die geistige Schulbildung bzw. Wissensvermittlung, wie sie bisher an den staatlichen Schulen geübt worden sei, könne im übrigen vom nationalsozialistischen Staat mit geringen Abweichungen übernommen werden. Dreh- und Angelpunkt dieser Pädagogik bleibe die »rassische Qualität des gegebenen Menschenmaterials«**, die Hitler zufolge absolute Voraussetzung für geistige Leistung sei.

Um dieses »Menschenmaterial« heranzüchten und die nötige »Menschenauslese« betreiben zu können, forderte er: »Die gesamte Bildungs- und Erziehungsarbeit des völkischen Staates muß ihre Krönung darin finden, daß sie den Rassesinn und das Rassegefühl instinkt- und verstandesmäßig in Herz und Gehirn der ihr anvertrauten Jugend hineinbrennt. Es soll kein Knabe und kein Mädchen die Schule verlassen, ohne zur

---

* Hitler, Adolf, Mein Kampf, München 1935, S. 452.
** Hitler, a. a. O., S. 451.

letzten Erkenntnis über die Notwendigkeit und das Wesen der Blutreinheit geführt worden zu sein. Damit wird die Voraussetzung geschaffen für die Erhaltung der rassemäßigen Grundlagen unseres Volkstums und durch sie wiederum die Sicherung der Vorbedingungen für die spätere kulturelle Weiterentwicklung.«*

Mit dieser Maxime entstanden nach der Machtübernahme durch die Nationalsozialisten drei voneinander zu unterscheidende Typen von Ausleseschulen:

1. die staatlichen Einrichtungen von Bernhard Rust unter der Patronage von SA/SS und Wehrmacht, die Nationalpolitischen Erziehungsanstalten (NPEA, gebräuchlicher Napola),
2. die von Robert Ley (Deutsche Arbeitsfront) bzw. Baldur von Schirach (Hitlerjugend) protegierten Adolf-Hitler-Schulen (AHS) und
3. die »Reichsschule der NSDAP Feldafing«, eine Einrichtung von Reichswehr/SA (Ernst Röhm) und NS-Lehrerbund/Partei (Rudolf Heß, später Martin Bormann).

1. Die Nationalpolitischen Erziehungsanstalten

Am 20. April 1933, Hitlers Geburtstag, verfügte Bernhard Rust, der damalige Staatskommissar im preußischen Kultusministerium, im Zuge der »Machtergreifung«, die drei ehemaligen Kadettenanstalten in Plön, Köslin und Potsdam »gemäß ihrer Tradition« zu Nationalpolitischen Erziehungsanstalten umzubilden. Für die Neuaufnahme sei eine Auslese zu treffen, die Lehrkörper seien neu zusammenzusetzen, der Unterrichtsplan neu zu entwerfen und die Hitleruniform als Schülerkleidung einzuführen.** Damit hatte der ehemalige Studienrat und spätere Reichserziehungsminister Rust den ersten Schultyp in der Entwicklung zu einem genuin nationalsozialisti-

---

* Hitler, a. a. O., S. 475 f.
** Vgl. Frankfurter Zeitung vom 20. 4. 1933, S. 2.

schen Schulwesen ins Leben gerufen. Dieser neue Schultyp verbreitete sich zunächst schneller als erwartet, da Rust im Gegensatz zu seinen Konkurrenten von den Adolf-Hitler-Schulen mit ihren monumentalen Neubauprojekten auf die vorhandenen Gebäudekomplexe staatlicher Internatsschulen zurückgreifen konnte.

Noch 1933 wurde damit begonnen, das Potsdamer Große Waisenhaus anzugliedern und die ehemalige Kadettenanstalt Wahlstatt (Schlesien), in der Reichspräsident von Hindenburg Kadett gewesen war, umzuwandeln. Das Jahr 1934 verzeichnete fünf weitere Gründungen der preußischen Schulverwaltung: Naumburg an der Saale, Berlin-Spandau, Schloß Oranienstein bei Diez, Ilfeld (die einzige Napola, die bis 1937 stiftisch blieb, d.h. nicht staatlich war) und Stuhm in Westpreußen. In demselben Jahr wurden auch außerhalb Preußens Napolas eröffnet: Klotzsche (bei Dresden in Sachsen), Backnang (Württemberg) und Ballenstedt im Harz (Anhalt).

Im Jahre 1935 wurden Napolas in dem traditionellen Schulpforta und in einer weiteren ehemaligen Kadettenanstalt eingerichtet: in Schloß Bensberg (beide Preußen). 1936 folgten Köthen (Anhalt) und Rottweil (Württemberg). Nach dem sogenannten Anschluß Österreichs im März 1938 wurden dort die Bundeserziehungsanstalten Akademie-Theresianum, Wien, Traiskirchen bei Wien und Wien-Breitensee in Nationalpolitische Erziehungsanstalten umgewandelt. 1940 erhielt der Sudetengau auf Schloß Ploschkowitz bei Leitmeritz und der Reichsgau Wartheland in Reißen bei Lissa je eine Schule des neuen Typs.

Während des Zweiten Weltkriegs wurde dieser neue Schultyp auch in den besetzten und neueingegliederten Gebieten eingeführt, der dort die Bezeichnung »Reichsschule« führen durfte. Im »Altreich« war diese hervorgehobene Kennzeichnung den Partei-Elite-Schulen vorbehalten. Im zukünftigen »großgermanischen« Reich sollte damit wohl der Anspruch auf deutsche Auslese- und Führungsschulen zum Ausdruck gebracht werden.

Den Wünschen Hitlers entsprechend dienten einige wenige Schulen ausschließlich der Mädchenerziehung. Aus dem Theresianum-Wien ging die Unterstufe in Türnitz und die Oberstufe in Hubertendorf hervor. Aus dieser heraus wurde der Versuch von Tochtergründungen unternommen, z. B. auf Schloß Colmar-Berg in Luxemburg und Achern in Baden. Koningsheide in den Niederlanden war eine weitere Napola für »Mädel«.

Zusammenfassend zählen wir 1935 elf und 1944 schon 22 Napolas im Altreich; zusätzlich 13 Gründungen in den neueingegliederten bzw. besetzten Gebieten. Nach einer Schätzung von 1941 sollen in diesem Jahr rund 6000 Schüler Nationalpolitische Erziehungsanstalten besucht haben, d. h. rein quantitativ gesehen bedeuteten sie keine ernsthafte Konkurrenz zum traditionellen Schulsystem.

Die Napolas standen allen »tüchtigen« Jungen offen, ohne Ansehen von Geld oder Prestige der Eltern. Die Schwerpunkte beim Ausleseverfahren wurden auf rassische, charakterliche, körperliche und geistige Eignung – in eben dieser Reihenfolge – gelegt. Die rassische Auslese erfolgte anfangs durch Ärzte, später durch einen Referenten des Rasse- und Siedlungshauptamtes der SS.* Dem erbbiologischen Aspekt wurde solches Gewicht beigemessen, daß schwächliche Kinder oder gar körperlich Behinderte selbst bei geistiger, ja nicht einmal rassischer Eignung keinerlei Chancen hatten, der künftigen NS-Elite anzugehören. Kinder »alter Kämpfer« besaßen bei der Aufnahme Vorrang, wie ganz allgemein die politische Zuverlässigkeit der Eltern als selbstverständliche Voraussetzung galt. Entgegen häufig anzutreffender Meinung gehörte geistige Begabung bzw. eine den staatlichen Höheren Schulen entsprechende Leistung durchaus zu den Bedingungen für die Aufnahme in eine Napola.

Das Ausleseverfahren setzte mit gewissen »Vormusterun-

---

* Verfügung RMfWEuV vom 19. 5. 1941, Bundesarchiv Koblenz, Slg. Schumacher/270 III.

gen« ein, die vom Anstaltsarzt, Unterrichtsleiter u. a. vorgenommen wurden. Im Durchschnitt wurden nur etwas über hundert Schüler zur einwöchigen Aufnahmeprüfung zugelassen. Diese setzte sich zusammen aus Unterricht und Prüfungen in verschiedenen Fächern sowie jeweils nachmittags körperlicher Ertüchtigung in den verschiedensten Sportarten unter Ablegung zahlreicher Mutproben. Etwa ein Drittel bestand die Aufnahmeprüfung, die Probezeit betrug ein halbes Jahr. Durch ein benotetes Zeugnis mußte der Schüler einer Napola genauso wie der Gymnasiast an einer staatlichen Höheren Schule ständig seine Leistungsfähigkeit unter Beweis stellen.

Die Lehrkräfte wurden weitgehend nach fachlicher Kapazität ausgesucht, doch sollten sie primär die Qualitäten einer »Führerpersönlichkeit« besitzen. Sie kamen von den üblichen Lehrerbildungsanstalten und der Reichsakademie für Sport, aber auch aus der Organisation der Deutschen Studentenschaft und den SS-Mannschaftshäusern. Abgesehen von der üblichen Unterrichtserteilung wurde von ihnen erwartet, daß sie in der Lage waren, eine Formation im Geländesport zu führen. Sie mußten den besonderen Anforderungen einer Internatserziehung gewachsen sein und die Bereitschaft mitbringen, jederzeit Sonderaufgaben (bis zu 29) zu übernehmen. Des weiteren waren »Abkommandierungen« zu weltanschaulicher Schulung und zur Ausbildung zum Reserveoffizier vorgesehen.

Diese breite Skala von Anforderungen wirkte offensichtlich sehr abschreckend, so daß sich in den Napolas bald ein beachtlicher Erziehermangel bemerkbar machte. Mit dazu beigetragen haben sicherlich auch die patriarchalischen Führungsstrukturen auf Grund der überaus starken Stellung des Anstaltsleiters, wodurch die Lehrkräfte oftmals zu seinen Handlangern degradiert wurden. Als mit Kriegsausbruch auch noch über die Hälfte der Erzieher zum Wehrdienst einberufen wurde (von 568 Lehrkräften an den Napolas verblieben nur noch 295), verstärkte sich der Mangel um ein Vielfaches. Intensivierte Werbung seitens des Staates, aber vor allem seitens der SS für die Erziehertätigkeit an den Napolas – u. a. mit fünfjährigem kostenlosem Studium und Freistellung vom Wehrdienst – machten diese kaum attraktiver, so daß die SS bereits 1941 auf holländische und flämische Erzieher zurückgreifen mußte.

Zur Konzeption der Napolas äußerte sich Erziehungsminister Bernhard Rust eher zurückhaltend, besonders nachdem Adolf Hitler auf den Reichsparteitagen 1934 und 1935 unmißverständlich klargemacht hatte, daß Einrichtungen zur Erhaltung und Verbreitung der nationalsozialistischen Weltanschauung allein in der Kompetenz der Partei zu liegen hatten. Rust war schnell bereit, den politischen Erziehungsanspruch der Schule fallenzulassen und die ursprüngliche nationalpolitische Konzeption preiszugeben.

Bei der konzeptionellen Einrichtung des neuen Schultyps standen drei große Erziehungsinstitutionen Pate: die Kadettenanstalten, die Public Schools und die Landerziehungsheime.

Rust berief sich ausdrücklich auf die Wiederbelebung des soldatischen Geistes, der in den ehemaligen Kadettenanstalten geherrscht hatte. Soldatische Tugenden, Ordnung, Zucht und Gehorsam sollten das Anstaltsleben prägen. Trotz der Gemeinsamkeit im Drill und in der vormilitärischen Ausbildung der Zöglinge unterschieden sich diese beiden Schultypen in organisatorischer wie politischer Hinsicht. Die Kadetten wurden ausschließlich für die Offizierslaufbahn ausgebildet, und sie stammten aus Offiziersfamilien.

Die »Jungmannen«, so wurden die Schüler der Napolas genannt, kamen aus allen sozialen Schichten; die Berufswahl blieb ihnen überlassen. Erst am Ende des nationalsozialistischen Regimes schränkte Hitler die freie Berufswahl der Absolventen ein. Mit Erlaß vom Dezember 1944 ordnete er an, den aktiven Offiziersnachwuchs ab Februar 1945 aus den Eliteschulen zu rekrutieren. Der wesentliche Unterschied zwischen Kadettenanstalt und Nationalpolitischer Erziehungsanstalt lag in der Dominanz des Politischen bei der Napola: Der Kadett sollte Soldat werden und seinem Monarchen treu dienen – der Jungmann sollte politischer Kämpfer werden, als Träger der Ideologie eines totalitären Staates für »die Sache des Führers« eintreten, nötigenfalls unter Einsatz seines Lebens.

In dem Versuch, eine Art »selfgovernment« einzurichten und den Jungmannen durchaus wichtige Internatsaufgaben anzuvertrauen, ist das große Vorbild der Public Schools zu erkennen. Doch einer echten demokratischen Mitverwaltung oder gar Selbstverwaltung des Internatslebens wirkte das Führerprinzip diametral entgegen. Deutlicher sind die Parallelen in der zentralen Bedeutung, die dem Sport beigemessen wurde, oder in dem intensiv gepflegten Schüleraustausch mit Schulen im Ausland zu sehen. Die starke Stellung des »headmasters« an den Public Schools entsprach durchaus der des Anstaltsleiters an einer Napola, dessen Ermessensspielraum ebenfalls sehr groß war. Der Anstaltsleiter kam aber aus den Reihen »alter Kämpfer« oder gehörte einer Parteiformation an und hatte sich für die Leitung in irgendeiner Weise politisch und nicht nötigerweise fachlich ausgewiesen.

Der gravierendste Unterschied lag aber wohl im Erziehungsziel der beiden Schuleinrichtungen. Während die Public Schools das Ideal der individuellen Persönlichkeit, den »liberal-weltoffenen« Gentleman, anstrebten, zielten die Napolas auf die Ausbildung des soldatischen Typus, des politischen Kämpfers, der sich an sämtlichen Fronten – den militärischen wie den zivilen – als Nationalsozialist zu bewähren hatte.

Auch mit den Landerziehungsheimen hatten die Napolas gewisse Erziehungsgrundsätze und -methoden gemeinsam. Da diese wie jene zumeist in ländlich schöner Umgebung lagen, die intensiver Pflege bedurfte, war für reichlich Gartenarbeit gesorgt. Darüber hinaus legte man Wert auf Heimarbeit; viele Anstalten verfügten über Werkstätten, in denen sich die Schüler in den verschiedensten handwerklichen Tätigkeiten (Modellieren, Schnitzen, Hobeln etc.) üben konnten.

Das Ziel einer gesunden, einfachen Lebensweise in Selbständigkeit, Pflicht und Verantwortung bei großer Betonung des Sports, all diese offenkundigen Gemeinsamkeiten können aber nicht darüber hinwegtäuschen, daß sich die beiden Schulmodelle in ihrem jeweiligen Gesamtziel der Erziehung sehr stark voneinander unterschieden. Während in den Landerziehungsheimen durch die Vielfalt der Ausbildung einer »sittlichen Haltung« der pädagogische Boden bereitet werden sollte, die sich in familiärer Gemeinschaft bewähren und sich auf sie beschränken sollte, war diese Ausbildung in den Napolas auf »politische Haltung« ausgerichtet, die in allen Berufen und im gesamten öffentlichen Leben zur Festigung nationalsozialistischer Herrschaft Bewährung finden sollte.

Auf die Konzeption der Napolas wirkten auch geistige Einflüsse aus der bündischen Jugend, nicht zuletzt dadurch, daß der eigentliche Initiator der Napolas, Joachim Haupt, ebenso wie sein Nachfolger als Inspekteur, August Heißmeyer, dieser Jugendbewegung verbunden waren – ebenso wie eine stattliche Anzahl von Erziehern der ersten Stunde. Auch jene hatten sich der Gemeinschaftsidee verpflichtet gefühlt und sich durch das besondere Verhältnis von Lehrkräften und Schülern charakterisiert, das sich u. a. in gemeinsamen Erlebnissen wie z. B. Grenz- und Auslandsexkursionen, Zeltlagern, Geländespielen oder Feiern (Sonnenwendfeiern) entwickelte und darin zum Ausdruck kam.

Vorbild für die Napolas war auch die Arbeit der bündischen Jugend in Landwirtschaft und Industriebetrieben. Da wie dort waren die Jugendlichen von dem Gefühl durchdrungen, einer Art politischem Orden anzugehören. Das Gefühl, Teil der Elite der Nation zu sein, gründete nicht zuletzt im Mythos des Soldaten, der in den Schlachten zum Mann gestählt worden ist. Soldatischer Männerbund und Treue zur charismatischen Führerpersönlichkeit, die letzte Bewährung nur im Krieg finden konnte, kurz soldatische Gemeinschaftserziehung, bildeten das Fundament einer »politisch-wehrhaften« Pädagogik, deren einflußreichster Propagandist Ernst Krieck war. Seine

Publikation mit dem bezeichnenden Titel »Nationalpolitische Erziehung«* diente nicht nur als Vorlage für die Namensgebung, sondern liest sich auch in weiten Teilen wie eine programmatische Schrift für den neuen Schultyp, ausgenommen der Passagen, in denen Krieck jede Internatserziehung grundsätzlich ablehnt.

Nach dem »Tag von Potsdam«, der suggestiv inszenierten Konstituierung des neuen Reichstags am 21. 3. 1933 in der Garnisonskirche mit Hitler und von Hindenburg, mag es Bernhard Rust opportun erschienen sein, die politisch belasteten, im Versailler Vertrag verbotenen Kadettenanstalten wiederzubeleben. Denn die Zustimmung des Reichspräsidenten, einstens Kadett in Wahlstatt, war nötig für seine Ernennung zum Reichsminister für Wissenschaft, Erziehung und Volkstum. Die Konzeption für den neuen nationalsozialistischen Schultyp überließ Rust hingegen weitgehend dem bereits genannten Joachim Haupt, Erzieher in der ehemaligen Kadettenanstalt und späteren Staatlichen Bildungsanstalt (Stabila) Plön.

Haupt hatte zahlreiche Schriften veröffentlicht, in denen er die herkömmliche Schule radikal in Frage stellte und in mythischen Bildern das nationalpolitische Modell beschwor. Er forderte u. a. eine weitreichende Selbstverwaltung und Selbsterziehung, praxisnahe Internatserziehung in ländlichem Idyll mit nationalpolitischer Schulung in Rassenlehre, Heimatkunde, Naturkunde und vor allem Geländesport. Gegenüber zu enger Parteigebundenheit und dem Grundsatz der HJ, Jugend führt Jugend, blieb er skeptisch und propagierte statt dessen eine staatspolitische Gemeinschaftserziehung unter der Leitung Erwachsener, was vermutlich der ausschlaggebende Grund war für seine im Zusammenhang mit dem sogenannten Röhmputsch erfolgte berufliche Kaltstellung.

Das nationalpolitische Modell von Joachim Haupt löste sich in dem neuen Schultyp bald auf. Rust tangierte das wenig, hatte er doch für große Experimente ohnehin nicht viel übrig.

---

* Krieck, Ernst: Nationalpolitische Erziehung. Leipzig 1933.

Er deutete die Napolas als »moralische Erziehungsanstalten«, deren Zentrum, die »ständige Erziehungsgemeinschaft«, neben die »Schule« getreten war. Bei den Überlegungen zu einem »Gesetz über die Nationalpolitischen Erziehungsanstalten« wurde zwar festgelegt, daß die »körperliche, charakterliche und willensmäßige Ausbildung« darauf abziele, »der Reichswehr, der SA, dem Staat überhaupt einen ausgesuchten Nachwuchs an vormilitärisch ausgebildeten Führern zu liefern«*, davon abgesehen blieb aber vieles offen. Weder Ausbildungsziele noch Verantwortlichkeiten wurden verbindlich definiert.

Deshalb mündeten die Bestrebungen letztlich nicht in einem Gesetz, sondern nur in einem Erlaß**, der nicht die Einrichtung der Nationalpolitischen Erziehungsanstalt, sondern lediglich die ihrer »Landesverwaltung« begründete. Wegen mangelnder dezidierter Zielvorstellungen überließ die »Landesverwaltung« den einzelnen Anstalten einen relativ großen Ermessensfreiraum, der eine einheitliche Konzeption unmöglich machte. »So war der neue Schultyp«, urteilt Harald Scholtz, »nicht durch eine Erziehungskonzeption charakterisiert, sondern durch einige Arrangements, die das Bild der Anstalten in der Öffentlichkeit bestimmten: Uniformierung, Wehrsport, Ausbildung in allerlei aufwendigen Sportarten.«***

Vor allem die vielfältigen pseudoaristokratischen Sportmöglichkeiten wie Fechten, Reiten, Segeln, aber auch Segelfliegen, Motorsport und anderes mehr sollten dazu beitragen, die Jungen zu »weltfähigen Deutschen« zu erziehen, sie schärften aber wohl vor allem ihr Bewußtsein für ihre Privilegien. Diese schlossen auch das Erlernen eines Handwerks ein wie den

---

*   Zit. nach Ueberhorst, Horst: Elite für die Diktatur. Die Nationalpolitischen Erziehungsanstalten 1933–1945. Düsseldorf 1969, S. 58.
**   Erlaß vom 27. 12. 1933 mit Wirkung vom 1. 2. 1934; über die Auffindung des Erlasses, siehe Scholtz, Harald: Nationalsozialistische Ausleseschulen. Internatsschulen als Herrschaftsmittel des Führerstaates. Göttingen 1973, S. 68 f.
***   Scholtz, a. a. O., S. 76.

Einsatz zum Landdienst bei deutschen Bauern und im Bergwerk ab dem 16. Lebensjahr oder den lebhaften Schüleraustausch mit ausländischen Schülern.

All diese Ausbildungsmaßnahmen waren im Grunde tendenziell darauf angelegt, beim Schüler ein Herrenbewußtsein zu entwickeln. Durch ihre abstechende Uniformierung (1934 spendete die SA olivfarbene Uniformen, ab 1939 hoben sich die Napolas durch Erkennungsfarben an den Schulterklappen als Sonderformation hervor) wurden sie sich gleichfalls ihrer besonderen Stellung (zwischen den braunen und feldgrauen Kolonnen) bewußt.

Für die Formung dieser privilegierten Jugendlichen war der »Dienst« außerhalb des Schulunterrichts von grundlegender Bedeutung, der sich im wesentlichen im Gelände- und Wehrsport niederschlug. Die Bedeutung dieser paramilitärischen Erziehung zum »politischen Soldaten«, ursprünglich eine Forderung von Ernst Röhm, wurde dadurch unterstrichen, daß sie unter Ausschluß externer Schüler nur den Internatsangehörigen vorbehalten blieb. Ihre Leistungen auf wehrsportlichem Gebiet stellten die Jungmannen in sogenannten Manövern – oft im Beisein hochrangiger Personen des öffentlichen Lebens – unter Beweis.

Im Anstaltsleben waren die Schüler bzw. Jungmannen in Formationen eingeteilt, die sich »Züge« (identisch mit Klassen) und »Hundertschaften« (identisch mit den Kompanien der Kadettenanstalten) nannten. Dem »Zugführer« (identisch mit Lehrer) waren die jeweiligen »Jungmann-Zugführer« unterstellt, alles äußerliche Zeichen für die militärische Durchstrukturierung des gesamten Internatslebens.

Die Napolas waren Einrichtungen der Länder, unterstanden aber der Dienstaufsicht und der Verwaltung des Reichserziehungsministeriums. Bald wirkten sich – wie in nahezu sämtlichen Bereichen politischen Lebens – parteiinterne Rivalitäten auch auf den Ausbau eines nationalsozialistischen Schulsystems spürbar aus. Im Verlauf dieser Auseinandersetzungen ging Rust eine immer enger werdende Bindung mit der SS ein.

Seinen ersten Leiter bzw. »Inspekteur« der Napolas, Joachim Haupt, auf den die Einführung des Moltke-Wortes »Mehr sein als scheinen« zurückzuführen ist, das auf dem Ehrendolch eines jeden Jungmannen eingraviert war, ließ Rust schnell fallen, als die Napolas politisch in die Krise gerieten und im Zuge einer verspäteten Nachholung politischer Gleichschaltung konservative und revolutionäre Kräfte geopfert wurden.

Der Vorwurf homosexueller Neigung gegenüber Haupt eignete sich hervorragend für die Durchsetzung des erwachten Interesses seitens der SS an dem sich erfolgreich ausbreitenden Schultyp. Während die SS aktiv die Beseitigung von Joachim Haupt betrieb, beharrte Himmlers rühriger Amtschef, Gottlob Berger, darauf, Rust habe, da er sich in seinem eigenen Ministerium gegenüber den Reaktionären wie Haupt nicht durchzusetzen vermochte, die Übernahme der Napolas durch die SS erbeten. Daraus resultierte 1935 die Ablösung Haupts durch den damaligen Chef des SS-Hauptamtes, August Heißmeyer, der im Sommer 1939 auch noch die »Inspektion« der Napolas in Anhalt, Sachsen und Württemberg übertragen bekam.

Damit hatte der Reichsführer SS und Chef der Deutschen Polizei, Heinrich Himmler, dessen Macht und Einfluß im Verlauf nationalsozialistischer Herrschaft noch gewaltig anwuchs, in protektionistischer Weise sein Interesse an den Napolas bekundet, was ihnen politische Sicherheit für die Zukunft signalisierte. Sein Ziel, die Napolas zu »verreichlichen«, konnte Himmler nicht mehr verwirklichen. Doch seinem Amtschef Berger, im Krieg um Führernachwuchs der Waffen-SS besorgt und insofern an verstärktem Einfluß der SS auf die Napolas interessiert, gelang es, über den Kopf von Rust hinweg, Heißmeyers »Inspektion« der SS organisatorisch zuzuschlagen. Dessen Dienststelle firmierte fortan als ein SS-Hauptamt; Finanzierung und Werbung wurden von der SS übernommen, Heißmeyer mit Organisation und Leitung der Dienststelle beauftragt.

Heißmeyers Parole für die Napolas – »glauben, gehorchen

und kämpfen« –, die auf völlige Identifizierung des Schülers mit dem »Willen des Führers« und seinen bedingungslosen Einsatz abzielte, ließ sich nur unter weitestgehender Ausschaltung »rationaler Kontrollen« mit irrationaler Schwerpunktgebung verwirklichen. »Ehrgefühl« und »Vitalität« lieferten das Fundament des Irrationalismus, jederzeit für den »Führer« »Einsatzbereitschaft« und »Opfermut« unter Beweis zu stellen. Das Erziehungsziel war nicht die Heranbildung einer intelligenten, kritischen Elite, sondern einer dem »Führer« bedenkenlos folgende und willenlos gehorchende Führungsschicht. Aus den Napolas waren Instrumente des Führerstaates geworden.

2. Adolf-Hitler-Schulen

Im Gegensatz zu den staatlichen Napolas wurden die Adolf-Hitler-Schulen a priori als Parteischulen gegründet, deren Aufgabe es war, ausschließlich künftige Parteiführer auszubilden. Die Initiative zur Gründung dieses neuen Schultyps ging von dem für die Schulung der Politischen Leiter zuständigen Reichsschulungsleiter der NSDAP, Robert Ley, aus. Mit seinem Plan, die Napolas in sein neues Schulschema zu integrieren, doch die Schulaufsicht der Partei zu übertragen, mußte er den Widerstand des Erziehungsministers Rust provozieren. Dennoch einigten sich beide im Oktober 1936 auf einen Entwurf, der parteieigene »Aufbauschulen« vorsah, zu deren bisherigen Schulträgern nun auch die NSDAP zählen sollte, Rust aber behielt sich die staatliche Schulaufsicht ebenso vor wie das Recht auf die Ernennung von Lehrkräften.

Der Reichsorganisationsleiter und Chef der Deutschen Arbeitsfront Ley suchte daraufhin einen Mitstreiter und fand ihn im Reichsjugendführer Baldur von Schirach, dem er im November 1936 seine Planungen vortrug. Schirach reagierte positiv und schlug den Namen »Adolf-Hitler-Schule« vor. Gesamtkonzept und Namensvorschlag wurden im Januar 1937 Hitler vorgelegt und von ihm gebilligt. In der von Hitler unterzeichneten Gründungsverfügung vom 15. 1. 1937 (veröffentlicht am 1. 2. 1937) war Rust ungeachtet des ausgehandelten Kompromisses völlig ausgeschaltet und die Adolf-Hitler-Schule allein Ley und Schirach unterstellt.

Die künftige Parteielite sollte danach in einem dreiteiligen Schulsystem von der Grundschule bis zur Ordensburg ausgebildet werden. Dazwischen lag die sechsklassige Adolf-Hitler-Schule, eine Oberstufen-Internatsschule für das 7. bis 12. Schuljahr. Nach Abschluß der Adolf-Hitler-Schule und Ableistung von Wehr- und Arbeitsdienst und nach erneuter Selektion konnten die sogenannten Führer-Anwärter die Ordensburgen besuchen. Die Adolf-Hitler-Schulen galten laut Verfügung von Hitler als Vorschulen für die NS-Ordensburgen.

Ein Schüler konnte in die Adolf-Hitler-Schule einzig und allein auf Vorschlag der örtlichen Parteiführung aufgenommen werden, vorausgesetzt, er hatte sich in der Hitlerjugend bzw. im Deutschen Jungvolk bewährt und seine »Erbgesundheit« und »Rassereinheit« durch einen lückenlosen »Abstammungsnachweis« bekundet. Die Adolf-Hitler-Schule sollte Jungen aus allen sozialen Schichten offenstehen; weder soziale Herkunft noch geistige Fähigkeiten entschieden über die Aufnahme an eine Adolf-Hitler-Schule, allein rassische Eigenschaften sollten ausschlaggebend sein.

Als sich aber bald eine beträchtliche Anzahl von Schülern bemerkbar machte, die selbst mäßigen geistigen Anforderungen nicht gewachsen war, wurden im Herbst 1938 die Auslesekriterien insoweit geändert, als dem jeweiligen Intelligenzgrad des Probanden etwas mehr Wert beigemessen wurde. Eine Aufnahmeprüfung wie bei den Napolas gab es nicht. Der Besuch einer Adolf-Hitler-Schule war unentgeltlich. Sämtliche Kosten, die den parteieigenen Schulen entstanden, wurden aus Parteimitteln beglichen. Die Partei sicherte sich dafür durchaus weitgehende juristische Rechte, so konnten z. B. Eltern ihren Sohn nicht gegen den Willen der Partei von einer Adolf-Hitler-Schule nehmen.

Die Adolf-Hitler-Schulen unterstanden einem unmittelbar dem Reichsjugendführer Schirach unterstellten »Inspekteur der Adolf-Hitler-Schulen« (dem 28jährigen Kurt Petter), der, nachdem Schirach im August 1940 von seinem Posten abberufen worden war, in »Kommandeur der Adolf-Hitler-Schulen« umbenannt wurde. Dessen vergleichsweise geringere Stellung kam dadurch zum Ausdruck, daß sie ab September 1942 nur noch dem Stabsführer des Reichsjugendführers zugeordnet war. Ley ernannte seinerseits innerhalb der Reichsorganisationsleitung einen »Beauftragten der Adolf-Hitler-Schulen« (Johannes Dietel), der dem Hauptschulungsleiter unterstellt war und zusammen mit dem Hauptpersonalamt in der Reichsorganisationsleitung die Führung der Adolf-Hitler-Schulen zu verantworten hatte, d. h. vorrangig für die Erledigung von verwaltungstechnischen Aufgaben zuständig war.

Der Kommandeur der Adolf-Hitler-Schulen beim Reichsjugendführer und das Hauptpersonalamt der Reichsorganisationsleitung der NSDAP waren zuständig für die Auswahl der Erzieher, die seit November 1937 ihre Ausbildung auf der NS-Ordensburg Sonthofen in einem eigens für sie institutionalisierten Erziehungsseminar, ab 1938 Erzieherakademie genannt, erhielten. Sämtliche Erzieher kamen aus der HJ, was dieser naturgemäß einen manifesten Einfluß auf die Schulpraxis sicherte. Auf Grund der fragwürdigen schulischen Ergebnisse der ersten beiden Jahre wurde auch für die Lehrkräfte der Adolf-Hitler-Schulen nach sportlicher und ideologischer Grundausbildung mit anschließender wissenschaftlicher Weiterbildung an Universitäten die Gymnasiallehrer-Qualifikation angeordnet.

Leys erklärtes Ziel, in jedem Gau eine landsmannschaftlich geprägte Adolf-Hitler-Schule ins Leben zu rufen, scheiterte ebenso wie die angestrebte landsmannschaftliche Strukturierung. 1942 ordnete Hitler an, die Zusammenfassung der Schüler nach Gauzugehörigkeit durch Mischung der Schüler unterschiedlicher landsmannschaftlicher Herkunft zu ersetzen. Hinter diesem singulären Eingreifen Hitlers in die inneren

Angelegenheiten der Adolf-Hitler-Schulen stand sein massives politisches Interesse, der Bildung regionaler »Gauburgen« vorzubeugen. Nicht kameradschaftliche Gemeinschaft, sondern dem Dienst verpflichtete, auf den »Führer« ausgerichtete Mannschaft sollte in den Führernachwuchsschulen des »neuen Deutschland« entstehen.

Die privilegierte Stellung der Adolf-Hitler-Schulen sollte schon äußerlich in ihrer Architektur Ausdruck finden. Doch zunächst mußten die Schüler sämtlicher Adolf-Hitler-Schulen in den Ordensburgen Krössinsee und Sonthofen untergebracht werden. Inzwischen wurde mit dem Neubau von Schulkomplexen in verschiedenen Gauen begonnen (allein zum Jahrestag des Gründungsbeschlusses in Ostpreußen, Kurmark, Köln-Aachen, Koblenz-Trier, Thüringen, Franken, München-Oberbayern, Mecklenburg, Westmark), doch keines der Bauvorhaben wurde beendet.

In der Aufbauphase gab es zehn, 1939 bereits 32 solcher Heimschulen. Die Zahl der in Sonthofen untergebrachten Schüler schwoll bedrohlich an (von 300 Schülern im Jahre 1937 auf 1700 im Jahr 1941). Nach dem Umbau einiger vorhandener Gebäude erfolgte die Verlegung in ihre Standorte erst 1941, lediglich Iglau (Böhmen und Mähren) und Wartha (Schlesien) eröffneten ihre Adolf-Hitler-Schule bereits zu Beginn an ihrem Standort. Letztlich vermochte Robert Ley die Schulen nur provisorisch unterzubringen. Erst nachdem er sich gemeinsam mit Baldur von Schirach durchgerungen hatte, dem Reichsschatzmeister der NSDAP, Franz Xaver Schwarz, die gesamte Verwaltung der Adolf-Hitler-Schulen anzubieten, setzte sich dieser für deren Unterbringung in den einzelnen Gauen ein. Ein Abkommen vom Juli 1941 sah die Übernahme der Finanzverwaltung der DAF durch den Reichsschatzmeister zunächst nur bei vier Adolf-Hitler-Schulen vor, im Mai 1942 folgte die Übernahme der restlichen Adolf-Hitler-Schulen.

Leys Denkschrift »Die Adolf-Hitler-Schule« aus dem Jahre 1937 hatte für deren Gestaltung durchaus ihre Bedeutung, wenn sie sich auch von dem Vorbild der Ordensburgen, deren Grundstruktur Ley für die Adolf-Hitler-Schulen zu imitieren gedachte, weit fortentwickelten. Einige seiner Forderungen erregten wegen ihrer Ungewöhnlichkeit oder pädagogischen Modernität beträchtliches Aufsehen und bestimmten zu einem erheblichen Teil das Image der Adolf-Hitler-Schulen in der Öffentlichkeit als revolutionäre Institution des nationalsozialistischen Regimes.

Dabei berief sich Ley in seinem Schulexperiment auf eine Erziehungsmethode, die sich im wesentlichen mit dem Motto vom »organischen Wachsen und Werden« umschreiben läßt. Als seinen Idealjungen für die Eliteschule beschrieb er – auch hier den Erziehungsvorstellungen Hitlers folgend – den »kleinen Rädelsführer«, dessen Führernatur sich schon im Kind kräftig bemerkbar macht. Durch intensive Ausübung von Kampfsport (Boxen, Ringen, Fechten u. a.) und vormilitärische Ausbildung sollte dieser körperliche Disziplinierung bis zur Überwindung der Todesfurcht und seelische Disziplinierung bis zur bedingungslosen Identifizierung mit dem »Führerwillen« erfahren. In der Praxis hieß das Exerzieren von Gehorsam, Drill, Bewährung seines fanatischen Glaubens unter weitgehender Ausschaltung von Geist, Wissen, Kritik oder Intellektualität.

Als erste Schulen in Deutschland bekannten sich die Adolf-Hitler-Schulen zur Eliminierung des Religionsunterrichts. Sie führten statt dessen neue Fächer ein wie »Weltanschauliche Schulung«, manchmal auch »NSDAP« betitelt, »Religionskunde« oder »Blick in die Welt«. Einen verbindlichen Lehrplan dafür gab es nicht, die Erteilung dieses Unterrichts lag im Ermessen der Schulführer, mitunter auch die Einhaltung des Stundenplans. Keines der Fächer, nicht einmal die naturwissenschaftlichen, blieb frei von ideologischen, vor allem rassetheoretischen Elementen. Ley forderte die Abschaffung von Zensuren (worauf aber sehr bald wieder verzichtet werden mußte), jeder Schüler sollte in regelmäßigen Abständen eine schriftliche Beurteilung seiner Fortschritte erhalten. Die abschließende Beurteilung wurde auf Grund einer Anordnung Hitlers ab Januar 1942 dem Abitur an staatlichen Gymnasien gleichgestellt.

Stolz war man auch auf pädagogische Novitäten wie die Vorlesungs- und Diskussionsmethode (das Referat eines Schülers wurde von verschiedenen Schülergruppen diskutiert und die Beurteilung der gesamten Gruppe schriftlich zusammengefaßt) oder die Zugänglichkeit von (für nichtprivilegierte Deutsche) verbotener Literatur, was durchaus die Illusion schaffen konnte, selbständiges Denken sei möglich gewesen oder gefördert worden.

Solche scheinbar modernen pädagogischen Lehrmethoden oder auch die hervorragend gepflegte Kameradschaft zwischen Erzieher und Zögling dürfen nicht darüber hinwegtäuschen, daß die Persönlichkeitsausbildung eines Schülers in strikter Abhängigkeit gesehen worden ist von dessen totaler Bereitschaft, den Führern kritiklos zu folgen und sich den Nationalsozialismus willenlos und gläubig anzueignen. Unnötig auszuführen, daß die absolute Treue zum »Führer« als ranghöchstes Erziehungsziel andere Erziehungsideale wie Mut, Ehrlichkeit und ähnliches völlig zunichte machte.

In gezielter Abgrenzung zu den staatlichen Nationalpolitischen Erziehungsanstalten wurden die parteieigenen Adolf-Hitler-Schulen 1941 mit dem Titel »Reichsschulen« bedacht, eine Hervorhebung, die bis dahin nur die Reichsschule der NSDAP Feldafing für sich in Anspruch hatte nehmen können.

3. Reichsschule der NSDAP Feldafing

Die besondere Stellung der Reichsschule erklärt sich aus ihrem Gründungszusammenhang. Sie wurde unter dem Namen »Nationalsozialistische Deutsche Oberschule Starnberger See« als Privatschule der Obersten SA-Führung ins Leben gerufen. Ernst Röhm ließ sich durch seinen Besuch der Napola in Plön anläßlich des Herbstmanövers 1933 zur Einrichtung einer SA-Kadettenanstalt anregen (er selbst hatte dem bayerischen Kadettenkorps angehört). Seine Gründung fand Sympathien beim NS-Lehrerbund und vor allem bei der Reichswehr. Weder »alte Kämpfer« noch nationalsozialistisch eingestellte Lehrer bildeten dort den Führernachwuchs aus, sondern Offiziere der Reichswehr: der Oberstleutnant Julius Goerlitz als Leiter und der ehemalige Direktor einer Heeresfachschule, Hans Simons, als Unterrichtsleiter (beide parteilos bei der Übernahme ihrer Ämter, SA-Dienstränge erst seit 1934). Harald Scholtz folgert aus dieser Tatsache, daß den Reichswehroffizieren »noch am ehesten die politische Bedeutung einer zwar gut trainierten, national engagierten, aber politisch naiven Führungsgruppe eingeleuchtet haben« mag, »die politisch belanglose individuelle Neigungen pflegte, in Übereinstimmung mit Hitlers Vorstellung von einer idealen Exekutive für die Diktatur.«*

Im Januar 1934 eröffnet, geriet die NS-Deutsche Oberschule schon wenige Monate später mit der Ermordung ihres Gründungspatrons in eine Krise. Neue Schutzherren mußten gefunden werden. Dem Schulleiter Goerlitz gelang es, den Reichsschatzmeister Schwarz persönlich zu interessieren, später gesellte sich noch der Leiter der Parteikanzlei, Martin Bormann, hinzu. Im Jahre 1936 wurde die Schule der Dienststelle des Stellvertreters des Führers unmittelbar unterstellt. Rudolf Heß beauftragte Fritz Waechtler, seinen Experten für Schulfragen, der gleichzeitig »Reichswalter« des reformfreudigen NS-Lehrerbundes war, mit der Oberaufsicht über die Schule, die auf Anordnung von Heß am 8. 8. 1939 in »Reichsschule der NSDAP Feldafing« umbenannt wurde.

Die Reichsschule war in etwa 40 Villen, darunter auch beschlagnahmte aus jüdischem Besitz, untergebracht und erfreute sich anfangs eines regen Zuspruchs. Zu Beginn wurden rund 300 Bewerbungen von Lehrern und fast 6000 Aufnahmegesuche von Eltern eingereicht. Das Interesse verflachte im

---

* Scholtz, a. a. O., S. 83.

Laufe der Jahre, und als 1941 das Ausleseverfahren der Adolf-Hitler-Schulen eingeführt wurde, blieben für Feldafing nur noch wenige und wenig qualifizierte Bewerber. Die Eltern hatten als Schul- und Kostgeld in der ersten Zeit 70 Reichsmark monatlich zu berappen, bald aber 50 bis 250 Reichsmark, je nach Finanzkraft der Eltern.

Lehrer und Schüler wurden in die SA aufgenommen, letztere als »SA-Jungmannen«. Im Schulalltag trugen sie Lederhose mit Braunhemd, ansonsten eine der SA-Uniform ähnliche Kluft. Auf Benotung wurde zunächst verzichtet, dann fand sie aber (und mit ihr traditionelles Leistungsdenken) wieder Eingang in die Schule. Unter dem Abitur war keine der üblichen Prüfungen zu verstehen, sondern eine Art »Leistungsschau«: Der Schüler wählte sich ein Thema, mittels dessen er seine »Reife« demonstrierte. Eine zusätzliche Prüfung des Wissensstands gab es nicht.

Wie bei den anderen NS-Ausleseschulen wurde für die Aufnahme die »arische Abstammung« als ausschlaggebend angesehen, außerdem legte man Wert auf körperliche Leistungsfähigkeit, Charakter und – in der Reichsschule Feldafing von Beginn an – auf gute schulische Leistungen. Desgleichen legte man Wert auf qualifizierte Erzieher. Darüber hinaus war die Schule mit Lehrmitteln großzügig ausgestattet. Die Finanzen, die der Reichsschule zuflossen, übertrafen die der anderen NS-Ausleseschulen bei weitem. Auch konnte sie gegenüber den Adolf-Hitler-Schulen die sehr viel günstigeren Planstellen ausweisen. Franz Xaver Schwarz kaufte für die Reichsschule Feldafing Villen zu einer Zeit, als er den Adolf-Hitler-Schulen die Finanzierung von Schulgebäuden verweigerte.

Dies alles bildete die Grundlage für die führende Stellung der Reichsschule Feldafing unter den NS-Eliteschulen. Sie wurde zusätzlich durch Hitlers Weigerung, auch den Napolas die Bezeichnung »Reichsschule« zu gewähren, untermauert. Hitler tolerierte offenkundig die politische Sonderstellung der Feldafinger Schule. Der Schulleiter Goerlitz wurde von Hitler sogar zur Berichterstattung empfangen, ein Vorrecht, auf das kein anderer Schulchef hoffen konnte.

Die relative Selbständigkeit der Reichsschule, garantiert durch solch mächtige Parteichargen wie Heß, Schwarz und Bormann, blieb auch gegenüber Rusts Eingliederungsbestrebungen in die Napolas bewahrt, blieb auch nach Gründung der Adolf-Hitler-Schulen bestehen, selbst dann noch, als ihr zweiter Schutzpatron durch seinen Flug nach England zur Persona non grata geworden war. Eine Eingliederung in die HJ wurde vergleichsweise lange (bis 1941) verhindert, da man die Einflußnahme einer zweiten pädagogischen Autorität nicht dulden wollte, was aber auch die komplexe Isolierung dieser Schule offenlegte. Solange sie nicht der HJ angehörte, konnten ihre Schüler z. B. nicht an öffentlichen Wettkämpfen teilnehmen.

Kompensation dagegen schien die ausgeprägte Solidarität unter den Schülern zu sein, aber auch der enge Kontakt zwischen Erziehern und Schülern, der auf Grund der Kontinuität innerhalb der Erzieherschaft ohnehin recht gut ausgebildet war. Die Einstellung zum »Dienst« entwickelte sich anscheinend auch anders als in den übrigen NS-Ausleseschulen. Leistung, Ehrgeiz und Stolz auf Privilegien wurden gepflegt und angestachelt, demgegenüber besaßen Drill, Schliff und »Dienst« nicht die gleiche Priorität wie in Napolas oder Adolf-Hitler-Schulen. Bemerkenswert für eine NS-Ausleseschule war auch, daß der in einer Klasse beliebteste Schüler zum Klassenleiter ernannt, sozusagen indirekt gewählt wurde.

Trotz solcher für einen Führerstaat ungewöhnlicher Phänomene ist nicht zu verkennen, daß sich Schulleiter wie Unterrichtsleiter der Reichsschule auf die Erziehungsvorstellungen von Adolf Hitler, wie er sie in seiner Schrift »Mein Kampf« niedergelegt hatte, beriefen, vornehmlich auch in den Selbstdarstellungen der Schule, und sie in der Schulpraxis dogmatisierten.

Hitler erwähnte in seiner Rede am 10. 12. 1940 zum ersten und einzigen Mal die NS-Ausleseschulen vor einem großen Publikum. Er tat dies erst dann, »nachdem das soziale Prestige der höheren Schulbildung erfolgreich gemindert worden und sichergestellt worden war, daß die erwähnten Schulen ihr politisches Prestige nicht zur Förderung einer neuen kritischen Intelligenz nutzen würden«.* Hitlers Erziehungsvorstellung – Wertminderung bzw. Entwertung des bisherigen Schulunterrichts, Erziehung der Schüler zum nationalsozialistischen Glauben und zur Bewährung durch den Tod, was sich im Chaos der Endphase des Krieges als Opfergang der Jugendlichen erwies – war letztlich erschreckende Wirklichkeit geworden. Ungeachtet dessen müssen die geschilderten NS-Schulmodelle, da sie keine verbindlichen Lehrpläne entwickelten, keine genuin nationalsozialistischen neuen Fächer schufen, keinen nationalsozialistischen Erzieher kreierten, auch aus NS-pädagogischer Sicht als gescheitert klassifiziert werden.

---

* Scholtz, a. a. O., S. 255.

Bibliographie

BORMANN, MARTIN: *Leben gegen Schatten*; Bonifatius, Paderborn 1996

DESCHNER, GÜNTHER: *NS-Eliteschulen*; im Heft Hitler-Jugend, Verlag für geschichtliche Dokumentation

DÖRFEL, MARIANNE: *Der Griff des NS-Regimes nach den Eliteschulen*; in: I. f. Zeitgesch., Viertelj.-Hefte 1989

ENZENSBERGER, ULRICH und IRENE DISCHE: *Adolf Hitlers Rasselbande*; in »Transatlantik«, 1982

Enzyklopädie des Nationalsozialismus; dtv, München 1997

FLESSAU, KURT-INGO: *Schule der Diktatur*; Fischer TB 1979

GAMM, HANS-JOCHEN: *Führung und Verführung*; List 1964

GRÜNBERGER, RICHARD: *Das zwölfjährige Reich*; Molden 1972

HEYDECKER, JOE J. und LEEB, JOHANNES: *Der Nürnberger Prozeß*; Kiepenheuer & Witsch, Köln 1995

HITLER, ADOLF: *Mein Kampf*; München 1935

HUBER, KARL-HEINZ: *Jugend unterm Hakenkreuz*; Ullstein, Berlin 1982

JANSSEN, HORST: *Hinkepott*; Merlin 1988

JANSSEN, HORST: *Johannes*; Merlin 1989

KARASEK, HELLMUTH: *Go West*; Hoffmann und Campe, Hamburg 1996

KLOSE, WERNER: *Generation im Gleichschritt*; Stalling 1964

KLÜVER, MAX DR.: *Die Adolf-Hitler-Schulen*; Heitz & Höffkes, Essen

KOCH, HANSJOACHIM W.: *Geschichte der Hitlerjugend*; R. S. Schulz, Starnberg 1975

KRÜGER, HARDY: *Junge Unrast*; Bertelsmann, Gütersloh 1983

LANG, JOCHEN VON: *Der Hitler-Junge: Baldur von Schirach; der Mann, der Deutschlands Jugend erzog*; Rasch und Röhring, Hamburg 1988

LAQUEUR, WALTER: *Die deutsche Jugendbewegung*; Berlin 1956

MONTANUS, KLAUS: *Die Putbusser, Ein Napola-Schüler erzählt*; Edition Fischer, Frankfurt 1995

MÜNCHEBERG, HANS: *Gelobt sei, was hart macht*; Morgenbuch, Berlin 1991

PRETTEREBNER, HANS: *Der Fall Lucona*; Knaur 1989

SCHOLTZ, HARALD PROF. DR.: *Nationalsozialistische Ausleseschulen.*

Internatsschulen als Herrschaftsmittel des Führerstaates; Vanden-
höeck & Ruprecht, Göttingen 1973

SCHOLTZ, HARALD PROF. DR.: *Forscher-Lebenserfahrung*; in: etwas erzählen; Schneider, Hohengehren 1997

SCHOLTZ, HARALD PROF. DR.: *Körpererziehung als Mittel zur Mentalitätsprägung an den Adolf-Hitler-Schulen*, in: Sozial- und Zeitgeschichte des Sports; Bonn 1989

SCHNEIDER, CHRISTIAN u.a.: *Das Erbe der Napola. Versuch einer
Generationsgeschichte des Nationalsozialismus*; Hamburger Edition
HIS Verlagsgesellschaft, Hamburg 1996

SHIRER, WILLIAM L.: *Aufstieg und Fall des Dritten Reiches*; Kiepenheuer & Witsch, Köln 1961

SIMONEIT, FERDINAND: ... *mehr als der Tod*; Universitas 1989

TOURNIER, MICHEL: *Der Erlkönig*; Hoffmann und Campe, Hamburg
1972

TURNER JR., H. A. (Hrsg.): *Hitler aus nächster Nähe, Aufzeichnungen
eines Vertrauten*; Ullstein, Frankfurt 1978

UEBERHORST, H.: *Elite für die Diktatur. Die Nationalpolitischen Erziehungsanstalten 1933–1945*; Droste, Düsseldorf 1969

WAGNER, GÜNTER: *Die Fahne ist mehr als der Tod*; Claasen, Hamburg
1958

WOLBERT, OSWALD: *Musik an der »Reichsschule Feldafing«*; Selbstver-
lag

10 Jahre Nationalpolitische Erziehungsanstalt Naumburg a.d. Saale;
Naumburg 1944

Bildnachweis

Die Fotos stammen von: Privat; J. Leeb; F. Ihrt; K. Beitlich; B. Holzner;
Murnau-Stiftung; Lübbe-Verlag, Anita Krüger.
Die Illustration auf Seite 156 stammt von Hans Fischach.

Sally Perel

*„Ich habe mir vor-
genommen, die
ganze Wahrheit zu
schreiben, ohne
Rücksicht darauf,
wie man sie inter-
pretieren wird."*

Nach über 40 Jahren des
Schweigens gibt Sally Perel
das Geheimnis seiner
doppelten Identität preis:
Als Jude entkam er dem
Holocaust in der Uniform
seiner Feinde - als
Hitlerjunge Jupp Perjell.

19/2022

Heyne - Taschenbücher

HEYNE BÜCHER

Peter Scholl-Latour

»Peter Scholl-Latour erweist sich als der große Reporter, der das Wort und das Thema beherrscht.
Der Orientalist deutet kenntnisreich Wesen und Zusammenhang.
Der Journalist findet zu prägenden Formulierungen.
Der Stilist zeichnet feine, stimmungsvolle Porträts.«

Frankfurter Allgemeine Zeitung

Pulverfaß Algerien
Vom Krieg der Franzosen zur islamischen Revolution
19/364

Schlaglichter der Weltpolitik
Die dramatischen neunziger Jahre
19/537

19/537

H e y n e - T a s c h e n b ü c h e r

HEYNE BÜCHER

Das Faktenlexikon

Alles Wissenswerte
auf einen Blick –
übersichtlich,
prägnant,
umfassend

Klaus Griephan
Faktenlexikon Medizin
08/5202

Christoph Schneider
Faktenlexikon Erde
19/558

Jürgen Gros
Manuela Glaab
Faktenlexikon Deutschland
19/670

19/670

HEYNE-TASCHENBÜCHER